农村集体经济组织财务会计

王　涛　汤景辉　胡敬辉　主编

燕山大学出版社

·秦皇岛·

图书在版编目（CIP）数据

农村集体经济组织财务会计 / 王涛，汤景辉，胡敬辉主编. —秦皇岛：燕山大学出版社，2022.6
ISBN 978-7-5761-0297-0

Ⅰ．①农… Ⅱ．①王…②汤…③胡… Ⅲ．①农业合作组织－农业会计 Ⅳ．① F302.6

中国版本图书馆 CIP 数据核字（2022）第 094117 号

农村集体经济组织财务会计

王　涛 汤景辉 胡敬辉 主编

出 版 人：陈　玉
责任编辑：朱红波　　　　　　　　　　　策划编辑：朱红波
责任印制：吴　波　　　　　　　　　　　封面设计：方志强
出版发行：燕山大学出版社 YANSHAN UNIVERSITY PRESS
地　　址：河北省秦皇岛市河北大街西段 438 号
邮政编码：066004
电　　话：0335－8387555
印　　刷：英格拉姆印刷(固安)有限公司
经　　销：全国新华书店

开　本：787mm×1092mm　　1/16		印　张：15	
版　次：2022 年 6 月第 1 版		印　次：2022 年 6 月第 1 次印刷	
书　号：ISBN 978-7-5761-0297-0		字　数：310 千字	
定　价：58.00 元			

编辑委员会

前　　言

　　进入新时代，随着乡村振兴战略的实施，农村集体经济迅速发展，集体经济规模不断增长，对农村集体经济组织财务管理工作提出了更高的要求。财务管理的规范化、制度化是保证农村集体经济组织及成员的合法权益、农村发展和社会稳定的重要基础和关键环节。为了加强和规范农村集体经济组织财务管理，助力乡村振兴，我们编著了这本《农村集体经济组织财务会计》。全书包括村集体经济组织会计概述，村集体经济组织会计核算实务，农村集体经济组织集体资产、负债和所有者权益清查，相关的法律法规四部分内容，融理论和实践为一体，具有较强的针对性和实用性，可作为农村集体经济组织财务人员和农经干部用书。因水平有限，存在疏漏之处在所难免，恳请读者批评指正。

2022 年 5 月

目　　录

第一章　概　　述

村集体经济组织财务会计是以货币为主要计量单位,借助一系列专门的方法,连续、系统、完整、综合地对村集体经济组织经济活动进行核算和监督的一种管理活动。记账主体是村集体经济组织本身,不包括村办企业以及其他所属单位和农户。

第一节　会　计　要　素

会计要素是对会计核算监督内容的基本分类项目。村集体经济组织会计有资产、负债、所有者权益、收入、费用、收益六大要素。资产、负债、所有者权益是财务状况的静态表现,反映一定日期的财务状况,是资产负债表的构成要素;收入、费用、收益是经营成果的动态表现,反映一定期间的经营成果,是收益及收益分配表的构成要素。

一、资产

资产是由过去的交易、事项形成的,由村集体经济组织拥有或者控制的预期会带来经济利益的资源。村集体经济组织的资产具有如下主要特征:

(1)资产预期会给村集体经济组织带来经济利益。这种经济利益指资产直接或间接导致资金或现金等价物流入村集体经济组织的潜力。带来的经济利益可以是现金或者现金等价物,或者是可以转化为现金或者现金等价物的形式,或者是减少现金或现金等价物流出的形式。如果某一项目预期不能给村集体经济组织带来经济利益,就不能确认为资产。

(2)资产应为村集体经济组织拥有或者控制的资源。资产作为一项资源,应为村集体经济组织拥有或者控制,可以是享有某项资源的所有权,或者虽然不享有某项资源的所有权,但该资源能被村集体经济组织控制,如融资租赁的固定资产。

(3)资产是由村集体经济组织过去的交易或者事项形成的。只有过去的交易或事项才能产生资产,预期在未来发生的交易或者事项不形成资产。

(4)资产必须能够用货币来计量。例如村集体经济组织经济资源包括物质资源、资金资源、人力资源等,前两种经济资源可以用货币计量,因而可以列作资产,后一种经济资源目前尚不能用货币计量，因而不能列作资产。

村集体经济组织的资产主要有流动资产、农业资产、长期投资和固定资产。

二、负债

负债是村集体经济组织因过去的交易、事项形成的现时义务，履行该义务预期会导致经济利益流出村集体经济组织，按偿还期分为流动负债和长期负债。村集体经济组织的负债具有如下主要特征：

（1）负债是村集体经济组织承担的现时义务。现时义务指在现行条件下已承担的义务，未来发生的交易或者事项形成的义务，不属于现时义务，不应当确认为负债。

（2）负债的清偿预期会导致经济利益流出村集体经济组织。在履行现时义务清偿负债时导致经济利益流出，形式多种多样。例如，用现金偿还或以实物资产形式偿还；以提供劳务形式偿还；部分转移资产、部分提供劳务形式偿还；将负债转为资产等。

（3）负债是由过去的交易或事项形成的。只有过去的交易或者事项才形成负债。在未来发生的承诺、签订的合同等交易或者事项不形成负债。

（4）负债以合同承诺、法规规定、制度规定作为依据。负债实质上是村集体经济组织在一定时期之后必须偿还的经济债务，其偿还期或具体金额在它们发生或成立之时就已由合同、法规所规定与制约，是必须履行的一种义务。

（5）流出经济利益的金额能够可靠地计量。

（6）负债通常有确切的债权人和偿还日期。

三、所有者权益

所有者权益是村集体经济组织所有者对村集体经济组织净资产的所有权，金额为全部资产减去全部负债后的余额，主要有资本、公积公益金、未分配收益。村集体经济组织的所有者权益具有如下主要特征：

（1）所有者权益是投资人对村集体经济组织净资产的所有权。所有者权益是一种剩余权益，只有负债的要求权得到清偿后，所有者权益才能够被清偿，它受总资产和总负债变动的影响而发生增减变动。

（2）所有者权益的承受者是会计主体的投资人。会计主体投资人可以是国家、外部单位、个人等。

（3）所有者权益具有长期特性。所有者权益作为剩余权益，并不存在确切的、约定的偿付期限。

（4）所有者权益计量的间接性。所有者权益除了投资者投入资本能够直接计量外，在村集体经济组织存续期内任一时点都不是直接计量的，而是通过计量资产和负债来间接计量的。

四、收入

收入是村集体经济组织在销售商品、提供劳务及让渡资产使用权、承担财政补助项目等日常活动中形成的经济利益的总流入，主要有经营收入、发包及上交收入、补助收入及其他收入。村集体经济组织的收入具有如下主要特征：

（1）收入一般是在日常的经济活动中形成的。日常经济活动指村集体经济组织为完成经营管理目标所从事的经常性活动以及与之相关的活动。

（2）收入引起所有者权益的增加。表现为资产的增加或负债的减少，或两者兼而有之，即所有者权益的增加。

（3）收入只包括本集体经济组织经济利益的流入，不含为第三方或客户代收的款项。

（4）收入是与所有者投入资本无关的经济利益的总流入。收入会带来经济利益的流入，从而导致资产的增加。

五、费用

费用是村集体经济组织在销售商品、提供劳务及服务等日常经济活动中所发生的各种经济利益的流出，包括生产（劳务）成本、经营支出、管理费用和其他支出。村集体经济组织的费用具有如下主要特征：

（1）费用最终会导致村集体经济组织资源的减少。费用的产生本质是一种资源流出村集体经济组织的过程，它与资源流入所形成的收入相反，可理解为资产的耗费，其目的是取得收入，从而获得更多资产。

（2）费用最终会减少所有者权益。村集体经济组织的所有者权益会随着收入的增长而增加，随着费用的增加而减少。但是，所有者权益减少不一定都列入费用，如向投资者分配利润，显然减少了所有者权益，却不能归入费用。

（3）费用可能表现为资产的减少，或者负债的增加，或者二者兼而有之。

六、收益

收益是村集体经济组织在一定期间内生产经营、服务和管理活动的财务成果，是村集体经济组织的所有收入减去所有支出后的余额。

第二节　会计科目与账户

一、会计科目

会计科目简称科目，在会计核算中为了反映、分析和监督各种经济活动业务，对会计核算对象按经济内容所进行的科学分类。按反映经济内容的详细程度不同可分为总账科目（又称一级科目、总分类科目）和明细科目（又称细目），有时在总账科目和明细科目之间还有二级科目（又称子目）。一个会计科目只核算一定的经济内容，全部会计科目可以核算所有经济业务。会计科目之间既有严格的界限，又有科学的联系，不允许相互混淆，一经确定不准随意变动，这样是为了保证会计核算的口径一致，但在社会环境和经济环境发生重大变化时，会计科目也会随之调整。

会计科目是会计制度的一个重要组成部分。现行的《村集体经济组织会计制度》规定了会计科目（见表1-1），设置了33个常规的会计科目和3个以附注方式补充的会计科目，将农村集体经济组织会计科目分为资产类（15个）、负债类（7个）、所有者权益类（4个）、成本类（1个）和损益类（9个）五个类别。为了便于会计工作，尤其是为了方便实施会计电算化，村集体经济组织会计制度为每个会计科目编制了一个固定的号码，这些号码称为科目编号，例如现金科目的编号为101，银行存款科目的编号为102等，会计科目编号之间留有空号，便于增添新会计科目时使用。

表 1-1　村集体经济组织会计科目表

顺序号	科目编码	科目名称
		一、资产类
1	101	现金
2	102	银行存款
3	111	短期投资
4	112	应收款
5	113	内部往来
6	121	库存物资
7	131	牲畜（禽）资产
8	132	林木资产
9	141	长期投资
10	151	固定资产
11	152	累计折旧
12	153	固定资产清理
13	154	在建工程
		二、负债类
14	201	短期借款
15	202	应付款
16	211	应付工资
17	212	应付福利费
18	221	长期借款及应付款
19	231	一事一议资金
		三、所有者权益
20	301	资本
21	311	公积公益金
22	321	本年收益
23	322	收益分配
		四、成本类
24	401	生产（劳务）成本
		五、损益类
25	501	经营收入

顺序号	科目编码	科目名称
26	502	经营支出
27	511	发包及上交收入
28	521	农业税附加返还收入
29	522	补助收入
30	531	其他收入
31	541	管理费用
32	551	其他支出
33	561	投资收益

附注：村集体经济组织有无形资产的，可增设"无形资产"科目（科目编号161）；有向所属单位拨付资金业务的，可增设"拨付所属单位资金"科目（科目编号171）；有接受国家拨入的具有专门用途的拨款，可增设"专项应付款"科目（科目编号241）。

二、会计账户

会计账户是根据会计科目设立的，对各项经济业务进行分类系统和连续的记录，以反映各项经济业务的增减变化及其结果的载体。按经济内容可分为资产、负债、所有者权益、成本和损益五类账户。

会计账户由账户名称和账户结构组成，账户名称采用对应会计科目的名称。基本结构分为左右两方，一方登记增加，另一方登记减少。至于账户左右两方的名称，用哪一方登记增加和用哪一方登记减少，取决于经济业务的内容和记账方法。账户的基本结构可用"T"型结构图表示（见图1-1）。

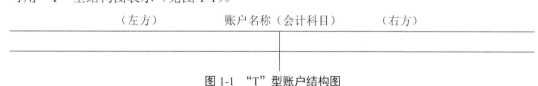

图 1-1　"T"型账户结构图

上图中，账户左右两方分别用来记录增加数额和减少数额，增减数额相抵后的差额，叫作账户余额。余额按表现的不同时间分为期初余额和期末余额，因此通过账户记录的数额可提供期初余额、本期增加额、本期减少额和期末余额4个核算指标。本期增加额是在一定时期内账户所登记的增加额合计数，也叫本期增加发生额；本期减少额是在一定时期内账户所登记的减少额合计数，也叫本期减少发生额。本期发生额是一个动态指标，它说明资金的增减变动情况。本期增加发生额与本期减少发生额相抵后的差额，再加上期初余额，就是期末余额。余额是一个静态指标，它说明资金在某一日增减变化的结果，本期期末余额就是下期的期初余额。账户期末余额的计算公式如下：

期末余额＝期初余额＋本期增加发生额－本期减少发生额

账户余额、本期增加发生额和本期减少发生额是登记在账户的左方还是右方，根据不同的账户性质和记账方法来确定。

三、会计科目和账户的联系与区别

会计科目与账户既有联系，又有区别。它们的联系表现都是分门别类地反映某项会计要素的经济内容，会计科目是设置账户的依据，是账户的名称，账户是依据会计科目设立的。它们的区别是会计科目只是个名称，它只能表明某项经济内容，而账户既有名称，又有可以实际操作的结构，有一定的格式，可以连续、系统地记录和反映某项经济内容的增减变化及其结果。但在实际工作中，会计科目和账户两种名称往往互相通用，不加区别。

第三节　借贷记账法

村集体经济组织采取借贷记账法记账。借贷记账法是以"借"和"贷"二字作为记账符号，记录因经济业务发生而引起会计要素增减变动情况的一种复式记账方法，是一种被全世界各国普遍采用的记账方法。

一、借贷记账法的理论基础

借贷记账法的记账对象是会计要素的增减变动过程及其结果。这个过程及结果可用下列会计等式表示：

$$资产＝负债＋所有者权益 \qquad (1)$$

$$收入－费用＝利润 \qquad (2)$$

$$资产＝负债＋所有者权益＋（收入－费用） \qquad (3)$$

$$资产＋费用＝负债＋所有者权益＋收入 \qquad (4)$$

上述会计等式表明：一是会计主体内各会计要素之间的数字平衡关系。有一定数量的资产，就必然有相应数量的负债和所有者权益与之对应；反之有一定数量的负债和所有者权益，就一定有相应数量的资产与之对应。二是各会计要素增减变化的相互联系。在一个会计要素的项目发生变化时，在同一会计要素其他项或另一类会计要素的一项或多项也必然发生增减变化，以维持平衡关系。

会计等式贯穿于借贷记账法的始终，决定了账户结构、记账规则、试算平衡等具体业务，是借贷记账法的理论基础。其中的会计等式（4）"资产＋费用＝负债＋所有者权益＋收入"综合了五大会计要素，村集体经济组织日常经济业务发生所引起的会计要素变化可根据这一等式划分为以下四种类型：

（1）资产、费用类和负债、所有者权益、收入类同时增加；

（2）资产、费用类和负债、所有者权益、收入类同时减少；

（3）资产、费用类内部变化，引起等额一增一减、一增多减、多增一减；

（4）负债、所有者权益、收入类内部变化，引起等额一增一减、一增多减、多增一减。

二、借贷记账法的记账符号

借贷记账法采用"借"或"贷"二字作为专用记账符号，表示不同经济业务的增减变动情况，具体的含义则取决于账户的不同属性。

在借贷记账法下，账户的基本结构分为左右两方，左方为借方，右方为贷方。借方记录资产、费用的增加，负债、所有者权益的减少及收入的结转。贷方记录资产的减少、费用的结转，负债、所有者权益及收入的增加。一般而言，余额出现在借方的账户属于资产类账户，余额出现在贷方的账户属于负债类、所有者权益类账户。费用类账户和收入类账户结转后没有余额。

村集体经济组织账户分资产类、负债类、所有者权益类、成本类和损益类五个类型（见表1-2）。

表1-2　村集体经济组织各类账户结构表

性质	借方	贷方	余额
资产类	资产增加	资产减少	借方
负债类	负债减少	负债增加	贷方
所有者权益类	所有者权益减少	所有者权益增加	贷方
成本类	生产（劳务）成本增加	生产（劳务）成本减少	一般无余额，若有在借方
损益类中收入性质	收入结转	收入增加	无
损益类中支出性质	费用增加	费用结转	无

三、借贷记账法的记账规则

借贷记账法记账规则可概括为"有借必有贷，借贷必相等"，主要体现为两个方面的要求：

（1）对于每一笔经济业务都要在两个或两个以上相互联系的账户中进行登记。可能是在一个账户中记借方，必须同时在一个或几个账户中记贷方；或者在一个账户中记贷方，在另一个或几个账户中记借方。一般不允许有多借多贷现象出现。

（2）以相等的金额同时记入借方账户与贷方账户。由于借贷记账法的理论基础是"资产＋费用＝负债＋所有者权益＋收入"的会计等式，因此反映因经济业务发生而引起各项目变动时，只有以相等的金额登记，才能保持会计等式两端要素之间的平衡关系。

采用借贷记账法编制会计分录应按照以下步骤进行：首先分析一笔业务发生涉及哪几个账户，这些账户各属于哪一类；其次业务发生引起该账户的变化是增还是减；再次根据所属类别确定记账方向；最后根据分析结果编制会计分录。

四、借贷记账法的试算平衡

试算平衡是根据"资产＋费用＝负债＋所有者权益＋收入"的平衡关系，按照"有借必有贷、借贷必相等"的记账规则，通过汇总计算和比较，检查账户记录的正确性和完整性的一种账务处理方法。

1. 试算平衡公式

（1）会计分录试算平衡公式：

$$借方科目金额＝贷方科目金额$$

（2）本期发生额试算平衡公式：

$$全部账户本期借方发生额合计＝全部账户本期贷方发生额合计$$

（3）余额试算平衡公式：

$$全部账户借方余额合计＝全部账户贷方余额合计$$

2. 试算平衡表

会计期末，村集体经济组织会计人员需要用试算平衡表的方式进行本期发生额及期末余额的试算平衡。常用的试算平衡表有三种：（1）总分类账本期发生额试算平衡表；（2）总分类账期末余额试算平衡表；（3）总分类账本期发生额及期末余额试算平衡表。日常使用最多的是发生额及期末余额试算平衡表（见表1-3）。

表1-3　发生额及余额试算平衡表

会计科目	期初余额		本期发生额		期末余额	
	借方	贷方	借方	贷方	借方	贷方
合计						

上表中，会计科目一栏填写账户的名称，一般按照资产负债表排列顺序填写，其他有关栏次则根据各账户记录的发生额及余额填列。在编制平衡表时，先要结出各账户本期借方发生额、贷方发生额和期末余额。然后将每一账户期初、期末余额和借贷方发生额计入试算平衡表的对应行次，分别累加后计入合计数，即完成了试算平衡表的编制。

如果发生额或余额合计数不平衡，说明账户记录或计算一定有错误。但需要特别指出的是，试算平衡了，并不能说明一定无错误，如用错会计科目、重记或漏记同一笔记录、借贷方向记反等错误并不影响平衡关系，消除这些错误需要采用其他方法。

第四节　会 计 凭 证

会计凭证是记载经济业务发生、明确经济责任的书面证明，是登记账簿的依据。村集体经济组织的会计凭证按不同标志可进行各种分类，但日常主要是按照填制程序和用途分为原始凭证和记账凭证。村集体经济组织每发生一项经济业务，都要取得原始凭证，据以编制记账凭证。会计凭证的填制和审核对保证会计核算资料的真实性、可靠性、合理性，监督各项经济业务，遵守财经纪律、制度和法规，发挥会计的经济管理职能具有重要意义。

一、原始凭证

原始凭证是在经济业务发生或完成时取得的，记录、证明经济业务已经发生或完成的，用于明确经济责任和记账的原始资料。

1. 原始凭证的种类

原始凭证按其取得的来源不同，可分为自制原始凭证和外来原始凭证。

（1）自制原始凭证。自制原始凭证是由本村集体经济组织内部经办业务的部门和人员在办理经济业务时所填制的凭证。例如工资单、差旅费报销单、产品入库单等。

（2）外来原始凭证。外来原始凭证是经济业务发生时，本村集体经济组织经办人员从外部单位或个人取得的原始凭证。例如购买办公用品开来的发票、采购生产物资时从供货商取得的票据、火车票等。

2. 原始凭证的内容

所有原始凭证必须具备以下基本内容：

（1）凭证的名称；

（2）填制凭证的日期和编号；

（3）填制凭证的单位名称或者填制人姓名；

（4）经办人员的签名或盖章；

（5）接受凭证单位名称；

（6）经济业务的内容（包括发生经济业务的项目、数量、单价、金额等）。

二、记账凭证

记账凭证是会计人员根据审核无误的原始凭证按照经济业务事项的内容加以归类，并据以确定会计分录后填制的会计凭证，它是登记账簿的直接依据。

经济业务较多的单位记账凭证一般分为收款凭证、付款凭证、转款凭证三种。对于多数农村集体经济组织而言，在经济业务不多时，可以不对记账凭证进行分类，而只用一种通用的记账凭证来记录各种经济业务。通用记账凭证的格式如表1-4所示。

记账凭证具有以下基本内容：

（1）记账凭证的名称及填制单位名称；

（2）填制凭证的日期；

（3）凭证的编号；

（4）经济业务内容摘要；

（5）会计科目（包括明细科目）及其记账方向；

（6）经济业务事项的金额（包括合计金额）；

（7）记账标记；

（8）所附原始凭证的张数；

（9）填制凭证人员、审核人员、记账人员、财务主管人员签名或盖章，收款和付款记账凭证还应当由出纳人员签名或盖章。

表 1-4　记账凭证

编制单位：　　　　　　　　　　年　月　日　　　　　　　　凭证编号：

摘要	总账科目	明细科目	借方金额	记账符号	贷方金额	记账符号	附单据张

财务主管：　　　　记账：　　　　出纳：　　　　审核：　　　　制单：

三、会计凭证的填制与审核

填写会计凭证，字迹必须清晰、工整，符合《会计基础工作规范》的规定。只有经过审核确认无误的会计凭证，才能作为编制记账凭证、登记账簿的根据，因此在填制会计凭证的同时，还要作好会计凭证的审核。实践中可从以下两个方面对凭证进行审核：

（1）从政策、法规、制度方面审核其合法性、真实性。原始凭证的内容是否符合国家财经法规、制度和有关经济合同的要求；凭证日期、业务内容、金额、凭证来源、凭证本身等内容是否真实；记账凭证记录的内容是否和所附原始凭证相符，所列会计分录是否符合制度规定；对于伪造、涂改、经济业务不合法的原始凭证应拒绝受理，对于不符合会计制度的记账凭证应及时纠正。

（2）从业务技术方面审核其完整性、准确性。包括：内容是否填写齐全，手续是否完备，科目使用是否正确，对应科目的金额是否平衡，所附附件张数是否相等，有关人员是否签章等。如果发现错误，应查明原因，及时加以更正。

四、会计凭证的保管

会计凭证的保管指会计凭证记账后的整理、装订、归档和存查工作。会计凭证作为记账的依据，是重要的会计档案和经济资料。本单位及其他有关单位，可能因为各种需要查阅会计凭证，特别是发生贪污、盗窃等违法乱纪行为时，会计凭证还是依法处理的有效证据，因此，任何单位在完成经济业务手续和记账后，必须将会计凭证按规定的立卷归档制度形成会计档案资料，妥善保管，防止丢失，不得任意销毁，以便日后随时查阅。会计凭证的保管要求主要有以下几点：

（1）会计凭证应定期装订成册，防止散失。会计部门在依据会计凭证记账以后，应定期（每天、每旬或每月）对各种会计凭证进行分类整理，将各种记账凭证按照编号顺序，连同所附的原始凭证一起加具封面和封底装订成册，并在装订线上加贴封签，由装订人员在装订线封签处签名或盖章。

从外单位取得的原始凭证遗失时，应取得原签发单位盖有公章的证明，注明原始凭证的号码、金额、内容等，由经办单位会计机构负责人和单位负责人批准后，才能代作原始凭证。若确实无法取得证明的，如车票丢失，应由当事人写明详细情况，由经办单位会计机构负责人和单位负责人批准后，代作原始凭证。

（2）会计凭证封面应注明单位名称、凭证种类、凭证张数、起止号数、年度、月份、会计主管人员和装订人员等有关事项，会计主管人员和保管人员应在封面上签章。

（3）会计凭证应加贴封条，防止抽换凭证。原始凭证不得外借，其他单位如有特殊原因确实需要使用时，经本单位会计机构负责人批准，可以复制。向外单位提供的原始凭证复制件，应在专设的登记簿上登记，并由提供人员和收取人员共同签名、盖章。

（4）原始凭证较多时，可单独装订，但应在凭证封面注明所属记账凭证的日期、编号和种类，同时在所属的记账凭证上应注明"附件另订"及原始凭证的名称和编号，以便查阅。对各种重要的原始凭证，如押金收据、提货单等，以及各种需要随时查阅和退回的单据，应另编目录，单独保管，并在有关的记账凭证和原始凭证上分别注明日期和编号。

（5）每年装订成册的会计凭证，在年度终了时可暂由单位会计机构保管一年，期满后应当移交本单位档案机构统一保管；未设立档案机构的，应当在会计机构内部指定专人保管。出纳人员不得兼管会计档案。

（6）严格遵守会计凭证的保管期限要求，期满前不得任意销毁。

第五节　账簿登记和管理

账簿是由具有专门格式相互联系的若干账页所组成的，以会计凭证为依据，用来连续、系统、全面、完整地登记村集体经济组织各项经济业务的簿籍。账簿是编制会计报表，检查、分析村集体经济组织经济活动的依据，村集体经济组织需要按规定设置登记账簿。

一、会计账簿的种类

村集体经济组织财务实践活动中，通常按用途将账簿分为序时账簿、分类账簿和备查账簿三类。

1. 序时账簿

序时账簿又称日记账，是对各项经济业务按发生时间的先后顺序，逐日逐笔连续进行登记的账簿。主要包括现金日记账和银行存款日记账，这两种日记账均由出纳人员负责登记，每天结出余额。日记账采用订本式账簿。

2. 分类账簿

分类账簿又称分类账，是对全部经济业务按总分类账户和明细分类账户进行分类登记的账簿。按其反映指标的详细程度不同分为总分类账簿和明细分类账簿。

（1）总分类账簿又称总账，根据总分类科目开设，记录全部经济业务总括核算资料的分类账簿。一般用订本式账簿，采用"借方""贷方""余额"三栏式账页。

（2）明细分类账簿又称明细账，根据总账科目所属明细科目设置，记录某一类经济业务明细核算资料的分类账。明细账能提供比较详细的核算资料，对总账所记载的经济业务起补充作用。一般用活页式账簿或卡片式账簿，格式可分为三栏式、数量金额式和多栏式三种。

3. 备查账簿

备查账簿又称辅助账簿，是对某些不能在日记账和分类账中记录的经济事项或记录不全的经济业务进行补充登记的账簿。主要是为某些经济业务的经营决策提供必要的参考资料，如农副产品、有价证券、以经营租赁方式租入固定资产的登记账簿等。备查账簿没有固定的格式，可由各单位根据管理的需要及不同经济业务情况自行设置。备查账的登记依据可以没有原始凭证和记账凭证，登记的方法可以采用单式记账，也可以采用文字记录。

二、记账的基本规则

账簿记录应当做到登记及时、内容真实、数字准确、摘要清楚。具体操作中应遵守以下规则：

1. 启用账簿的规则

（1）启用新账簿时，应当在账簿封面写明单位名称和账簿名称。

（2）在账簿扉页上应当附启用表，内容包括启用日期、账簿页数（活页账应在装订成册后填明页数）、记账人员和会计机构负责人、主管会计人员签章、加盖公章。

（3）记账人员或者会计机构负责人、会计主管人员变动时，应当注明交接日期、交接人员姓名，并由交接双方签名或盖章。

2. 登记账簿的规则

（1）为了保证账簿记载正确，根据审核无误的会计凭证进行登记。

（2）登记账簿要用蓝黑墨水或者碳素墨水书写，不得使用圆珠笔或者铅笔书写。红色墨水只能用于划线、改错、冲账。

（3）账簿中书写的文字和数字上面要留有适当空格，不要写满格，一般应占格距的二分之一。

（4）登记账簿时应将记账凭证的日期、编号、业务内容摘要、金额和其他有关资料逐项记在账内，以便查考；登记完毕后要在记账凭证上签名或者盖章，同时在记账凭证的"记账符号"栏内作一个"√"号，表示已经记账，以免重记和漏记。

（5）记账金额以人民币"元"为单位，元以下记到角、分；实物量应按国家规定的单位记账，如千克、吨等。

（6）各种账簿按照页次顺序连续登记，不能跳行、隔页。如不慎发生跳行、隔页，应当将空行、空页划线注销，或者注明"此行空白""此页空白"字样，空行跳页划线后，由记账人员签名或者盖章。

（7）需要结出余额的账户，结出余额后应在"借或贷"栏内写明"借"或"贷"字样；没有余额的账户，应在"借或贷"等栏内写"平"字，并在余额栏内用"0"表示。现金日记账和银行存款日记账必须逐日结出余额。

（8）每一账页登记完毕结转下页时应结出本页发生额合计数及余额，写在本页最后一页和下页第一行有关栏内，并在摘要栏内注明"过次页"和"承前页"字样；也可以只写在下页第一行有关栏内，并在摘要栏注明"承前页"字样。

（9）实行会计电算化的单位，总账和明细账应当定期打印。打印的会计账簿必须连续编号，经审核无误后装订成册，并由记账人员和会计机构负责人、会计主管人员签字或者盖章。

3. 更正错账的规则

记账中如果出现错误，应根据具体情况按照下列方法进行更正：

（1）划线更正法。划线更正法，又叫直接改正法和红线更正法，适用于结账前发现账簿记录中的文字或数字有错，而记账凭证无错。更正时，先在错误的文字或数字上面划一条红线，以示注销，但必须使原有字迹可以辨认，以备查考。然后，在划线的上方用蓝字填写正确的文字和数字，并由记账人员在更正处盖章，以明确责任。采用划线更正法进行错账更正时应注意：对于文字差错可只划去错误的部分，不必将与错字相关联的其他文字划去，但对于数字差错，应将错误的数额全部划线，不得只划去其中个别数字。

（2）红字更正法。红字更正法又称红字冲销法，适用于以下两种情况：

①根据记账凭证所记录的内容记账以后，发现记账凭证中的应借、应贷会计科目或记账方向有错误，应采用红字更正法。进行更正时，先用红字金额填制一张与原内容一致的记账凭证，据以用红字金额登记入账，在摘要栏注明"冲减×月×日×号凭证错误"，冲销原错误记录。然后用蓝字填写一张正确的凭证，重新登记入账。

②科目正确，实记金额大于应记金额进行更正时，将多记金额填制记账凭证，据以红字金额入账，冲销其大于应记金额的差额改正错账。

（3）补充登记法。在记账以后，发现所记金额小于应记金额，采用此法更正。更正时，将少记金额用蓝字填写一张记账凭证登记入账，以补冲少记的金额。

4.总分类账与明细分类账平行登记的规则

（1）依据相同。登记总账和所属明细账的记账凭证和原始凭证是相同的。

（2）方向一致。总账账户登记在借方，所属明细账也应登记在借方；总账账户登记在贷方，所属明细账也应登记在贷方。

（3）金额相等。总账账户中登记的每一笔业务金额应同所属各明细账户中登记的金额之和相等。

（4）同期登记。对每笔经济业务，需在有关总账账户中登记，设置明细账的也必须在同一会计期内登记所属明细账账户。

根据总分类账与其所属明细分类账的平行登记规则记账之后，总分类账与明细分类之间产生了下列数量关系：

①总账本期发生额＝明细账本期发生额合计；

②总账期末余额＝所属明细账期末余额合计。

在会计核算工作中，利用总账和明细账的这种关系，可以检查账簿登记是否完整，从而保证其正确性。

三、结账和对账

为了总结一定时期内（月、季、年）的生产经营活动及其财务成果，便于及时、正确地编制会计报表，必须进行结账和对账工作。

1.结账

结账就是将一定时期内所发生的各项经济业务，全部登记入账并结出本期发生额和余额。

结账前，必须将本期内所发生的各项经济业务全部登记入账。结账时，应当结出每个账户的期末余额。需要结出当月发生额的，应当在摘要栏内注明"本月合计"字样，并在下面通栏划单红线；需要结出本年累计发生额的，应当在摘要栏注明"本年累计"字样，并在下面通栏划单红线；12月末的"本年累计"就是全年累计发生额，全年累计发生额下面应当通栏划双红线。年度终了，所有总账账户都应当结出全年发生额和年末余额，把各账户的余额结转到下一会计年度，并在摘要栏注明"结转下年"字样，在下一会计年度新建有关会计账簿的第一行余额栏内填写上年结转的余额，并在摘要栏注明"上年结转"字样。

2.对账

对账就是定期核对账簿与凭证、账簿与账簿、账簿与实物、账簿与会计报表是否相符，做到账证、账账、账实、账表完全相符，从而保证会计资料的可靠性和准确性。

（1）账证核对。核对会计账簿记录与原始凭证、记账凭证的时间、凭证字号、内容、金额是否一致，记账方向是否相符。

（2）账账核对。核对不同会计账簿之间的账簿记录是否相符。包括总账有关账户的余额核对，总账与明细账核对，总账与日记账核对，会计部门或人员的库存物资明细账与物资保管和使用部门或人员的有关明细账核对等。

（3）账实核对。核对会计账簿记录与财产物资实有数额是否相符。包括现金日记账账面余额与现金实际库存数相核对，银行存款日记账账面余额定期与银行对账单相核对，各种财物明细账账面余额与财物实存数额相核对，各种应收、应付款明细账账面余额与有关债务、债权单位或者个人核对等。

（4）账表核对。每当月度、季度、年度终了时，都应在结账的基础上，根据账簿的资料来编制会计报表，并认真加以核对，以保证账表相符。

四、账簿的更换和保管

1.账簿的更换

会计年度终了，收益分配结束应按规定更换新账。总账、日记账和大部分明细账每年更换一次，但有些明细账不需更换，如固定资产明细账或固定资产卡片等，可以跨年度连续使用，只在账户的最后余额下面划一道红线，表示已经结账，从而简化核算工作。年度终了，需要更换新账的，对有余额的账户，其余额要按规定转入下年新账。

2.账簿的保管

年度结束后，将使用的活页账装订成册，连同订本账统一编号，归档保管。

第六节　账务处理程序

账务处理程序是从填制和审核原始凭证、记账凭证登记各种账簿，到编制会计报表的一系列会计业务处理流程。账务处理程序对于确保会计信息处理工作有条不紊地进行，提高会计工作的质量和效率等具有非常重要的作用。账务处理程序有记账凭证账务处理程序、科目汇总表账务处理程序、汇总记账凭证财务处理程序等类型，村集体经济组织使用较多的是科目汇总表账务处理程序。

一、科目汇总表

科目汇总表是一种汇总的记账凭证，它将汇总期内（如每10天、半个月、1个月）的全部记账凭证按照相同科目归类汇总。在科目汇总表上，每一会计科目的本期借方发生额和贷方发生额只反映汇总后的合计数。科目汇总表的格式如表1-5所示。

表 1-5 科目汇总表

年 月 日至 日

会计科目	本期发生额		备注
	借方	贷方	
合 计			

二、科目汇总表账务处理程序

科目汇总表账务处理程序指对发生的经济业务，在以原始凭证或原始凭证汇总表编制记账凭证之后，根据记账凭证定期编制科目汇总表，然后再根据科目汇总表登记总账，并据以编制会计报表的一种账务处理程序。科目汇总表账务处理程序包括以下步骤：

（1）根据原始凭证填制记账凭证；

（2）根据记账凭证登记现金、银行存款日记账；

（3）根据记账凭证或原始凭证登记明细账；

（4）根据记账凭证定期编制科目汇总表；

（5）根据科目汇总表登记总账；

（6）总账与日记账、明细账定期核对；

（7）根据总账与有关明细账编制会计报表。

三、科目汇总表账务处理程序特点

采用科目汇总表账务处理程序，优点是可以简化总分类账的登记工作，减轻登记总分类账的工作量，还可以起到试算平衡的作用，减少记账差错。但是在这种程序下，记账凭证经过汇总后，它本身无法记录经济业务的摘要，不能明确反映账户的对应关系，不便于分析检查经济业务的来龙去脉，不便于查对账目。

第二章　货币资金核算

村集体经济组织进行生产经营活动，首先必须拥有一定量的货币资金，用于购买生产资料、支付劳动力成本和各项费用。货币资金是以货币形态存在的最具流动性的资产，包括现金和银行存款等。作为村集体经济组织生产经营活动的起点和终点，收支业务贯穿于整个生产经营活动过程中，具有应用面广、业务量大、流动性强的特点。货币资金的多少是物质财富的具体体现，是偿债能力的重要标志。所以，村集体经济组织必须建立健全内部控制制度，加强货币资金的管理和核算，加速资金的周转和流动，实现货币资金的保值增值。

第一节　现　金　核　算

一、现金的概念

现金指存放于村集体经济组织财务部门，由出纳人员（或报账员）经管的货币，主要用于村集体经济组织的日常零星开支，必须按照国家规定建立和执行现金管理制度，保证安全和合理使用。

二、现金的管理制度

1.现金的使用范围

根据国家《现金管理条例》的规定，可以在以下范围使用现金：

（1）村工作及有关人员的工资、津贴；

（2）个人劳务报酬；

（3）根据国家规定颁发给个人的各项奖金；

（4）各种劳保、福利费用以及国家规定对个人的其他支出；

（5）向个人收购农副产品和其他物资支付的价款；

（6）出差人员必须随身携带的差旅费；

（7）结算转账起点（1 000元人民币）以下的零星开支；

（8）中国人民银行确定需要支付现金的其他支出。

属于上述现金结算范围内的支出，可以根据需要从开户银行（信用社）提取现金支付；不属于上述现金结算范围内的支出，通过开户银行（信用社）转账支付。

2. 现金收支的规定

（1）坚持现金收支两条线，不得坐支现金。

村集体经济组织收入现金时，应当日送存银行；支付现金时，可以从备用金中支付，也可以从开户银行提取，但不得从现金收入中直接支付，即不得"坐支"现金。

（2）建立健全现金收支内部控制制度。

《村集体经济组织会计制度》规定："村集体经济组织必须建立健全现金开支审批制度，严格现金开支审批手续。对手续不完备的开支，不准付款；对不合理的开支，经办人有权向民主理财小组或上级主管部门反映。"实行会计人员分工负责制，会计人员、出纳员各司其职，钱、账、物分管，杜绝会计、出纳一人兼的现象。村集体经济组织收款或付款后，要在原始凭证上加盖带有"收讫"或"付讫"的戳记，表示款项已经收到或支付，以免发生收付重复的差错，禁止非出纳人员经手和保管现金。

（3）定期核对账目和库存现金，作好现金清查。

村集体经济组织要及时、准确地核算现金收入、支出和结存，并组织专人定期或不定期清点核对，做到账款相符。每笔业务终了，应及时核对现金收付和结存情况，如发现错误，立刻查找原因并纠正；每日终了，要将现金日记账结出账面余额，与库存现金进行核对，做到账实相符；每月终了，出纳和会计应当将现金日记账余额和现金总账账户余额核对，查对月末实际库存现金余额，是否账账相符、账实相符。如发生长短款，应及时查明原因，按相关规定和程序处理。

（4）其他规定。

不准以不符合财务制度的凭证（如借条、欠条、白条等）顶替库存现金；不准用本村集体经济组织账号替其他单位或个人存入或支取现金；不准把现金以个人名义存入银行（即公款私存）；不准保留账外公款，私设小金库；不准村集体经济组织之间互相借用现金；不准挪用现金。

三、现金的账务处理

为了总括地反映现金的收入、支出和结存情况，应设置"现金"科目进行核算。该科目属于资产类，借方登记现金的增加额，贷方登记现金的减少额，期末余额在借方，反映实际持有的库存现金总额。

1. 现金收入的核算

（1）现金收入的主要内容。

从银行或信用社提取的现金、收取农户一事一议筹资款、出差报销时交回的剩余差旅费借款、无法查明原因的现金溢余、发包机动地或果园收入、市场租金收入、集体企业上交的利润等。

（2）收入现金。

　　借：现金

　　　　贷：银行存款 / 应收款 / 内部往来 / 发包及上交收入 / 经营收入 /……

【例1】村集体经济组织从信用社提取备用现金2 300元。

　　借：现金　　　　　　　　　　　　　　　　2 300

　　　　贷：银行存款　　　　　　　　　　　　　　2 300

【例2】村集体经济组织理事会成员于利军出差借款1 200元，报销1 054元，剩余现金146元交回。

　　借：现金　　　　　　　　　　　　　　　　146

　　　　管理费用　　　　　　　　　　　　　　1 054

　　　　贷：内部往来——于利军　　　　　　　　　1 200

【例3】村集体经济组织监事长王辉未能出差，归还差旅费借款600元。

　　借：现金　　　　　　　　　　　　　　　　600

　　　　贷：内部往来——王辉　　　　　　　　　　600

【例4】村民李齐上交村综合市场租金950元。

　　借：现金　　　　　　　　　　　　　　　　950

　　　　贷：经营收入——综合市场　　　　　　　　950

【例5】村集体经济组织因遭受水灾接受捐款3 500元。

　　借：现金　　　　　　　　　　　　　　　　3 500

　　　　贷：公积公益金　　　　　　　　　　　　　3 500

2. 现金支出的核算

（1）现金支出的主要内容。

现金存入银行、管理人员出差借款、无法查明原因的现金短缺、以现金支付货款及劳务费用等。

（2）支出现金。

　　借：银行存款 / 管理费用 / 应付工资 / 内部往来 /……

　　　　贷：现金

【例6】村集体经济组织将现金3 000元存入银行。

　　借：银行存款　　　　　　　　　　　　　　3 000

　　　　贷：现金　　　　　　　　　　　　　　　3 000

【例7】村集体经济组织报账员张强因公出差，借差旅费800元。

　　借：内部往来——张强　　　　　　　　　　800

贷：现金   800

【例8】村集体经济组织购买档案盒90元，路由器270元，以现金支付。

借：管理费用——档案盒   90

     ——路由器   270

   贷：现金   360

【例9】村集体经济组织修路灯付吊装费600元。

借：其他支出   600

   贷：现金   600

四、现金的明细分类核算

为了详细地反映有关现金的收支情况和库存余额，应设置"现金日记账"，由出纳人员根据审核无误的收付款凭证，按照业务发生时间先后顺序逐日逐笔登记。每日终了时，计算现金收入合计、现金支出合计及现金结余金额，并将结余金额与实际库存现金进行核对，保证账款相符。如果发现账款不符，应及时查明原因进行处理。

第二节　银行存款核算

一、银行存款的概念

银行存款指村集体经济组织存入银行、信用社或其他金融机构的货币资金。

二、银行存款的管理规定

村集体经济组织在其所在地银行（或信用社）开设账户以后，除按核定的限额保留库存现金（即备用金）外，超过限额的现金必须全部送存银行；除了在规定的范围内使用现金直接支付以外，其他一切货币收支业务，都必须通过银行结算的方式进行；不得为还贷、还债和套取现金而多头开立基本存款账户，不得出租出借账户，不得违反规定在异地存款和贷款开立账户；任何单位和个人不得将村集体经济组织的资金以个人名义开立账户存储，即不得"公款私存"。

三、银行存款的账务处理

银行存款的收付及其结存情况通过"银行存款"科目进行会计核算。该科目属于资产类，借方登记银行存款的增加，贷方登记银行存款的减少，期末余额在借方，反映村集体经济组织期末银行存款的余额。

（1）将款项存入银行或其他金融机构。

借：银行存款

贷：现金 / 经营收入 / 短期借款……

（2）从银行或其他金融机构中提取或支付存款。

借：现金 / 经营支出 / 库存物资……

贷：银行存款

【例10】村集体经济组织将 1 800 元现金存入银行。

借：银行存款 1 800

贷：现金 1 800

【例11】村集体经济组织从银行提取现金 20 000 元。

借：现金 20 000

贷：银行存款 20 000

【例12】村集体经济组织因购买设备向信用社借款 4 000 元，存入银行。

借：银行存款 4 000

贷：短期借款 4 000

【例13】村集体经济组织按照一事一议原则，经成员大会通过后，筹集资金 6 200 元准备修路。

借：银行存款 6 200

贷：内部往来——农户名 6 200

【例14】村集体经济组织疫情防控，购入口罩费用为 1 100 元。

借：库存物资——口罩 1 100

贷：银行存款 1 100

四、银行存款的明细分类核算

为了连续、详细地反映银行存款收支情况，村集体经济组织应当按照开户银行和其他金融机构等的名称分别设置"银行存款日记账"，由出纳人员根据审核无误的银行存款收款凭证，按照业务发生先后顺序，逐日逐笔登记银行存款日记账。每日终了时应计算银行存款收入合计、银行存款支出合计及结余金额，"银行存款日记账"应定期与银行转来的对账单核对，至少每月核对一次。

第三章　应收款项核算

应收款项是村集体经济组织对其他单位（个人）或集体经济组织内部单位（农户）的债权。债权的收取一般能够带来货币资金，是村集体经济组织的资产，主要有赊销商品、提供劳务、预付款、暂借出的款项。村集体经济组织应加强对应收款项的管理，控制应收款项的数额及回收时间，采取措施积极组织催收，任何人不得擅自决定应收款项的减免。根据发生经济关系的对象不同将应收款项划分为两类：一类是村集体经济组织与外部单位或个人发生的应收及暂付款项（用"应收款"科目核算）；一类是村集体经济组织与所属单位和农户发生的应收及暂付款项（用"内部往来"科目核算）。

第一节　应收款核算

一、应收款的概念

应收款一般指外部应收款，指村集体经济组织与外单位和外部个人发生的各种应收及暂付款项，是村集体经济组织向本单位以外的单位和个人销售商品或提供劳务等而形成的债权，是在未来收取一定货币、商品或劳务的权利。

二、应收款的账务处理

通过设置"应收款"科目，核算村集体经济组织与外部单位或外部个人发生的各种应收及暂付款项。应按不同单位和个人设置明细科目，进行明细核算。该科目属于资产类，借方登记村集体经济组织应收及暂付外部单位和个人的各种款项，贷方登记已经回收的或已转销的应收及暂付款项，期末余额在借方，反映尚未收回的应收款项。

1.村集体经济组织因销售商品、提供劳务、发出存货等与外部单位和个人发生的各种应收及暂付款项

借：应收款

　　贷：经营收入／库存物资／现金／银行存款／……

2.收回款项

借：现金/银行存款/库存物资/……

　　贷：应收款

【例1】村集体经济组织出售给外村合作社有机肥一批，成本8 700元，售价10 900元，货款尚未收到。

（1）货已售出，款未收到。

借：应收款——合作社　　　　　　　　　　　　　　　10 900

　　贷：经营收入　　　　　　　　　　　　　　　　　　　　　10 900

（2）结转成本。

借：经营支出　　　　　　　　　　　　　　　　　　　8 700

　　贷：库存物资　　　　　　　　　　　　　　　　　　　　　8 700

（3）收到外村合作社偿还的货款。

借：银行存款　　　　　　　　　　　　　　　　　　　10 900

　　贷：应收款　　　　　　　　　　　　　　　　　　　　　　10 900

【例2】村集体经济组织向外村村民王强出售价值830元的库存种子，款项尚未收到。

（1）货已售出，款未收到。

借：应收款——王强　　　　　　　　　　　　　　　　830

　　贷：库存物资——种子　　　　　　　　　　　　　　　　　830

（2）收到货款。

借：现金　　　　　　　　　　　　　　　　　　　　　830

　　贷：应收款——王强　　　　　　　　　　　　　　　　　　830

【例3】如果王强因意外事故死亡，830元欠货款不能支付，村集体经济组织经调查后作坏账处理。

借：其他支出　　　　　　　　　　　　　　　　　　　830

　　贷：应收款——王强　　　　　　　　　　　　　　　　　　830

第二节　内部往来核算

一、内部往来的概念

内部往来一般指内部应收款，是村集体经济组织为发展生产经营、兴办公益事业等，与所属单位和农户发生经济往来关系而形成的各种应收及暂付款项。

二、内部往来的账务处理

通过设置"内部往来"科目，核算村集体经济组织与内部单位和农户发生的各种应收暂付款项及应付暂收款项业务。它具有双重性质，凡是村集体经济组织与所属单位和农户发生经济往来业务，例如向所属单位和农户发包集体机动地、林地、果园、鱼塘以及筹集一事一议资金，都通过本科目进行会计核算。也就是说，它既核算村集体经济组织与所属单位和农户发生的各种应收及暂付款项业务，也核算村集体经济组织与所属单位和农户发生的各种应付及暂收款项业务。该科目属于资产类，借方登记村集体经济组织与内部单位和农户发生的各种应收暂付款项和偿还的各种应付暂收款项，贷方登记村集体经济组织与内部单位和农户发生的各种应付暂收款项和收回的各种应收暂付款项。本科目应按所属单位和农户设置内部往来明细科目，进行明细核算。各明细科目期末借方余额的合计数反映村集体经济组织所属单位及农户尚欠村集体经济组织的款项总额，年末借方余额在资产负债表的"应收款项"项目内反映；各明细科目期末的贷方余额合计数反映村集体经济组织尚欠所属单位及农户的款项总额，年末贷方余额合计数应在资产负债表的"应付款项"项目内反映。年度终了村集体经济组织应编制"内部往来明细表"，详细反映村集体经济组织与内部所属单位和个人的经济往来情况。

1. 村集体经济组织与所属单位和农户发生应收款项和偿还应付款项

借：内部往来

　　贷：现金 / 银行存款 / 库存物资 / 固定资产 /……

2. 收回应收款项和发生应付款项

借：现金 / 银行存款 / 库存物资 / 固定资产 /……

　　贷：内部往来

3. 村集体经济组织所属单位和农户承包集体耕地、林地、果园、鱼塘等而发生的应收承包金或村（组）办企业的应收利润等，年终按经过批准的方案结算出本期所属单位及农户应交未交的款项

借：内部往来

　　贷：发包及上交收入

借：现金 / 银行存款

　　贷：内部往来

4. 村集体经济组织因筹集一事一议资金与农户发生的应收款项，在筹资方案经成员（代表）大会通过，按照筹资方案规定的金额入账（一事一议的核算详见第八章第七节）

借：内部往来

　　贷：一事一议资金

借：现金

　　贷：内部往来

【例4】本村村民崔林为购买生产资料向村集体经济组织借款700元。

借：内部往来——崔林　　　　　　　　　　　　　　700

贷：现金　　　　　　　　　　　　　　　　　　700

【例5】本村村民崔林偿还村集体经济组织借款700元。

借：现金　　　　　　　　　　　　　　　　　　700

　　贷：内部往来——崔林　　　　　　　　　　　700

【例6】村集体经济组织售给本村东营食品厂水稻3 000斤，价款8 400元；售给本村成员代晓军水稻400斤，价款1 120元，款项都未收到。该批水稻单位成本每斤1.1元。

（1）村集体经济组织出售农产品是正常的经营活动，应增加村集体的经营收入，但是由于款项尚未收到，因此增加内部往来。

借：内部往来——东营食品厂　　　　　　　　8 400

　　　　　　　——代晓军　　　　　　　　　1 120

　　贷：经营收入　　　　　　　　　　　　　　9 520

（2）结转已售农产品的成本，增加经营支出，减少库存物资。

借：经营支出　　　　　　　　　　　　　　　3 740

　　贷：库存物资——水稻　　　　　　　　　　3 740

（3）收到东营食品厂和代晓军的款项存入银行。

借：银行存款　　　　　　　　　　　　　　　9 520

　　贷：内部往来——东营食品厂　　　　　　　8 400

　　　　　　　　——代晓军　　　　　　　　1 120

【例7】年终收到东营食品厂上交利润26 000元，按规定尚欠9 000元。

该业务导致村集体经济组织的收入增加，同时银行存款和内部应收款项也增加，应记入"银行存款"科目和"内部往来"科目的借方以及"发包及上交收入"科目的贷方。

借：银行存款　　　　　　　　　　　　　　26 000

　　内部往来——东营食品厂　　　　　　　　9 000

　　贷：发包及上交收入　　　　　　　　　　35 000

【例8】村成员曹玉承包村集体经济组织果园10亩，年初发包，按合同规定年承包费共计9 500元，年底上交承包费。

（1）年初发包。

借：内部往来——曹玉　　　　　　　　　　　9 500

　　贷：发包及上交收入　　　　　　　　　　　9 500

（2）年底收到承包费并存入银行。

借：银行存款　　　　　　　　　　　　　　　9 500

　　贷：内部往来——曹玉　　　　　　　　　　9 500

第四章 存 货 核 算

存货是一项重要的资产，对村集体经济组织生产经营活动起着非常重要的作用。因此，加强对存货的核算管理，不仅直接关系到村集体经济组织资产价值和经营收益的确定，也是防止集体资产损失的重要手段。

第一节 存 货 概 述

一、存货的概念

存货指村集体经济组织在生产经营过程中持有的以备出售，或者仍处在生产加工过程中，或者在生产过程或提供劳务过程中将消耗的各种材料或物资。主要包括化肥、种子、农药、燃料、原材料、机械零配件、低值易耗品、在产品、农产品和工业产成品等。

二、存货的确定原则

一是凡在盘存日期，所有权已归于村集体经济组织的一切物品，不管其存放地点和来源如何，均视为村集体经济组织的存货；二是在生产经营过程中，不属于销售或耗用的物品，不属于存货。

三、存货的分类

1.按经济内容的不同分类

（1）材料，包括购入和自制的各种农用材料和原材料。

（2）低值易耗品，指单位价值在规定限额以下，或使用年限在一年以内的用具物品。不同时符合固定资产的两个条件（使用年限在一年以上，单位价值在500元以上）的劳动资料，一般来说，应列作低值易耗品。

（3）商品，指村集体经济组织购入的无须经过加工即可对外出售或委托其他单位代销的物品。

（4）在产品，指尚未完成全部生产过程，或已完成生产过程尚未验收入库的产品。

（5）农产品和工业产成品，指已完成生产过程，并已验收入库待售的物品。

2. 按存放的地点不同分类

（1）库存存货，指已经验收合格并入库的各种存货。

（2）在途存货，指货款已经支付、正在运输途中，以及已经运达村集体经济组织但尚未验收入库的存货。

（3）委托代销存货，指村集体经济组织受其他单位委托代销的存货。

（4）加工中存货，指处于生产过程中的农产品和加工中的工业产品等。

四、存货的入账价值

如实反映存货的资金占用情况，正确计算出存货成本，就是存货的计价。根据历史成本原则，各种存货应当按其取得时的实际成本计价。存货的来源不同，实际成本构成也不同，村集体经济组织应按以下原则确定存货的入账价值。

（1）购入的存货，其实际成本包括买价（购入存货发票上的货款金额），运杂费（包括运输费、装卸费、保险费等），运输途中的合理损耗（扣除回收下脚料的价值），以及入库前的加工、整理、挑选费用和相关税金等计价。

（2）生产入库的农产品，按生产过程中发生的材料费、工资、加工费等各项实际支出计价。

（3）自制的存货，按自制过程中发生的材料费、工资等各项实际支出计价。

（4）委托外单位加工的存货，按实际耗用的原材料或半成品和缴纳的税金等计价。

（5）投资者投入的存货，按投融资双方确定的价值计价。

（6）接受捐赠的存货，若捐赠方提供了有关凭据，按凭据上标明的金额加上村集体经济组织为取得该项捐赠所支付的运输、保险费以及缴纳的税金等作为实际成本计价；如果捐赠方没有有关凭据，可按同类或类似物资的市场价格，估计出捐赠存货的金额加上村集体经济组织为接受该项捐赠所支付的相关税费作为实际成本计价。

（7）盘盈的存货，按同类或类似产品的市场价格计价。

五、存货发出的计价方法

计价方法有先进先出法、加权平均法、个别计价法（也叫具体辨认法、个别认定法、分批实际法）等。存货发出的计价方法一经选定，不得随意变动。

第二节 库存物资核算

一、库存物资的总分类核算

村集体经济组织出入库及结存的各种存货，通过"库存物资"科目来核算。该科目属于资产类，借方登记因外购、自制、委托加工完成、债务重组、接受捐赠、盘盈等原因而增加的物资实际成本，贷方登记因发出、领用、对外销售、盘亏、损毁等原因而减少的物资实际成本，期末余额在借方，反映期末库存物资的实际成本。

《村集体经济组织会计制度》规定，村集体经济组织生产入库的农产品和工业产成品等，按生产该产品所发生的原材料成本、人工费用等各项实际支出计价。

1. 村集体经济组织在购买或其他单位和个人投资投入或捐赠的原材料、农用材料等物资验收入库

借：库存物资

贷：现金 / 银行存款 / 应付款 / 资本 / 公积公益金 /……

2. 会计期末对已收到发票账单但尚未验收入库的购入物资

借：库存物资

贷：应付款

3. 村集体经济组织生产的农产品收获入库或工业产成品完工入库时，按照实际成本入账

（1）产品入库。

借：库存物资

贷：生产（劳务）成本

（2）库存物资被领用。

借：生产（劳务）成本 / 应付福利费 / 在建工程 /……

贷：库存物资

（3）实现销售收入。

借：现金 / 银行存款 /……

贷：经营收入

（4）结转销售物资的实际成本。

借：经营支出

贷：库存物资

（5）库存物资盘盈。

借：库存物资

贷：其他收入

（6）库存物资盘亏。

借：内部往来

其他支出

贷：库存物资

【例1】村集体经济组织收到农资公司投入价值 5 500 元农用薄膜，已验收入库。

借：库存物资——农用薄膜　　　　　　　　　　　　5 500

贷：资本——农资公司	5 500

【例2】村集体经济组织购进有机肥4 700元，用银行存款支付，已验收入库。

借：库存物资——有机肥	4 700
贷：银行存款	4 700

【例3】村集体经济组织出库稻田用有机肥0.9吨，每吨1 360元。

借：生产（劳务）成本——农业支出	1 224
贷：库存物资——有机肥	1 224

【例4】村集体经济组织秋收花生7 700斤，已验收入库。投入种子、肥料、水等成本4 800元。

借：库存物资——花生	4 800
贷：生产（劳务）成本	4 800

【例5】村集体经济组织销售入库花生1 300斤，每斤2.7元，现金已收。入库花生成本810元。

借：现金	3 510
贷：经营收入	3 510
借：经营支出	810
贷：库存物资——花生	810

【例6】村集体经济组织销售库存农用薄膜1吨，价值1 100元，款已存入银行。

借：银行存款	1 100
贷：库存物资——农用薄膜	1 100

【例7】村集体经济组织春播前收到有关部门捐赠的有机肥3.5吨，价值10 500元，支付运费400元，已验收入库。

借：库存物资——有机肥	10 900
贷：公积公益金	10 500
现金	400

【例8】村集体经济组织年终盘盈水稻300斤，单价1.7元，共计510元。

借：库存物资	510
贷：其他收入	510

【例9】村集体经济组织年终盘库，发现红薯腐烂200斤，账面成本0.9元。经过调查是由于保管员朱明过失造成的，经研究由朱明赔偿120元。

借：内部往来——朱明	120
其他支出	60
贷：库存物资——红薯	180

二、库存货物的明细分类核算

村集体经济组织库存货物的明细分类核算包括数量核算和价值核算两部分。数量的核算，包括材料物资和农产品、工业产成品的收发、库存结余数量，由仓库保管人员负责；价值核算由会计人员负责。

村集体经济组织必须建立健全库存物资的保管、领用制度，设置库存物资明细账。入库时，由会计填写入库单，保管人员根据入库单清点验收，核对无误后入库，并按库存物资的品种、规格、数量、单价等内容登记"库存物资明细账"。出库时，由会计填写出库单，主管负责人批准，领用人签名盖章，保管员根据出库单出库，并按库存物资的品种、规格、数量、单价等内容登记"库存物资明细账"。期末，保管人员根据期初存货数量和本期收发数量计算出结存数量，财会人员根据选用的存货发出计价方法，计算库存物资收发及结余金额。从明细账中，不仅可以取得各种库存物资的数量资料，而且还可以反映各种库存物资的价值资料。

第五章　农业资产核算

《村集体经济组织会计制度》引入了农业资产的概念，它具有特殊的生物性，价值随着生物的出生、成长、衰老、死亡等自然规律和生产经营情况不断变化，这种变化会影响农业资产的会计核算。村集体经济组织应按会计制度规定，设置账簿，对其所有的农业资产进行分类核算。

第一节　农业资产概述

一、农业资产的概念

村集体经济组织会计制度在借鉴国际会计准则分类方法的基础上将生物资产中的牲畜（禽）和林木列为农业资产。（禽）主要有幼畜、育肥畜、产畜、役畜、饲养的家禽等；林木有茶树、果树等经济林木和用材林、薪炭林等非经济林木，但是作为农业资产收获品的农产品，如已收获的玉米、水果、茶叶等，应作为存货管理和核算，不包括在农业资产的范围之内。

二、农业资产的特点

牲畜和林木等农业资产可能会因所处生命周期中的不同阶段而具备不同资产类别的特点，例如：饲养中的幼畜具有存货的特征；成龄后的产畜或役畜主要提供农产品或劳务，具有长期资产特征；产畜或役畜退役后为育肥畜，准备饲养后对外出售或宰杀，则重新具备了存货特征。

农业资产与企业普通的存货或固定资产既有相同点，又有不同点，在资产负债表上单独作为一类资产进行列报，反映了农业资产是有生命的资产，并且其自身价值与创造价值的方式具有生命周期不断改变的本质特征。将牲畜、林木等以牲畜资产、林木资产命名，而没有采取普通企业中通行的存货、固定资产、在建工程等称谓，鲜明直观，便于广大农村财会人员和农民理解。

牲畜（禽）资产的会计核算主要包括幼畜及育肥畜饲养、幼畜转为产役畜、产役畜成本摊销、育肥畜出售及成本结转、牲畜资产的处置等。

林木资产的会计核算包括林木资产培植、经济林木投产、非经济林木郁闭、经济林木成本摊销、林木资产的处置等。根据不同阶段农业资产的特点，其中发生的费用有的要进行资本化，增加资产成本，有的费用应列为当期费用，作为当期支出处理。

三、农业资产的核算原则

《村集体经济组织会计制度》规定农业资产的主要核算原则如下：

（1）购入的农业资产按照购买价及相关税费等计价；

（2）幼畜及育肥畜的饲养费用、经济林木投产前的培植费用、非经济林木郁闭前的培植费用按实际成本计入相关资产成本；

（3）产役畜的饲养、投产后经济林木以及郁闭后的非经济林木的管护费用应作为当期费用处理，计入经营支出；

（4）产役畜、经济林木投产后，应将其成本扣除预计残值后的部分在其正常生产周期内按直线法分期摊销，预计净残值率按照产役畜、经济林木成本的 5% 确定；

（5）已提足折耗但未处理仍继续使用的产役畜、经济林木不再摊销；

（6）农业资产死亡毁损时，按规定程序批准后，按实际成本扣除由责任人或者保险公司赔偿金额后的差额，计入其他收支。

第二节　牲畜（禽）资产核算

一、牲畜（禽）资产概述

牲畜（禽）资产指村集体经济组织农业资产中的动物资产，主要有幼畜、育肥畜、产畜、役畜等。牲畜（禽）资产的形态伴随生长过程而变化，其价值和发挥作用的方式或为村集体经济组织提供利益的方式也在不断变化。一般而言，牲畜要经过繁殖、幼畜培育、成龄转为产役畜、产役畜退役再转为育肥畜、育肥畜通过出售或其他处置等几个阶段。幼畜在培育阶段，如果不对外出售，一般不能提供农产品或劳务，但是价值和功能随着生长发育而变化增加。在产役畜阶段，牲畜外在形态和功能相对稳定，能够通过产出农产品，或为生产经营活动提供劳务带来现实利益。在育肥畜阶段，通过饲养育肥等活动，能够增加牲畜资产在处置时的价值。

二、牲畜（禽）资产的账务处理

为反映和监督牲畜（禽）资产的情况，村集体经济组织应设置"牲畜（禽）资产"科目核算。该科目属于资产类，借方登记通过购买、接受投资、自行繁育、接受捐赠等方式而增加的牲畜（禽）资产成本，以及幼畜及育肥畜的饲养费用；贷方登记因出售、对外投资、死亡毁损等方式而减少的牲畜（禽）资产成本，以及产役畜的成本摊销；期末余额在借方，反映村集体经济组织幼畜及育肥畜和产役畜的账面余额。本科目应设置"幼畜及育肥畜""产役畜"两个二级科目，按牲畜（禽）的种类设置明细科目，进行明细核算，如果有人工饲养的鱼、虾、贝类等，也应在本科目下单独设置明细科目核算。如果村集体经济组织没有牲畜资产，只有人工饲养的鱼、虾、贝类等，也可改称为相应名称，但科目的顺序和编号不变。

（一）牲畜（禽）资产增加的核算

村集体经济组织牲畜（禽）资产增加来源主要有购入、投资者投入、自行繁育和接受捐赠等，应区分不同来源的牲畜（禽）资产，分别确定入账价值。

1. 购入的牲畜（禽）资产

村集体经济组织从外部购入的牲畜（禽）资产，按照实际支付的购买价加上运输费、检疫费、保险费、运输途中的饲养费等相关费用，以及交纳的相关税金，作为牲畜（禽）资产的入账价值。如果一次购入多种或多头牲畜（禽）资产的，购买运输过程中发生的相关税费，应按照各种牲畜（禽）资产的购买价进行分配，分别确定入账价值。以一笔货款购入多头多种牲畜（禽）资产的，应以购买地购买时的市场价作为分配依据，分别确定购入牲畜（禽）资产的入账价值。

借：牲畜（禽）资产

贷：现金/银行存款/内部往来（款项尚未支付的债权人属于村集体经济组织内部所属单位或个人）/应付款（债权人不属于村集体经济组织内部所属单位或个人）……

【例1】村集体经济组织从外地某养牛合作社购入15头母牛，共支付价款150 000元，运输费1 200元，运输途中饲养费550元，已用银行存款支付。

借：牲畜（禽）资产——产役畜——母牛　　　　　　　　　151 750

贷：银行存款　　　　　　　　　　　　　　　　　　　　　15 1750

【例2】村集体经济组织从外地养牛场购入幼牛18头、成龄奶牛10头，每头幼牛买价6 000元，每头成龄奶牛买价12 000元，价款尚未支付。发生检疫费1 300元，运输费2 000元，运输途中饲养费900元，费用已用现金支付给养牛场。

（1）费用分析。

①购入幼牛和成龄奶牛发生的需要分配费用为：

$1\ 300 + 2\ 000 + 900 = 4\ 200$（元）

②幼牛的购买价合计 $= 6\ 000 \times 18 = 108\ 000$（元）

③成龄奶牛的购买价合计 $= 12\ 000 \times 10 = 120\ 000$（元）

④幼牛购买价占全部购买价的比例为：

108 000÷（108 000＋120 000）＝ 47%

⑤成龄奶牛购买价占全部购买价的比例为：

120 000÷（108 000＋120 000）＝ 53%

⑥幼牛应分配的购买价以外的相关费用为：

4 200×47%＝1 974（元）

⑦成龄奶牛应分配的购买价以外的相关费用为：

4 200×53%＝2 226（元）

⑧幼牛的入账价值＝108 000＋1 974＝109 974（元）

⑨成龄奶牛的入账价值＝120 000＋2 226＝122 226（元）

（2）账务处理。

借：牲畜（禽）资产——幼畜及育肥畜——幼牛　　　109 974

　　　　　　　　　——产役畜——奶牛　　　　　122 226

　　贷：应付款——养牛场　　　　　　　　　　　　　　228 000

　　　　现金　　　　　　　　　　　　　　　　　　　　4 200

2.投资者投入的牲畜（禽）资产

村集体经济组织接受投资者投入的牲畜（禽）资产，应按照村集体经济组织与投资方协商确定的价值作为投入牲畜（禽）资产的入账价值。

借：牲畜（禽）资产

　　贷：资本

【例3】乳业公司与村集体经济组织达成协议，以进口优良种牛10头作为投资入股村集体经济组织，双方达成的投资协议确定每头种牛的定价为22 000元。

借：牲畜（禽）资产——产役畜——种牛　　　220 000

　　贷：资本——乳业公司　　　　　　　　　　　　　220 000

3.自行繁育的牲畜（禽）资产

自行繁育的牲畜（禽）资产，按照自行繁育的牲畜（禽）过程中实际发生可明确归属于新繁育的牲畜（禽）资产的培育、生产、饲养、防疫等项费用确定其入账价值。如果无法明确确定发生的费用应归属于新繁育的牲畜（禽）资产还是原有牲畜（禽）资产，应按照繁育的牲畜（禽）资产生后发生的可明确归属的第一批费用确定其入账价值。

【例4】村集体经济组织自行繁育蛋鸡1 900只。繁育过程中发生如下费用：购入种蛋2 300元，孵化电费1 050元，孵化电量为全部用电量的40%。饲养员一人兼管饲养蛋鸡群和孵化工作，孵化饲养员工资为2 600元，不能明确区分为饲养产蛋鸡群发生的费用和孵化工作的费用。

（1）费用分析。

自行繁育蛋鸡的入账价值只能包括可以明确划定的归属费用，如购买孵化种蛋费用

2 300 元和孵化房发生的电费 420 元（1050×40%），合计为 2 720 元。由于饲养员的工资不能明确划定其归属，不再计入自行繁育蛋鸡的入账价值。种蛋购买价款、饲养员费用和电费已于发生时记入"生产（劳务）成本"科目，在雏鸡孵化出生后，将可明确归属于雏鸡孵化的费用 2 720 元，将其从生产成本转入"牲畜（禽）资产"科目。

（2）账务处理。

```
借：牲畜（禽）资产                                    2 720
    贷：生产（劳务）成本                               2 720
```

【例 5】村集体经济组织自行繁育幼山羊 35 头。幼山羊出生后，雇人饲养，用现金支付费用 950 元。繁育期间领用库存饲料 1 400 元，以现金支付饲养员工资 3 600 元。

（1）费用分析。

由于繁育期间山羊继续产毛，无法将相关费用区分为繁育的幼山羊费用和已产毛山羊的饲养费用，故应全部作为山羊羊毛的生产费用。自行繁育的该批幼山羊入账价值为 950 元。

（2）账务处理。

```
借：牲畜（禽）资产——幼畜及育肥畜——山羊             950
    贷：现金                                          950
借：经营支出                                        5 000
    贷：现金                                          3 600
        库存物资——饲料                               1 400
```

4. 接受捐赠的牲畜（禽）资产

村集体经济组织接受捐赠牲畜（禽）资产，按所附发票金额加上实际发生的运输费、保险费等作为入账价值。如果接受捐赠的牲畜（禽）资产没有附发票账单，应参照村集体经济组织所在地接受捐赠时的市场价格，加上应支付的相关税费确定其入账价值。接受捐赠牲畜（禽）资产，在增加牲畜（禽）资产的同时，应作为公共积累的增加，计入公积公益金。

```
借：牲畜（禽）资产
    贷：公积公益金
```

【例 6】村集体经济组织收到天亮集团捐赠的成龄产毛山羊 120 只，所附单据标明该批成龄山羊的价值为 36 000 元。

```
借：牲畜（禽）资产——产役畜——山羊                  36 000
    贷：公积公益金——天亮集团捐赠                     36 000
```

【例 7】村集体经济组织收到扶贫项目捐赠的未成龄山羊 60 只，没有发票账单，接受捐赠时按所在地相同品种类似年龄山羊的市场价为每只 800 元。

```
借：牲畜（禽）资产——幼畜育肥畜——山羊             48 000
```

贷：公积公益金——扶贫项目   48 000

（二）牲畜（禽）资产饲养费用的核算

《村集体经济组织会计制度》规定，幼畜及育肥畜和产役畜的饲养费用应分别处理，能够直接确定归属的幼畜及育肥畜饲养费用计入牲畜（禽）资产的成本，产役畜的饲养费用计入经营支出。在实务中，由于村集体经济组织经营规模和人员数量有限，加上牲畜资产成群生活的特点，各种牲畜以及同种牲畜中幼畜及育肥畜和产役畜往往在同一地点由相同饲养员饲养。饲养员工资、饲料费用，以及产役畜的饲养费用和幼畜及育肥畜的饲养费用，分别计入经营支出和牲畜资产的成本。

分配共同费用时，一般可按照上期末的幼畜及育肥畜和产役畜的账面价值为基础计算分摊比例，分别计入幼畜及育肥畜或列入当期经营支出。为简化核算，一年中幼畜及育肥畜和产役畜存栏数量变动不大的，也可以按照上年末的幼畜及育肥畜和产役畜账面值金额为基础计算确定出分配比例，作为一年共同费用的分配比例。如果不能合理可靠地确定各种牲畜，或某种牲畜的幼畜及育肥畜与产役畜间共同费用的分配比例，或为了简化核算，则应全部作为当期支出，列入经营支出。

1. 幼畜及育肥畜的饲养费用

村集体经济组织幼畜及育肥畜的饲养费用，按照实际发生的金额记入相关科目。

借：牲畜（禽）资产

  贷：库存物资 / 应付工资 / 应付款……

【例8】村集体经济组织养猪发生如下费用：领用库存饲料金额为 1 600 元，临时雇用外村一名饲养员工资为 3 700 元，尚未支付。

借：牲畜（禽）资产——幼畜及育肥畜——猪   5 300

  贷：应付款   3 700

    库存物资——饲料   1 600

【例9】村集体经济组织混合饲养幼牛和育肥羊发生如下费用：库存饲料 2 900 元，饲养员工资 4 600 元。7月末，幼牛及育肥羊账面金额分别为 40 000 元和 30 000 元。

（1）费用分析。

①幼牛应分配共同费用的比例：

40 000÷（40 000 + 30 000）= 57%

②育肥羊应分配共同费用的比例：

30 000÷（40 000 + 30 000）= 43%

③幼牛应分配共同费用的金额：

（2 900 + 4 600）×57% = 4 275（元）

④育肥羊应分配共同费用的金额：

（2 900 + 4 600）×43% = 3 225（元）

（2）账务处理。

借：牲畜（禽）资产——幼畜及育肥畜——幼牛　　　　4 275

　　　　　　　——幼畜及育肥畜——育肥羊　　　　3 225

　　贷：应付工资　　　　　　　　　　　　　　　　　　4 600

　　　　库存物资——饲料　　　　　　　　　　　　　　2 900

2. 产役畜的饲养费用

村集体经济组织产役畜的饲养费用不计入牲畜（禽）资产的成本，而是直接列为当期费用。

借：经营支出

　　贷：应付款/应付工资/库存物资……

【例10】村集体经济组织饲养成龄山羊领用库存饲料2 800元，饲养员当月工资3 500元，尚未支付。

借：经营支出　　　　　　　　　　　　　　　　　　　　6 300

　　贷：应付工资　　　　　　　　　　　　　　　　　　3 500

　　　　库存物资　　　　　　　　　　　　　　　　　　2 800

3. 幼畜及育肥畜和产役畜共同发生的饲养费用分配

幼畜及育肥畜和产役畜共同发生的饲养费用，如果在发生时能够直接确定归属，幼畜及育肥畜发生的饲养费用发生时记入"牲畜（禽）资产"科目，产役畜发生的饲养费用发生时记入"经营支出"科目。如果在发生时不能直接确定归属，按照一定比例计算分配记入"牲畜（禽）资产"科目和"经营支出"科目。如果不能合理确定分配比例，或为了简化核算，则应全部作为当期支出，记入"经营支出"科目。

【例11】村集体经济组织饲养育肥牛以及成龄奶牛发生如下费用：库存饲料3 200元，饲养人员当月工资3 500元。10月末，育肥牛和成龄奶牛的账面金额分别为40 000元和50 000元。

（1）费用分析。

①育肥牛应分配共同费用的比例：

40 000÷（40 000＋50 000）＝44%

②成龄奶牛应分配共同费用的比例：

50 000÷（40 000＋50 000）＝56%

③育肥牛应分配共同费用的金额：

（3 200＋3 500）×44%＝2 948（元）

④成龄奶牛应分配共同费用的金额：

（3 200＋3 500）×56%＝3 752（元）

（2）账务处理。

借：牲畜（禽）资产——幼畜及育肥畜——育肥牛　　　　　2 948

　　经营支出　　　　　　　　　　　　　　　　　　　　　3 752

　　　贷：库存物资——饲料　　　　　　　　　　　　　　　　3 200

　　　　应付工资　　　　　　　　　　　　　　　　　　　　3 500

　　村集体经济组织为了简化核算，决定将幼畜及育肥畜和产役畜共同发生的饲养费用全部列为当期费用，记入"经营支出"科目。

借：经营支出　　　　　　　　　　　　　　　　　　　　6 700

　　贷：应付工资　　　　　　　　　　　　　　　　　　　3 500

　　　库存物资——饲料　　　　　　　　　　　　　　　3 200

（三）牲畜（禽）资产转群的核算

《村集体经济组织会计制度》规定，幼畜成龄前，在"牲畜（禽）资产"科目中的"幼畜及育肥畜"二级科目中核算。幼畜成龄成为产役畜，要将其由"牲畜（禽）资产"科目中的"幼畜及育肥畜"二级科目转入"牲畜（禽）资产"科目中的"产役畜"二级科目核算。产役畜退役后，转入"牲畜（禽）资产"科目中的"幼畜及育肥畜"二级科目。

【例12】村集体经济组织当年以65 000元购入的65头幼牛已成龄，转为正常产奶牛，预计产奶周期为5年，当年幼牛的饲养费用为70 000元。

（1）费用分析。

幼畜转为产役畜，只在"牲畜（禽）资产"科目内部进行结转。将通过"幼畜及育肥畜"二级科目归集的幼牛成本转入"产役畜"二级科目。

幼牛的成本＝65 000＋70 000＝135 000（元）

（2）账务处理。

借：牲畜（禽）资产——产役畜　　　　　　　　　　　135 000

　　贷：牲畜（禽）资产——幼畜及育肥畜　　　　　　　135 000

【例13】村集体经济组织的65头成龄奶牛当年发生饲料费用90 000元，饲养人员工资36 000元。

按照《村集体经济组织会计制度》的规定，产役畜的饲养费用应作为当期费用，记入"经营支出"科目。

借：经营支出　　　　　　　　　　　　　　　　　　　126 000

　　贷：库存物资　　　　　　　　　　　　　　　　　　90 000

　　　应付工资　　　　　　　　　　　　　　　　　　36 000

【例14】接上例，由于市场情况发生变化，村集体经济组织将35头奶牛转为育肥牛出售。65头奶牛的账面价值为1 300 000元。

转为育肥牛的35头奶牛的账面价值：

（1 300 000÷65）×35＝700 000（元）

借：牲畜（禽）资产——幼畜及育肥畜　　　　　700 000

　　贷：牲畜（禽）资产——产役畜　　　　　　　　700 000

（四）产役畜成本摊销的核算

《村集体经济组织会计制度》规定产役畜按照直线法在产役畜的正常生产周期内分期摊销的方式回收成本，摊销金额作为当期费用处理，直接记入"经营支出"科目，而不再区分为当期费用或产品成本。产役畜的摊销期间为其正常生产周期，所谓正常生产周期指产役畜在成龄时预计的能够正常产出农产品或为生产经营活动提供服务的时间，一般应根据村集体经济组织（或所在地）相同或类似产役畜的正常生产周期确定。

产役畜牲畜资产由于畜龄等原因，不再主要用来生产农产品或为生产经营活动提供服务时，一般会转为育肥畜，通过一定时间的饲养后，或在适当时机通过出售等方式进行处置。在处置时取得的收入一般还会高于转为育肥畜时的账面余额。如果将产役畜的成本在其正常生产周期内全部摊销，在转为育肥畜时就已经没有价值可供结转，无法进行账簿记录，进而形成账外资产，不能正确反映牲畜资产的实际情况，也不便民主理财工作。因此，《村集体经济组织会计制度》规定，产役畜摊销时要留有残值，这样在产役畜摊销后，只要不进行处置就仍然会保留在账上，不会形成账外资产。《村集体经济组织会计制度》规定，产役畜摊销时按照成本的5%预留残值，摊销金额为其成本的95%，所以产役畜摊销时，各种产役畜一律按照其成本的5%预留残值，在摊销产役畜成本时，首先计算产役畜的应摊销总额，然后再计算各月应摊销金额。

借：经营支出

　　贷：牲畜（禽）资产

【例15】村集体经济组织奶牛成本为135 676元，成龄山羊的成本为14 768元。奶牛和山羊的正常生产周期假定分别为10年和5年。

（1）成本摊销分析。

①计算奶牛摊销额

奶牛摊销总额 =135 676×（1 － 5%）＝ 128 892.2（元）

每月摊销金额 =128 892.2÷10÷12=1 074（元）

②计算山羊摊销额

山羊摊销总额＝ 14 768×（1 － 5%）＝ 14 029.6（元）

每月摊销金额＝ 14 029.6÷5÷12 ＝ 234（元）

（2）账务处理。

借：经营支出　　　　　　　　　　　　　　　1 308

　　贷：牲畜（禽）资产——产役畜——奶牛　　　　1 074

　　　　　　　　——产役畜——山羊　　　　　　　234

【例16】接上例，因畜龄原因，村集体经济组织将山羊转为育肥山羊。转群时山羊应摊销金额已经摊销完毕，只留有账面残值金额738.4元（14 768×5%）。

  借：牲畜（禽）资产——幼畜及育肥畜——山羊   738.4

    贷：牲畜（禽）资产——产役畜——山羊   738.4

（五）牲畜（禽）资产处置的核算

  村集体经济组织牲畜（禽）资产因出售、对外投资、死亡、毁损等原因进行处置，应分别不同情况进行处理。

  1. 牲畜（禽）资产出售的核算

  出售幼畜及育肥畜等牲畜资产按照实现的销售收入作为经营收入入账。

  （1）出售。

    借：现金/银行存款……

      贷：经营收入

  （2）按销售牲畜（禽）资产的实际成本结转销售成本。

    借：经营支出

      贷：牲畜（禽）资产

  【例17】村集体经济组织将育成的30头仔猪出售给双辉食品加工厂，价款总额为30 000元，货款尚未收到。出售时仔猪的账面价值为18 000元。

  （1）货款未收到。

    借：应收款——双辉食品加工厂   30 000

      贷：经营收入   30 000

  （2）结转成本。

    借：经营支出   18 000

      贷：牲畜（禽）资产——幼畜及育肥畜——育肥猪 18 000

  2. 牲畜（禽）资产对外投资的核算

  村集体经济组织以幼畜及育肥畜、产役畜等牲畜资产进行对外投资时，按照合同、协议确定的价值，增加长期投资，借记"长期投资"科目；按照投资时投出牲畜资产的账面价值，减少牲畜资产，贷记"牲畜（禽）资产"科目；按照合同、协议确定的价值与牲畜（禽）资产账面价值的差额，计入公积公益金。

  【例18】村集体经济组织用40匹马向海光旅游公司投资，双方签订了投资合同确定价款85 000元。该40匹马的账面价值为85 000元。

  （1）进行投资。

    借：长期投资——海光旅游公司   85 000

      贷：牲畜（禽）资产——产役畜——马   85 000

  （2）假设投资合同确定40匹马价格为100 000元。

借：长期投资——海光旅游公司	100 000
贷：牲畜（禽）资产——产役畜——马	85 000
公积公益金	15 000

（3）假设投资合同确定 40 匹马价格为 80 000 元。

借：长期投资——海光旅游公司	80 000
公积公益金	5 000
贷：牲畜（禽）资产——产役畜——马	85 000

3. 牲畜（禽）资产死亡毁损的核算

村集体经济组织牲畜（禽）资产死亡毁损时，经过批准，按照应由过失人及保险公司承担的金额，记入"内部往来""应收款"等科目，按照牲畜（禽）资产死亡毁损时的账面价值，贷记"牲畜（禽）资产"科目，二者的差额借记"其他支出"科目或贷记"其他收入"科目。

【例 19】农户夏辉在放村集体的羊时遭遇塌方，死亡 3 只羊。经过批准，认为夏辉负有部分责任，应赔偿 2 000 元，年末在报酬中扣除。保险公司调查后确定理赔 3 000 元，理赔款尚未收到。3 只羊的账面价值为 5 000 元。

（1）发生毁损。

借：内部往来——夏辉	2 000
应收款——保险公司	3 000
贷：牲畜（禽）资产——产役畜——羊	5 000

（2）假设保险公司调查后赔偿 2 500 元，各种赔偿收入低于死亡羊账面价值的差额 500 元，列入"其他支出"科目。

借：内部往来——夏辉	2 000
应收款——保险公司	2 500
其他支出	500
贷：牲畜（禽）资产——产役畜——羊	5 000

（3）假设保险公司调查后赔偿 3 500 元，各种赔偿收入高于死亡羊的账面价值的差额 500 元，记入"其他收入"科目。

借：内部往来——夏辉	2 000
应收款——保险公司	35 00
贷：牲畜（禽）资产——产役畜——羊	5 000
其他收入	500

第三节　林木资产核算

一、林木资产概述

林木资产是指村集体经济组织农业资产中的植物资产，包括经济林木和非经济林木。林木资产的特点是培植期长，短则十余年，长则几十年，形态伴随生长阶段而变化，其价值和发挥作用的方式，或为村集体经济组织的生产经营活动贡献的方式也随生长阶段发生变化。一般而言，经济林木经过培植、成熟投产和更新处置等阶段；非经济林木经过培植、郁闭成林和采伐处置等阶段。

为了反映林木资产的情况和其产生经济利益的特点，《村集体经济组织会计制度》规定，经济林木成熟投产前培植费用应该资本化，计入经济林木资产成本，成熟投产后发生的管护费用作为当期费用处理。非经济林木郁闭前的培植费用应该资本化，计入经济林木资产成本，郁闭后发生的管护费用作为当期费用处理。为了简化核算，可以按照当地的生态环境和气候条件，确定各树种植后能够比较稳定成活所需要的时间，以此作为非经济林木培植费用是否计入林木资产成本的时点。

二、林木资产的账务处理

为反映和监督林木资产的情况，村集体经济组织应设置"林木资产"科目进行核算。该科目属于资产类，借方登记通过购买、接受投资、自行营造、接受捐赠等方式而增加的林木资产的成本，以及成熟投产前的经济林木和郁闭前非经济林木的培植费用；贷方登记因出售、对外投资、更新、死亡、毁损等方式而减少的林木资产的成本，以及林木资产的成本摊销；期末余额在借方，反映村集体经济组织林木资产的账面余额。应设置"经济林木"和"非经济林木"两个二级科目，进行明细核算。

（一）林木资产增加的核算

1. 购入林木资产

村集体经济组织从外部购入的林木，按照实际支付的购买价加上交纳的相关税费作为林木资产的入账价值。如果以一笔款项同时购入多种经济林木或多种非经济林木，应以购买地的市场价作为分配依据，分别确定购入林木资产的入账价值。

（1）购入增加的林木资产，款项已支付。

借：林木资产

　　贷：现金/银行存款

（2）款项尚未支付的，如果债权人属于村集体经济组织内部所属单位或个人，贷记"内部往来"科目，如果债权人不属于村集体经济组织内部所属单位或个人，贷记"应付款"科目。

借：林木资产

贷：内部往来 / 应付款

【例20】村集体经济组织购入板栗苗1 200棵，价款2 400元；购入柳树苗180棵，价款2 700元，全部用银行存款支付。

购入的板栗苗应作为经济林木，购入的柳树苗应作为非经济林木。

借：林木资产——经济林木——板栗苗　　　　　　　　　2 400

　　　　　　——非经济林木——柳树苗　　　　　　　　2 700

贷：银行存款　　　　　　　　　　　　　　　　　　　　　　5 100

2.自行营造的林木资产

村集体经济组织自行营造经济林木和非经济林木，在其成熟投产前或郁闭前所发生的种子、肥料、人工、农药等各项费用，作为林木资产的成本。

借：林木资产

贷：现金 / 应付款 / 应付工资 / 库存物资……

【例21】村集体经济组织在集体果园种植黄桃树发生如下费用：从合作社购入树苗1 700元，尚未支付，以现金支付临时人员劳务费用550元，领用库存化肥600元。

借：林木资产——经济林木　　　　　　　　　　　　　　2850

贷：应付款——合作社　　　　　　　　　　　　　　　　　1 700

　　现金——劳务费　　　　　　　　　　　　　　　　　　　550

　　库存物资——化肥　　　　　　　　　　　　　　　　　　600

3.接受捐赠的林木资产

村集体经济组织接受捐赠林木资产，附有发票账单的，按照所附发票金额加上发生的相关税费确定其入账价值。如果接受捐赠的林木资产没有附发票账单，应参照村集体经济组织所在地接受捐赠时的市场价格加上发生的相关税费确定其入账价值。接受捐赠林木应作为公共积累的增加，计入公积公益金。

借：林木资产

贷：公积公益金

【例22】村集体经济组织收到国有林场捐赠的梨树苗200株，所附发票价格标明价格4 000元。

借：林木资产——经济林木——梨树苗　　　　　　　　　4 000

贷：公积公益金　　　　　　　　　　　　　　　　　　　　4 000

（二）林木资产培植费用的核算

投产前的经济林木和郁闭前的非经济林木经过培植，其经济价值能够继续增加，培植费用应资本化，增加林木资产成本，记入"林木资产"科目。投产后的经济林木能够产出农产品，带来现实的经济利益，其管护费用应该与之配比，作为当期费用处理。郁闭后的非经济林木至采伐前，还有很长时间，可达几十年，甚至上百年。为了避免因过多资本化费用而积累风险，《村集体经济组织会计制度》规定，购入或营造的经济林木投产前、非经济林木郁闭前发生的培植费用，予以资本化，增加林木资产的成本。非经济林木郁闭后的管护费用，不再计入林木资产的成本，而是作为当期费用，记入"经营支出"科目。投产前经济林木与投产后经济林木、郁闭前非经济林木与郁闭后非经济林木共同发生的费用，按照上期末各自的账面价值为基础，计算分摊比例，分别计入林木资产成本或当期经营支出。为简化核算，一年中林木资产数量变动不大的，也可以按照上年年末的账面价值金额计算确定分配比例，作为一年共同费用的分配比例。如果不能合理可靠地确定共同费用在投产前经济林木与投资后经济林木之间、郁闭前和郁闭后的非经济林木之间的分配比例，或者为了简化核算，也可以将共同费用全部作为当期支出处理。

【例23】村集体经济组织培植集体果园中的管理未成熟投产的山楂树，以现金支付临时人员李东劳务费1 300元，肥料和农药费用分别为900元和400元；管理已成熟投产的山楂树，临时雇用村集体经济组织成员赵立军，需支付劳务费用500元，尚未支付。

山楂树投产前发生的培植费用，计入成本；成熟投产后发生的费用，计入当期经营支出。

借：林木资产——经济林木——山楂树	2 600	
经营支出	500	
贷：现金——李东		1 300
库存物资——肥料		900
——农药		400
内部往来——赵立军		500

【例24】村集体经济组织培植集体林地中未郁闭杨树林，以现金支付临时人员劳务费1 300元，养护已郁闭杨树林使用了库存肥料700元。

杨树属于非经济林木，非经济林木郁闭前发生的培植费用，计入林木资产的成本；郁闭发生的费用，计入当期经营支出。

借：林木资产——非经济林木	1 300	
经营支出	700	
贷：现金		1 300
库存物资——肥料		700

【例25】村集体经济组织培植管护已郁闭和未郁闭的杨树林，发生了临时人员劳务费用2 000元，已用现金支付，使用库存肥料1 800元。12月31日，村集体经济组织未郁闭杨树林账面价值为5 000元，已郁闭杨树林账面价值为9 000元。

（1）费用分析。

①未郁闭杨树林应分配共同费用的比例：

5 000÷（5 000＋9 000）＝36%

②已郁闭杨树林应分配共同费用的比例：

9 000÷（5 000＋9 000）＝64%

③未郁闭杨树林应分配共同费用的金额：

（2 000＋1 800）×36%＝1 368（元）

④已郁闭杨树林应分配共同费用的金额：

（2 000＋1 800）×64%＝2 432（元）

（2）账务处理。

借：林木资产——非经济林木　　　　　　　　　　　　　　1 368

　　经营支出　　　　　　　　　　　　　　　　　　　　　2 432

　　　贷：现金　　　　　　　　　　　　　　　　　　　　　　　2 000

　　　　　库存物资——肥料　　　　　　　　　　　　　　　　　1 800

村集体经济组织为了核算，决定将共同发生的林木培植管护费用全部列为已郁闭林木的费用。

借：经营支出　　　　　　　　　　　　　　　　　　　　　3 800

　　　贷：现金　　　　　　　　　　　　　　　　　　　　　　　2 000

　　　　　库存物资——肥料　　　　　　　　　　　　　　　　　1 800

（三）经济林木成本摊销的核算

村集体经济组织的经济林木投产后，其成本扣除预计残值后的部分应在其正常生产周期内按直线法摊销，预计净残值率按照经济林木成本的5%确定，计算当期摊销的金额。

借：经营支出

　　　贷：林木资产

【例26】村集体经济组织的林木资产中已投产经济林木资产成本为147 680元。经济林木的正常生产周期假定为10年。

（1）费用分析。

①经济林木的摊销总额：经济林木的成本为147 680元

②经济林木应摊销总额＝147 680×（1－5%）＝140 296（元）

③每月应摊销金额＝140 296÷10÷12＝1 169（元）

（2）账务处理。

借：经营支出　　　　　　　　　　　　　　　　　　　　　1 169

　　　贷：林木资产——经济林木　　　　　　　　　　　　　　　1 169

（四）林木资产处置的核算

村集体经济组织林木资产的处置主要有出售、对外投资和死亡毁损等形式，根据不同情况进行会计核算。

1. 林木资产出售的核算

（1）村集体经济组织经批准，采伐出售林木时，不论是经济林木还是非经济林木都按实现的销售收入入账。

借：现金/银行存款/内部往来/应收款……

　　贷：经营收入

（2）按已销售林木的实际成本入账。

借：经营支出

　　贷：林木资产

【例27】经批准村集体经济组织将未郁闭的用材林270棵出售给该村集体经济组织内部成员李海，价款29 700元，款项尚未收到。用材林的成本为16 200元。

（1）确认经营收入。

借：内部往来——李海　　　　　　　　　　　　　　　　　　29 700

　　贷：经营收入　　　　　　　　　　　　　　　　　　　　　29 700

（2）结转成本。

借：经营支出　　　　　　　　　　　　　　　　　　　　　　16 200

　　贷：林木资产——非经济林木　　　　　　　　　　　　　　16 200

2. 林木资产对外投资的核算

村集体经济组织以经济林木和非经济林木进行对外投资时，按照投资合同、协议确定的价值，增加长期投资。

借：长期投资

　　公积公益金（差额）

　　贷：林木资产

　　　　公积公益金（差额）

【例28】村集体经济组织用600亩人工种植的非经济林木向新兴旅游公司投资入股，开展森林休闲旅游。双方签订了投资合同，确定作价240 000元。该批林木的账面金额为240 000元。

（1）进行投资。

借：长期投资——新兴旅游公司　　　　　　　　　　　　　240 000

　　贷：林木资产——非经济林木　　　　　　　　　　　　　240 000

（2）假设投资合同确定该批林木作价450 000元。

借：长期投资——新兴旅游公司　　　　　　　　　　　　　450 000

```
            贷：林木资产——非经济林木                           240 000
                公积公益金                                      210 000
```

3. 林木资产死亡毁损的核算

村集体经济组织林木资产死亡毁损时，经过批准，应由过失人赔偿。

```
    借：内部往来 / 应收款……
        其他支出（差额）
        贷：林木资产
            其他收入（差额）
```

【例29】村集体经济组织内部农户孙旺在护林时发生山火，部分非经济林木被烧毁。经过批准，认为孙旺负有部分责任，赔偿 1 800 元，款项尚未收到，其余损失计入其他支出。被烧毁林木的账面价值为 4 900 元。

```
    借：内部往来——孙旺                                1 800
        其他支出                                      3 100
        贷：林木资产——非经济林木                            4 900
```

第六章　投 资 核 算

村集体经济组织投资实际上是出于特定的目的，在一定时期内将本集体经济组织的一部分资金让渡给其他单位，从管理和会计核算的角度出发，按投资的目的和期限不同，可以分为短期投资和长期投资，无论是短期投资还是长期投资，村集体经济组织都必须重视投资的安全性和效益性。

第一节　短期投资核算

一、短期投资的概念

短期投资指村集体经济组织购入的能够随时变现，持有时间不超过一年（含一年）的有价证券等投资。

二、短期投资的计价

（1）以现金、银行存款等货币资金直接向其他单位进行短期投资的，按照实际支付的款项计价。以现金、银行存款认购一年（含一年）期以下的债券和股票，按照实际支付的款项计价，包括支付的手续费等交易费用，如果实际支付的款项中含有已宣告发放但尚未支付股利的，按照实际支付的款项扣除应收股利后的差额计价。

（2）以实物资产（含牲畜和林木）、无形资产方式向其他单位进行短期投资的，按照评估确认或者合同协议约定的价值计价。合同、协议约定的价值与账面净值的差额，计入公积公益金。

三、短期投资收益的确认

短期投资的收益包括两部分，即存续期间的持有收益和转让或兑付时的收益。持有投资期间的收益在出售或到期收回之前不进行确认。

四、短期投资的账务处理

村集体经济组织应设置"短期投资"科目进行短期投资业务的核算。该科目属于资产类，借方登记发生的各项短期投资，贷方登记收回、出售和转让的短期投资，期末余额在借方，反映村集体经济组织实际持有的对外短期投资总额。为详细反映短期投资状况，村集体经济组织应按短期投资的种类设置有关明细进行核算。

村集体经济组织除设置"短期投资"科目，还应设置"投资收益"科目，用来核算短期投资的收益实现情况。出售或到期收回的短期投资大于原账面金额时，贷记"投资收益"科目；出售或到期收回的短期投资小于原账面金额时，借记"投资收益"科目。年终，如为净收入，应将"投资收益"科目余额转入"本年收益"科目的贷方；如为净损失，转入"本年收益"科目的借方，结转后无余额。

（1）发生各项短期投资。

借：短期投资

　　贷：现金/银行存款……

（2）村集体经济组织取得投资收益。

借：现金/银行存款

　　贷：投资收益

（3）收回、出售和转让各项短期投资。

借：现金/银行存款……

　　投资收益（差额）

　　贷：短期投资

　　　　投资收益（差额）

（4）年终结转净收入。

借：投资收益

　　贷：本年收益

（5）年终结转净损失。

借：本年收益

　　贷：投资收益

1. 以货币资金方式进行短期投资的核算

【例1】村集体经济组织以银行存款 36 000 元对村办拉丝厂进行投资，期限 8 个月。

借：短期投资——拉丝厂　　　　　　　　　　　　　　　　　36 000

　　贷：银行存款　　　　　　　　　　　　　　　　　　　　　　　36 000

2. 以实物、无形资产等方式进行短期投资的核算

【例2】村集体经济组织以 15 吨库存水泥向兴龙工程公司投资，期限一年，水泥入库价为 390 元/吨。

（1）如双方协议价为 5 850 元。

借：短期投资——兴龙工程公司　　　　　　　　　　　　　5 850

> 贷：库存物资——水泥　　　　　　　　　　　　　　5 850

（2）如双方协议价为 6 000 元。

> 借：短期投资——兴龙工程公司　　　　　　　　　　6 000
>
> 贷：库存物资——水泥　　　　　　　　　　　　5 850
>
> 公积公益金　　　　　　　　　　　　　　　150

（3）如双方协议价为 5 700 元。

> 借：短期投资——兴龙工程公司　　　　　　　　　　5 700
>
> 公积公益金　　　　　　　　　　　　　　　　　150
>
> 贷：库存物资——水泥　　　　　　　　　　　　5 850

3. 短期投资出售、收回的核算

【例 3】村集体经济组织出售 2 个月之前购买的立方公司股票，售价 35 350 元，款已存入银行，该股票购买成本共计 33 330 元。

> 借：银行存款　　　　　　　　　　　　　　　　　35 350
>
> 贷：短期投资——立方公司股票　　　　　　　　33 330
>
> 投资收益　　　　　　　　　　　　　　　2 020

第二节　长期投资核算

一、长期投资的概念

村集体经济组织的长期投资指不准备在一年内（不含一年）变现的有价证券等投资，按照一般的分类方法长期投资可分为股票投资、债券投资和其他投资三类。

二、长期投资的计价

长期投资的计价原则与短期投资基本相同。以现金、银行存款等货币资金方式进行长期投资的按照实际支付的款项计价；以实物、无形资产等方式进行长期投资的按照评估确认或者合同、协议约定的价值计价。购买股票或债券时发生的各项费用，包括经纪人佣金、税金以及手续费等，也计入投资成本。

三、长期投资的账务处理

村集体经济组织应设置"长期投资"科目进行长期投资业务的核算。该科目属于资产类，借方登记发生的各项长期投资，贷方登记因到期收回转让等原因减少各项长期投资，期末余额在借方，反映村集体经济组织实际持有的长期投资总额。为详细反映长期投资状况，村集体经济组织应设置"股票投资""债券投资""其他投资"明细科目，进行明细核算。

长期投资取得的股利、利息、利润等也通过"投资收益"科目核算，核算方法与短期投资基本相同。

1. 股票投资的核算

股票投资指村集体经济组织以购买股票的方式对其他单位进行的投资。

（1）村集体经济组织按实际支付的款项购入股票。

借：长期投资——股票投资

　　贷：银行存款

（2）被投资单位宣告分配现金股利或利润。

借：应收款

　　贷：投资收益

（3）实际收到现金股利或利润。

借：现金/银行存款

　　贷：应收款

（4）出售股票。

借：银行存款

　　投资收益（差额）

　　贷：长期投资——股票投资

　　　　投资收益（差额）

【例4】村集体经济组织购买长维商厦发行的股票5 000股，每股售价8.6元，购买时支付手续费330元，款项均以银行存款支付。

（1）购买时实际支付的款项：5 000×8.6 + 320=43 320（元）。

借：长期投资——股票投资　　　　　　　　　　　　　　43 320

　　贷：银行存款　　　　　　　　　　　　　　　　　　　　43 320

（2）长维商厦宣布分配现金股利，每股0.2元。

借：应收款——应收股利　　　　　　　　　　　　　　　1 000

　　贷：投资收益　　　　　　　　　　　　　　　　　　　　1 000

（3）村集体经济组织收到长维商厦发放的股利1 000元存入银行。

借：银行存款　　　　　　　　　　　　　　　　　　　　1 000

　　贷：应收款——应收股利　　　　　　　　　　　　　　　1 000

（4）村集体经济组织出售长维商厦股票5 000股，每股11.2元，共计56 000元存入银行。

借：银行存款　　　　　　　　　　　　　　　　　　　　56 000

　　贷：长期投资——股票投资　　　　　　　　　　　　　　43 320

　　　　投资收益　　　　　　　　　　　　　　　　　　　12 680

2. 债券投资的核算

债券投资指村集体经济组织以购买债券的方式对其他单位进行的投资。债券的发行有面值发行、溢价发行和折价发行三种不同方式。村集体经济组织无论是按面值认购的债券，还是按溢价或折价认购的债券，均应以实际支付的款项作为债券投资的入账价值，包括经纪人佣金、税金以及手续费等。

（1）村集体经济组织按实际支付的款项购入债券。

借：长期投资一债券投资

　　贷：银行存款

（2）到期收回债券本息时按实际收到的款项。

借：银行存款

　　投资收益（差额）

　　贷：长期投资——债券投资

　　　　投资收益（差额）

【例 5】村集体经济组织 2019 年 11 月 5 日购买两年期国库券 6 000 元，年利率 5%。

（1）购买债券。

借：长期投资——债券投资　　　　　　　　　　　　　　6 000

　　贷：银行存款　　　　　　　　　　　　　　　　　　　　6 000

（2）到期收回本息。

借：银行存款　　　　　　　　　　　　　　　　　　　　6 600

　　贷：长期投资——债券投资　　　　　　　　　　　　　　6 000

　　　　投资收益　　　　　　　　　　　　　　　　　　　　　600

3. 其他投资的核算

村集体经济组织除了用购买股票和债券方式进行长期投资外，还可以用货币资金、实物、无形资产等进行长期投资。以货币资金进行投资时，按实际支付的金额计价；以实物资产、无形资产等进行投资时，按照评估确认或者合同、协议约定的价值计价。合同、协议约定的实物资产、无形资产价值与原账面净值之间的差额，计入公积公益金。

（1）进行投资。

借：长期投资——其他投资

　　贷：现金 / 银行存款 / 库存物资 / 固定资产 / 无形资产……

（2）收回投资。

借：现金 / 银行存款 / 库存物资 / 固定资产 / 无形资产……

　　投资收益（差额）

　　贷：长期投资——其他投资

　　　　投资收益（差额）

【例6】村集体经济组织以一辆汽车对外投资，期限 2 年，该汽车账面原价为 70 000 元，已提折旧 22 000 元，经评估确认其价值为 50 000 元。

（1）进行投资

借：长期投资——其他投资	50 000	
累计折旧	22 000	
贷：固定资产——汽车		70 000
公积公益金		2 000

（2）如果 2 年后村集体经济组织收回这辆汽车，账面已提折旧额为 32 000 元。

借：固定资产——汽车	70 000	
投资收益	12 000	
贷：长期投资——其他投资		50 000
累计折旧		32 000

【例7】村集体经济组织经研究决定收回对外投资以及收益 75 000 元，原投资额为 63 000 元。

借：银行存款	75 000	
贷：长期投资——其他投资		63 000
投资收益		12 000

【例8】2019 年 1 月村集体经济组织向外村农场投资 10 头奶牛，账面价值为 52 000 元，投资作价 55 000 元，12 月收到以现金形式分来的利润 600 元，2020 年 9 月由于经营不好收回价值 50 000 元的 9 头奶牛。经代表会议讨论，投资损失中由李达赔偿 800 元，赔偿款尚未支付。

（1）进行投资

借：长期投资——其他投资	55 000	
贷：牲畜（禽）资产——产役畜		52 000
公积公益金		3 000

（2）收到投资分利

借：现金	600	
贷：投资收益		600

（3）收回投资

借：牲畜（禽）资产——产役畜	50 000	
内部往来	800	
投资收益	4 200	
贷：长期投资——其他投资		55 000

第七章 固定资产核算

固定资产是村集体经济组织拥有或控制的金额相对较大的重要生产经营资料，固定资产的核算是正确及时地记录和核算固定资产的增加、减少情况，并定期进行检查，保证固定资产的安全完整；正确计提固定资产折旧并计入当期费用；正确核算和监督固定资产修理及维护费用的支出情况，保证固定资产发挥正确效能，提高资产的使用效率，提升村集体经济组织的经营水平。

第一节 固定资产概述

一、固定资产的概念

村集体经济组织的房屋、建筑物、机器、设备、工具、器具和农业基本建设设施等劳动资料，凡使用年限在一年以上，单位价值在 500 元以上的列为固定资产。有些主要生产工具和设备，单位价值虽低于规定标准，但使用年限在一年以上的也可列为固定资产。

各种成龄的产役畜（禽）资产以及投产后的经济林木资产，具备固定资产的某些特征，但《村集体经济组织会计制度》已将其单独列作农业资产核算，不再包括在固定资产之中。

二、固定资产的分类

固定资产按其经济用途和使用情况，可分为以下几类：按经济用途可分为生产经营用固定资产和非生产经营用固定资产；按所有权关系可分为自有固定资产和租入固定资产；按使用情况可分为在用固定资产、未使用固定资产、不需用固定资产、租出固定资产等。在实际工作中，为加强对固定资产的管理，村集体经济组织应当结合实际情况，按照一定标准对固定资产进行适当分类，一般可按以上几种分类标准将固定资产综合分为以下几类：

（1）生产经营用固定资产：指直接用于生产经营或生产服务的各种固定资产。如生产经营用房屋及建筑物、机器、设备、工具、器具，以及农业基本建设设施等。

（2）非生产经营用固定资产：指不直接用于生产经营或生产服务的各种固定资产。如医务室、广播站、幼儿园、学校等方面的用房、设备等。

（3）未使用和不需用的固定资产：未投入使用的各种固定资产包括尚未投入使用的新增固定资产、待安装的固定资产、进行改建扩建的固定资产以及停止使用一段时间的固定资产；不需用固定资产包括不再适用于村集体经济组织需要，应作处理或准备处理的各种固定资产；由于季节性生产或进行大修理等原因而停止使用的固定资产，在车间内替换使用的机器设备，应作为在用的固定资产。

（4）租出固定资产：指以租赁方式出租给外单位或个人使用的固定资产。

（5）租入固定资产：指以融资租赁方式租入的固定资产。

三、固定资产的核算要求

村集体经济组织应当建立健全固定资产管理制度，在此基础上组织固定资产的核算工作，主要包括：对固定资产进行合理分类与计价；做好有关购建凭证填制、传递和审核工作；进行固定资产购建、折旧、修理、清理报废等业务的总分类核算和明细分类核算；定期对固定资产进行一次全面的盘点清查；健全账簿记录，设置固定资产卡片和固定资产登记簿，正确及时地记录固定资产的增减变动情况。

四、固定资产取得时的入账价值

固定资产取得的来源不同，入账价值的构成内容略有差异。《村集体经济组织会计制度》规定如下：

（1）购入的固定资产不需要安装的，按实际支付的买价加采购费、包装费、运杂费、保险费和交纳的有关税金等计价；需要安装或改装的，还应加上安装费或改装费。

（2）新建的房屋及建筑物、农业基本建设设施等固定资产，按竣工验收的决算价计价。

（3）接受捐赠的固定资产，按发票所列金额加上实际发生的运输费、保险费、安装调试费和应支付的相关税金等计价；没有附凭据的，按同类设备的市场价加上应支付的相关税费计价。

（4）在原有固定资产基础上进行改造、扩建的，按原有固定资产的价值加上改造、扩建工程而增加的支出减去改造、扩建工程中发生的变价收入计价。

（5）投资者投入的固定资产，按照投资双方确认的价值计价。

（6）盘盈的固定资产，按同类设备的市价计价。

五、固定资产账面价值的调整

村集体经济组织对于已入账的固定资产，除发生下列情况外，一般不得任意变动调整固定资产的账面价值。

（1）根据政策规定对固定资产重新估价；

（2）增加补充设备或改良装置；

（3）将固定资产的一部分拆除；

（4）根据实际价值调整原来的暂估价值；

（5）发现固定资产账面价值有错误。

第二节　固定资产增加核算

一、固定资产增加的渠道

固定资产增加的渠道主要有购入的固定资产、自行建造的固定资产、盘盈的固定资产、其他单位投资转入的固定资产、融资租入的固定资产、改建及扩建的固定资产、接受捐赠的固定资产等。

二、固定资产增加核算的科目设置

固定资产增加主要是通过设置"固定资产""累计折旧""在建工程"等科目进行核算。

（1）"固定资产"科目属于资产类科目，核算固定资产原值增减变化及结存情况。借方登记增加的固定资产原值，贷方登记减少的固定资产原值，期末余额在借方，反映村集体经济组织现有固定资产的原值。

为了详细反映固定资产的增减变化情况，村集体经济组织应按照固定资产类别、使用部门、名称、型号、规格等设置"固定资产登记簿"，对其进行明细分类核算。固定资产登记簿应当按照固定资产的类别进行登记，按使用部门开设专栏，将固定资产的增减金额逐笔记入登记簿。

（2）"累计折旧"科目核算村集体经济组织固定资产的累计损耗价值，借方登记因固定资产减少而冲销的已提折旧额，贷方登记按期计提的固定资产折旧额，期末余额在贷方，反映村集体经济组织现有固定资产已提折旧累计数。

"累计折旧"科目是"固定资产"科目的备抵科目，"固定资产"科目的借方余额减去"累计折旧"科目的贷方余额的差额，为现有固定资产净值。

"累计折旧"科目只进行总分类核算，不进行明细分类核算。某项固定资产的已提折旧，可根据固定资产卡片上所记载的该项固定资产原值、折旧率和已使用年数等资料进行计算。

（3）"在建工程"科目属于资产类科目，用以核算需要通过一段较长时间才能完成的工程建设支出及成本结算情况，借方登记各项在建工程建设发生的实际支出，贷方登记工程完工使用后应转入"固定资产"科目或未形成固定资产而应转入"经营支出"或"其他支出"科目的已完工工程的实际成本,期末为借方余额,反映尚未完工或虽已完工但尚未办理竣工决算项目的实际支出。

三、固定资产增加的账务处理

1. 购入形成的固定资产

村集体经济组织购入的固定资产,有的不需要安装就可以直接投入使用,有的则需要安装后才能投入使用。购入不需要安装的固定资产,按实际支付的买价加上包装、运输、保险等相关税费确定的入账价值,借记"固定资产"科目,贷记"银行存款""应付款"等科目;购入需要安装的固定资产,要先记入"在建工程"科目,核算实际购置和安装成本,待安装完毕交付使用时再转入"固定资产"科目。

【例1】村集体经济组织购入不需要安装的设备1台,以银行存款支付37 500元,以现金支付运杂费800元。

借:固定资产——设备　　　　　　　　　　　　　　　　　　38 300
　　贷:银行存款　　　　　　　　　　　　　　　　　　　　　37 500
　　　　现金　　　　　　　　　　　　　　　　　　　　　　　　800

【例2】村集体经济组织购入不需要安装的旧发电机组1台,售出单位原账面价值26 500元,已提折旧8 500元,双方协商价格18 000元,以银行存款支付。

借:固定资产——发电机组　　　　　　　　　　　　　　　　26 500
　　贷:银行存款　　　　　　　　　　　　　　　　　　　　　18 000
　　　　累计折旧　　　　　　　　　　　　　　　　　　　　　8 500

2. 自营建造形成的固定资产

村集体经济组织自营建造的固定资产包括新建、改建、扩建形成的固定资产。整个工程的施工自行组织完成,建造过程中发生的全部工程支出要通过"在建工程"科目进行核算。工程完工交付使用时,在建工程的实际成本转入"固定资产"科目。但对不形成固定资产的工程支出,如修路、农业基础设施维护等,应结转"经营支出""其他支出"等科目。村集体经济组织应该按工程项目的种类设置明细科目,进行明细分类核算。现分不同情况说明建造固定资产的核算方法。

特殊情况:发生的劳务支出的账务处理。

(1)在自建、购建固定资产过程中发生的劳务投入,凡属于一事一议筹劳且不需支付劳务报酬的,按当地劳务价格标准作价。

借:在建工程
　　贷:公积公益金

(2)需支付劳动报酬的,按实际支出付款。

借：在建工程

    贷：内部往来 / 现金 /……

（3）收到劳务形式的投资时，按照当地劳务价格标准作价。

借：在建工程

    贷：资本

【例3】村集体经济组织自行建造厂房一幢，建设过程中购入工程用材料物资一批，价款及相关税费共计 270 000 元，材料已入库，款项以银行存款支付。

借：库存物资——材料   270 000

    贷：银行存款   270 000

【例4】接例3，工程领用材料物资 200 000 元。

借：在建工程   200 000

    贷：库存物资——材料   200 000

【例5】接例3，以银行存款支付工程用水电费 4 300 元。

借：在建工程——水电费   4 300

    贷：银行存款   4 300

【例6】接例3，工程发生应付外包劳务费用 9 000 元，款项尚未支付。

借：在建工程——外包劳务费   9 000

    贷：应付款   9 000

【例7】接例3，根据村集体经济组织一事一议筹劳决议，集体经济组织成员共为该项工程投劳 260 个标准工日，当地每个标准工日平均工资为 120 元。发生的一事一议筹劳，应当按当地劳务价格计算，计入公积公益金。

借：在建工程——厂房   31 200

    贷：公积公益金   31 200

【例8】接例3，该工程领用自产河沙，河沙成本为 1 750 元。

借：在建工程   1 750

    贷：库存物资——河沙   1 750

【例9】房屋工程完工，验收合格后交付使用，按实际成本 516 250 元转入固定资产。

借：固定资产——厂房   516 250

    贷：在建工程——厂房   516 250

3. 改建、扩建形成的固定资产

村集体经济组织由于生产经营的需要，有时对原有固定资产进行改建或扩建，但不增加固定资产的数量，只增加价值。包括原有固定资产的账面价值（固定资产原值减去累计折旧）加上因改建、扩建而增加的支出，减去改建、扩建过程中发生的变价收入后的余额作为固定资产的原值。本业务需通过"固定资产——未使用固定资产""固定资产——生产用固定资产"两个科目之间的结转反映改扩建的开始与完成。改扩建开始时，原固定资产由"生产用"转为"未生产用"，改扩建净成本作为改扩建后新"生产用"固定资产成本。改建或扩建可以自营也可以采取发包方式进行。

【例10】村集体经济组织对蔬菜加工车间进行改扩建。房屋原值98 000元，工程用外包方式进行，以银行存款支付给建筑公司扩建材料、人工及管理费等工程款30 000元。另拆除材料的变价收入2 000元。

（1）交付改建。

借：固定资产——未使用固定资产——加工车间　　　98 000
　　　贷：固定资产——生产用固定资产——加工车间　　　98 000

（2）支付扩建工程款。

借：在建工程——车间改扩建　　　30 000
　　　贷：银行存款　　　30 000

（3）收到材料的变价收入。

借：银行存款　　　2 000
　　　贷：在建工程——车间改扩建　　　2 000

（4）工程完工验收合格并投入使用。

借：固定资产——生产用固定资产——加工车间　　　126 000
　　　贷：固定资产——未使用固定资产——加工车间　　　98 000
　　　　　在建工程——车间改扩建　　　28 000

4.发包工程建造形成的固定资产

【例11】村集体经济组织建造果品加工车间，工程发包给兴龙建筑公司，工程价款650 000元。根据合同规定，开工时预付60%工程价款，其余40%待工程竣工验收合格后一次付清。

（1）预付工程款。

借：在建工程——果品加工车间　　　390 000
　　　贷：银行存款　　　390 000

（2）工程完工验收合格后补付工程款，同时结转固定资产。

借：在建工程——果品加工车间　　　260 000
　　　贷：应付款——兴龙建筑公司　　　260 000
借：应付款——兴龙建筑公司　　　260 000
　　　贷：银行存款　　　260 000
借：固定资产——果品加工车间　　　650 000
　　　贷：在建工程——果品加工车间　　　650 000

5. 投资者投入形成的固定资产

（1）投资者作为资本投入新的不需要安装的固定资产，按实际支付的买价或者合同、协议约定的价值入账。

　　借：固定资产

　　　　贷：资本

（2）投入旧的固定资产，按照合同或协议约定的价值及估计折旧数入账。

　　借：固定资产

　　　　贷：资本

　　　　　　累计折旧

【例12】村集体经济组织收到县农机公司投入全新的收割机1台，合同议定价格260 000元。

　　借：固定资产——收割机　　　　　　　　　　　　　　260 000

　　　　贷：资本　　　　　　　　　　　　　　　　　　　　　　260 000

【例13】村集体经济组织收到县农机公司投入已使用过的播种机1台，评估确定价格9 000元，按重置完全价值应为16 000元。

　　借：固定资产——播种机　　　　　　　　　　　　　　16 000

　　　　贷：资本　　　　　　　　　　　　　　　　　　　　　　9 000

　　　　　　累计折旧　　　　　　　　　　　　　　　　　　　　7 000

6. 接受捐赠形成的固定资产

（1）如果接受全新的固定资产，一般可按捐赠单位或个人提供的有关凭证上的价格加上应支付的相关税费等，确定接受捐赠固定资产的入账价值，同时计入公积公益金。

（2）接受捐赠已使用过的固定资产，则按经批准的评估价格加上应支付的相关税费等，确定固定资产的入账价值，同时计入公积公益金。

（3）如果接受的固定资产没有发票账单等凭据应按照同类设备的市价加上应支付的相关税费，确定固定资产的入账价值，同时计入公积公益金。

　　借：固定资产

　　　　贷：公积公益金

【例14】村集体经济组织接受捐赠的一台已使用的复印机，没有附发票账单。经过评估和相关程序批准，确定相同新旧程度的复印机目前市价为3 700元。

　　借：固定资产——复印机　　　　　　　　　　　　　　3 700

　　　　贷：公积公益金　　　　　　　　　　　　　　　　　　3 700

7. 通过一事一议筹资筹劳建造形成的固定资产

（1）如果用一事一议筹资款购买或建造固定资产，会计处理与购建其他固定资产相同。

（2）通过一事一议筹劳方式自行建造或参与建造固定资产，以及其他不形成固定资产的工程，则应按照以下规定处理：

①一事一议筹劳决议通过后，应按照各农户应该投劳的数量进行备查登记。实际发生劳务投入时，通过"在建工程"科目进行归集，同时按照投入劳务的数量以及当地劳务价格标准作价，增加公积公益金。

②工程结束后形成固定资产的，从"在建工程"科目转入"固定资产"科目。

③工程结束后未形成固定资产的，将生产经营性工程支出转作"经营支出"，将管理用和公益工程支出转作"其他支出"。

第三节　固定资产减少核算

一、固定资产减少的渠道

村集体经济组织固定资产的减少主要有以下几种情况：有偿出售、对外投资、报废、毁损及盘亏等。

二、固定资产减少的账务处理

1. 因出售、报废和毁损而减少的固定资产

通过"固定资产清理"科目核算。该科目核算村集体经济组织因出售、报废和毁损等原因转入清理的固定资产净值及其在清理过程中所发生的清理费用和清理收入。借方登记转入清理的固定资产的净值和清理过程中发生的各项费用；贷方登记被清理固定资产的变价收入和应由保险公司或过失人承担的损失赔偿等。期末借方余额表示清理后的净损失，转入"其他支出"科目；期末贷方余额表示清理后的净收益，转入"其他收入"科目。该科目应按被清理的固定资产设置明细科目，进行明细核算。

（1）出售、报废和毁损的固定资产转入清理。

借：固定资产清理（固定资产账面净值）

累计折旧（已提折旧）

贷：固定资产（固定资产原价）

（2）发生清理费用。

借：固定资产清理（发生的费用）

贷：现金／银行存款……

（3）发生清理收入。

借：现金／银行存款……（出售固定资产的价款和残值收入）

贷：固定资产清理

（4）清理完毕后发生的净收益。

  借：固定资产清理

   贷：其他收入

（5）清理完毕后发生的净损失。

  借：其他支出

   贷：固定资产清理

【例15】村集体经济组织将一台不需用的电脑作价出售给本村的李静，价款4 500元，该设备原价5 500元，已提折旧2 000元。

（1）转入清理。

  借：固定资产清理——电脑   3 500

    累计折旧   2 000

   贷：固定资产——电脑   5 500

（2）出售给李静。

  借：内部往来——李静   4 500

   贷：固定资产清理——电脑   4 500

  借：银行存款   4 500

   贷：内部往来——李静   4 500

（3）结转收益。

  借：固定资产清理——电脑   1 000

   贷：其他收入   1 000

【例16】村集体经济组织经讨论决定报废一台设备，该设备原值12 000元，已提折旧9 000元。清理过程中，以现金支付清理费500元，残料变价收入1 080元，款已存入银行。

（1）转入清理。

  借：固定资产清理——设备   3 000

    累计折旧   9 000

   贷：固定资产——设备   12 000

（2）支付清理费。

  借：固定资产清理——设备   500

   贷：现金   500

（3）残料变价收入。

  借：银行存款   1 080

   贷：固定资产清理——设备   1 080

（4）结转清理后的净损失。

借：其他支出   2 420

    贷：固定资产清理——设备   2 420

【例17】村集体经济组织仓库遇火灾损毁，仓库原价90 000元，已提折旧30 000元，支付清理费4 000元，取得残值收入40 000元，收到保险公司赔偿损失款20 000元，款已存入银行。

（1）转入清理。

借：固定资产清理——仓库   60 000

累计折旧   30 000

    贷：固定资产——仓库   90 000

（2）支付清理费。

借：固定资产清理——仓库   4 000

    贷：银行存款   4 000

（3）取得残值收入。

借：银行存款   40 000

    贷：固定资产清理——仓库   40 000

（4）收保险公司赔款。

借：银行存款   20 000

    贷：固定资产清理——仓库   20 000

（5）结转清理后的净损失。

借：其他支出   4 000

    贷：固定资产清理——仓库   4 000

2. 因投资转出而减少的固定资产

因投资转出而减少的固定资产不需转入清理。

借：长期投资（评估或合同、协议约定的价值）

累计折旧（已提折旧数额）

公积公益金（协议约定价值与净值之间的差额）

    贷：固定资产（账面原值）

公积公益金（协议约定价值与净值之间的差额）

【例18】村集体经济组织以3号冷库对外投资板栗公司，期限3年，账面原价300 000元，已提折旧90 000元，投资合同规定价值250 000元，3年后投资终止收回冷库，重估价值为210 000元，板栗收购公司返还投资分利60 000元。

（1）3号冷库进行投资。

借：长期投资——其他投资   250 000

累计折旧   90 000

贷：固定资产——3 号冷库	300 000
公积公益金	40 000

（2）终止投资收回 3 号冷库。

借：固定资产——3 号冷库	210 000
银行存款	60 000
贷：长期投资——其他投资	250 000
投资收益	20 000

第四节　固定资产折旧与修理费用核算

一、固定资产折旧的概念

固定资产折旧指固定资产因使用磨损而减少的价值。为了保证村集体经济组织经营活动的顺利进行，固定资产必须按一定的标准计提折旧，使损耗的价值在收入中得到补偿。《村集体经济组织会计制度》规定，村集体经济组织必须建立固定资产折旧制度，按年、季或月提取固定资产折旧，所提的折旧费应保证对固定资产损耗价值的补偿。

二、影响固定资产折旧的因素

1. 固定资产原值

固定资产原值是"固定资产原始价值"的简称，又称"固定资产原始成本""固定资产购置成本""历史成本"，指建造、购置固定资产时实际发生的全部支出，包括建造费或买价、运杂费、安装费等，是计算固定资产折旧的基础。

2. 预计使用年限或预计完成工作量

固定资产使用年限长短直接影响各期应提的折旧额。在确定固定资产使用年限时，一般要根据固定资产本身的结构、性能、负荷量、工作条件等因素进行正确预计。预计完成工作量指固定资产在使用期内能够完成的行驶里程、工作时间、产品产量、加工工作量等，是计算单位工作量折旧额的重要依据。

3. 预计净残值

预计净残值指固定资产的预计残值收入减去预计清理费用后的余额。残值收入指固定资产不能使用而报废时，经过清理剩余的余料和零件等的残余价值。清理费用指固定资产报废时，在清理过程中发生的拆卸费、搬运、看护等费用。由于清理费用是使用固定资产的一种追加费用，因此需要预先估计，连同固定资产原值一起分摊到各受益期内。

三、固定资产计提折旧的范围

1. 村集体经济组织的下列固定资产应当计提折旧

（1）房屋和建筑物；

（2）在用的机械、机器设备、运输车辆、工具器具；

（3）季节性停用、大修理停用的固定资产，其中，季节性使用的固定资产，要在使用期内提足折旧；

（4）融资租入和以经营租赁方式租出的固定资产。

2. 下列固定资产不计提折旧

（1）房屋、建筑物以外的未使用、不需用的固定资产；

（2）以经营租赁方式租入的固定资产；

（3）已提足折旧继续使用的固定资产；

（4）国家规定不提折旧的其他固定资产。

村集体经济组织当月增加的固定资产，当月不提折旧，从下月起计提折旧；当月减少的固定资产，当月照提折旧，从下月起不提折旧。固定资产提足折旧后，不管能否继续使用，均不再提取折旧，提前报废的固定资产也不再补提折旧。

四、固定资产折旧的方法

按照《村集体经济组织会计制度》规定，固定资产的折旧方法可在"年限平均法""工作量法"等方法中任选一种，但是一经选定，不得随意变动。

1. 年限平均法

年限平均法指在固定资产规定的使用年限内，平均计提折旧的一种方法。采用这种方法每年计提的折旧额是相等的，计算公式如下：

$$固定资产年折旧额＝（固定资产原值－预计净残值）/预计使用年限$$
$$固定资产月折旧额＝固定资产年折旧额/12$$
$$固定资产年折旧率＝固定资产年折额/固定资产原值×100\%$$
$$固定资产月折率＝固定资产年折旧率/12$$

【例 19】村集体经济组织一座库房原值为 100 000 元，预计净残值 30 000 元，预计可使用 25 年。

年折旧额＝（100 000 － 30 000）÷25 ＝ 2 800（元）

年折旧率＝ 2 800÷100 000×100% ＝ 2.8%

2. 工作量法

工作量法指按固定资产在使用年限内能够提供的工作量计算折旧额的一种方法。采用工作量法计算固定资产的折旧额时，要先根据其原值、预计净残值及预计完成的总工作量（如总行驶里程、总工作小时、总产品数量等）三个因素，计算出单位工作量折旧额，然后再用其乘以某期实际完成的工作量，求得该期的固定资产折旧额。计算公式如下：

$$单位工作量折旧额 ＝（固定资产原值 － 预计净残值）/ 预计完成总工作量$$

$$每年（月）折旧额 ＝ 某年（月）实际完成工作量 × 单位工作量折旧额$$

【例20】村集体经济组织有一台播种机原价 67 000 元，预计可以使用 65 000 小时，预计净残值 4 000 元，本年实际使用该设备 6 000 小时，则该项固定资产的年折旧额为：

$$每小时折旧额 ＝（67 000 － 4 000）÷ 65 000 ＝ 0.97（元）$$

$$年折旧额 ＝ 6 000 × 0.97 ＝ 5 820（元）$$

五、固定资产折旧的账务处理

村集体经济组织的固定资产，不论是采用哪种折旧方法、按哪种折旧率计提的折旧，到月末或季末、年末都应记入有关的支出项目，以便使固定资产价值损耗得到及时补偿，生产经营用固定资产计提的折旧，记入"生产（劳务）成本"科目；管理用固定资产计提的折旧，记入"管理费用"科目；公益性用途等固定资产计提的折旧，记入"其他支出"科目。

借：生产（劳务）成本 / 管理费用 / 其他支出

贷：累计折旧

村集体经济组织在计提固定资产折旧时，要首先编制固定资产折旧计算表，然后据以编制记账凭证入账。

【例21】村集体经济组织本年应计提固定资产折旧 39 000 元，其中：生产经营用厂房设备等固定资产折旧 20 000 元，办公设备折旧 6 000 元，村办养老院等公益性折旧 13 000 元。

借：生产（劳务）成本　　　　　　　　　　　　　　　　　20 000
　　管理费用　　　　　　　　　　　　　　　　　　　　　　6 000
　　其他支出　　　　　　　　　　　　　　　　　　　　　　13 000
　　贷：累计折旧　　　　　　　　　　　　　　　　　　　　　　39 000

六、固定资产修理的账务处理

固定资产在使用期限内，由于各个组成部分的耐用程度不同，使用状况不同，往往发生局部损坏，为了保证固定资产的正常运行和使用，充分发挥其使用效能，要经常或定期地对固定资产进行维修，支付一定的修理费用。《村集体经济组织会计制度》规定，固定资产的修理费用直接记入有关支出项目：生产经营用固定资产的修理支出记入"经营支出"科目，管理用固定资产的修理支出记入"管理费用"科目，公益用固定资产的修理支出记入"其他支出"科目。

【例22】村集体经济组织以现金支付农用车修理费450元、办公设备修理费260元、村民文化活动场所修理费220元。

借：经营支出　　　　　　　　　　　　　　　　　　　450
　　管理费用　　　　　　　　　　　　　　　　　　　260
　　其他支出　　　　　　　　　　　　　　　　　　　220
　　贷：现金　　　　　　　　　　　　　　　　　　　　　930

第五节　固定资产租赁核算

村集体经济组织固定资产租赁业务主要包括固定资产出租和租入业务，一般指村集体经济外部租赁。

一、固定资产出租的账务处理

为盘活集体资产，增加集体收入，村集体经济组织将一些闲置的资产出租，出租的固定资产仍属于村集体经济组织所有，由村集体经济组织进行核算。

1. 固定资产使用权出租

借：应收款 / 内部往来……

　　贷：经营收入

2. 固定资产出租期间按规定的方法计提折旧

借：经营支出

　　贷：累计折旧

3. 收到租赁费

借：现金 / 银行存款……

　　贷：应收款 / 内部往来

【例23】村集体经济组织将闲置的超市房屋租赁给外村村民赵明，账面原值为400 000元，年折旧率为10%，合同规定租赁期限为3年，年租赁费为50 000元，年终结清存入银行。

（1）出租超市房屋。

借：应收款——赵明　　　　　　　　　　　　　　50 000
　　贷：经营收入　　　　　　　　　　　　　　　　　50 000

（2）年度提取折旧。

借：经营支出　　　　　　　　　　　　　　　　　40 000
　　贷：累计折旧　　　　　　　　　　　　　　　　　40 000

（3）年末收到租金。

借：银行存款　　　　　　　　　　　　　　　　50 000

　　贷：应收款——赵明　　　　　　　　　　　　　　　50 000

二、固定资产租入的账务处理

村集体经济组织租入的固定资产按照租赁期满后固定资产的所有权是否转移可分为经营性租赁和融资性租赁两种。由于租赁的方式不同，会计核算的方法也不相同。

（1）经营性租赁指村集体经济组织为满足经营管理的需要，支付一定租金，租入其他单位的固定资产，到期按合同约定将固定资产归还原单位的租赁活动。对租入的经营管理用固定资产，村集体经济组织没有所有权，不作为自有固定资产入账核算，只在备查簿中登记。对租入的固定资产，只核算租金和修理费用，生产经营用固定资产租金和维修费在核算时记入"经营支出"科目，管理用固定资产租金和维修费在核算时记入"管理费用"科目。

【例24】村集体经济组织年初租入旋耕机1台，租期2年，每年年初以银行存款支付年租金3 700元。

借：经营支出　　　　　　　　　　　　　　　　3 700

　　贷：银行存款　　　　　　　　　　　　　　　　　3 700

（2）融资性租赁指出租人按承租人要求出资购买设备，在较长的合同期内提供给承租人使用的信用业务。特点是按租赁合同约定的条件租赁固定资产，在承租人付清最后一笔租金后，固定资产归承租人所有。承租人每次所付租金，实际上相当于分期付款购买固定资产。这种租赁方式一般租期较长，租入的固定资产应视为自有固定资产，在账内核算其原值、折旧费及修理费，租赁期满，按合同规定将固定资产的所有权转归承租企业。应在"固定资产"科目下设"融资租入固定资产"二级科目进行核算，同时将未来的定期付款义务作为自己的负债，在"长期借款及应付款"科目下设置"应付融资租赁费"二级科目进行核算。融资租入的固定资产若计提折旧，与自有固定资产计提折旧的核算相同。

① 在租入固定资产时按租赁合同确定的价款、运输费、保险费、安装调试费等作为原始成本。

借：固定资产

　　贷：长期借款及应付款 / 在建工程 / 应付款……

② 支付租金。

借：长期借款及应付款 / 其他支出

　　贷：银行存款……

③ 租赁期满办理产权转移手续。

借：固定资产——经营用固定资产

　　贷：固定资产——融资租入固定资产

【例25】村集体经济组织2020年1月向外村融资租入设备2台，合同规定设备租金总额为18 000元，租赁期为4年，每年支付租金5 000元，并按年初所欠租金余额的15%支付利息费。租赁期满交完租金及利息费，设备即转归村集体经济组织。租入设备发生运输、装卸及安装调试费共计2 100元，以银行存款支付。

（1）支付运输、装卸及安装调试费。

借：在建工程　　　　　　　　　　　　　　　　　　　2 100

　　贷：银行存款　　　　　　　　　　　　　　　　　　　2 100

（2）将租入固定资产登记入账，原价为20 100元。

借：固定资产——融资租入固定资产　　　　　　　　 20 100

　　贷：在建工程　　　　　　　　　　　　　　　　　　　2 100

　　　　长期借款及应付款——应付融资租赁费　　　　 18 000

（3）第一年年底支付租金5 000元，利息费2 700元。

借：长期借款及应付款——应付融资租赁费　　　　　 5 000

　　其他支出——利息费　　　　　　　　　　　　　　 2 700

　　贷：银行存款　　　　　　　　　　　　　　　　　　　7 700

（4）第二年年底支付租金5 000元，利息费1 950元。

借：长期借款及应付款——应付融资租赁费　　　　　 5 000

　　其他支出——利息费　　　　　　　　　　　　　　 1 950

　　贷：银行存款　　　　　　　　　　　　　　　　　　　6 950

（5）第三年年底支付租金5 000元，利息费1 200。

借：长期借款及应付款——应付融资租赁费　　　　　 5 000

　　其他支出——利息费　　　　　　　　　　　　　　 1 200

　　贷：银行存款　　　　　　　　　　　　　　　　　　　6 200

（6）第四年年底支付租金5 000元，利息费450元。

借：长期借款及应付款——应付融资租赁费　　　　　 5 000

　　其他支出——利息费　　　　　　　　　　　　　　　 450

　　贷：银行存款　　　　　　　　　　　　　　　　　　　5 450

（7）租赁期满已交清租金及利息费，办理产权转移手续。

借：固定资产——经营用固定资产　　　　　　　　　 20 100

　　贷：固定资产——融资租入固定资产　　　　　　　 20 100

第八章 负债核算

村集体经济组织应建立有效的负债业务内部控制制度，作好业务核算，加强对业务的监督管理，防止各种不良债务的产生。负债的核算主要涉及应付款项、应付工资、应付福利费、借入款项、一事一议资金五类经济业务。

第一节 负债概述

一、负债的概念及特征

负债指村集体经济组织因过去的交易、事项形成的现时义务，履行该义务预期会导致经济利益流出村集体经济组织。负债通常具有以下几个基本特征：

（1）负债是基于过去的交易或事项而产生的。也就是说，导致负债的交易或事项必须已经发生，如村集体经济组织向外单位购买货物会产生应付款（已经预付或在交货时支付的款项除外），从银行或信用社借入款项则会产生偿还借款的义务。但是村集体经济组织正在筹划的未来交易或事项，如村集体经济组织的借款计划等，并不会产生负债。

（2）负债是村集体经济组织承担的现时义务。负债一般是由具有约束力的合同或因法定要求等而产生的义务，如村集体经济组织因向外单位购买货物而产生的应付款等。

二、负债的分类

村集体经济组织的负债按其偿还期的长短分为流动负债和长期负债。

流动负债指偿还期在一年以内（含一年）的负债，包括短期借款、应付款项、应付工资、应付福利费等。

长期负债是指偿还其超过一年以上（不含一年）的债务，包括长期借款及应付款、一事一议资金等。与流动负债相比，长期负债通常具有债务金额较大、偿还期限长、可以分期偿还等特点。

三、《村集体经济组织会计制度》有关负债的基本规定

1. 内部控制制度

《村集体经济组织会计制度》规定，村集体经济组织应当建立健全借款业务内部控制制度，明确审批人和经办人的权限、程序、责任和相关控制措施。不得由同一人办理借款业务的全过程。

2. 决策和审批

村集体经济组织应当对借款业务实行集体决策和审批，并保留完整的书面记录，应当在借款各环节设置相关的记录、填制相应的凭证，应当加强有关单据和凭证的相互核对工作，应当加强对借款合同等文件和凭证的管理。

3. 监督和检查

村集体经济组织应当定期或不定期对借款业务内部控制进行监督检查。对发现的薄弱环节，应当及时采取措施，加以纠正和完善。

第二节　短期借款核算

一、短期借款的概念

短期借款指村集体经济组织向银行、信用社和有关单位、个人借入的期限在一年以下（含一年）的各种借款。一般而言，短期借款是村集体经济组织为了满足日常的生产经营活动和管理职能的需要而向银行、信用社和有关单位、个人借入的款项，借款通常要有借贷协议，并标明借款的本金、利率、期限等条款。

二、短期借款的账务处理

为了全面地反映和监督村集体经济组织短期借款的借入、归还和结存情况，应设置"短期借款"科目。该科目属于负债类，该科目贷方登记借入的短期借款本金，借方登记偿还的短期借款本金，期末余额在贷方，反映村集体经济组织尚未偿还的短期借款的本金数额。本科目应按照债权人（单位或个人）设置明细账，进行明细核算。短期借款利息应记入"其他支出"科目，对发生因债务权人特殊原因确实无法支付的应付款项，记入"其他收入"科目。在实际工作中，村集体经济组织的短期借款利息一般采用月末计提的方式进行核算，并应根据短期借款利息支付方式的不同，分别记入"现金""银行存款""应付款"等科目。

村集体经济组织短期借款账务处理主要涉及三个方面：取得短期借款，短期借款利息，偿还短期借款。

1. 取得短期借款

借：现金／银行存款

　　贷：短期借款

2. 短期借款利息

（1）如果短期借款的利息按期支付（如每季度末支付）或在借款到期归还本金时一并支付，则应当按月计提并计入当期损益。

借：其他支出

　　贷：应付款

借：应付款（已计提的利息部分）

　　其他支出（实际支付的与已经计提的利息金额的差额）

　　贷：现金／银行存款（实际支付的利息）

（2）如果短期借款的利息按月支付，可以在实际支付时，直接计入当期损益。

借：其他支出

　　贷：现金／银行存款

3. 归还短期借款

借：短期借款

　　贷：现金／银行存款

【例 1】村集体经济组织于 2020 年 2 月 1 日向县信用社申请借入期限为 6 个月的短期借款 20 000 元，年利率 5.13%，按月计付利息。

（1）取得借款。

借：银行存款　　　　　　　　　　　　　　　　　　　　20 000

　　贷：短期借款——信用社　　　　　　　　　　　　　　20 000

（2）每月收到银行付息通知支付利息。

借：其他支出——利息　　　　　　　　　　　　　　　　85.5

　　贷：银行存款　　　　　　　　　　　　　　　　　　　85.5

（3）借款到期偿还本金和最后一个月利息。

借：短期借款——信用社　　　　　　　　　　　　　　　20 000

　　其他支出——利息　　　　　　　　　　　　　　　　85.5

　　贷：银行存款　　　　　　　　　　　　　　　　　　　20 085.5

如果该项借款的利息分月计提，每季度末支付。

（1）2 月末计提当月应计利息支出。

当月计提的利息支出 ＝ 20 000×5.13%×1/12 ＝ 85.5（元）

借：其他支出——利息   85.5

  贷：应付款   85.5

（2）3月末支付本季度应付利息。

实际支付的利息金额 = 20 000×5.13%×2/12 = 171（元）

借：应付款——利息   85.5

  其他支出——利息   85.5

  贷：银行存款   171

4月末、5月末计提当月利息支出的会计处理同（1）。

（3）6月末支付本季度应付利息。

实际支付的利息金额 = 20 000×5.13%×3/12 = 256.5（元）

借：应付款——利息   171

  其他支出——利息   85.5

  贷：银行存款   256.5

（4）该项借款于8月1日到期，以银行存款偿还本金及未支付的利息。

①7月末计提当月应计利息支出。

当月计提的利息支出 = 20 000×5.13%×1/12 = 85.5（元）

借：其他支出   85.5

  贷：应付款   85.5

②8月1日偿还本金及未支付的利息。

借：短期借款   20 000

  应付款   85.5

  贷：银行存款   20 085.5

【例2】村集体经济组织从农业银行借款 20 000 元，期限为 3 个月，年利率 5.13%，到期一次还本付息，款存银行。

（1）取得借款。

借：银行存款   20 000

  贷：短期借款——农业银行   20 000

（2）归还借款。

借：短期借款——农业银行   20 000

  其他支出——利息   256.5

  贷：银行存款   20 256.5

第三节　应付款核算

一、应付款的概念

应付款指村集体经济组织与外单位和外部个人发生的偿还期在一年以下（含一年）的各种应付及暂收款项。包括因购买商品、材料、物资，接受外单位或个人劳务（包括从村集体经济组织外部雇用的临时工工资）等应付未付给供应单位的货款和劳务费；应支付给外单位或个人的分红利润；向购货方事先收取的预购定金形成的暂收款项等。

二、应付款的账务处理

为了核算应付款项的形成和归还情况，村集体经济组织应设置"应付款"科目。该科目属于负债类，贷方登记村集体经济组织应付或暂收外部单位或外部个人等所形成的各种款项，借方登记已偿付的应付款项，期末余额在贷方，反映村集体经济组织应付而未付或暂收外单位或外部个人的款项。本科目应按应付款的不同单位和个人设置明细科目，进行明细核算。确实无法支付的应付款项应记入"其他收入"科目。因从事的生产经营活动而需缴纳的税费等需在本科目核算。村集体经济组织与所属单位和农户的经济往来业务，通过"内部往来"科目核算，不通过本科目核算。

1. 发生应付未付款项

借：现金/银行存款/库存物资/……
　　贷：应付款

2. 偿还应付及暂收款项

借：应付款
　　贷：现金/银行存款/……

3. 经规定程序批准后冲销无法支付的应付款

借：应付款
　　贷：其他收入

【例3】村集体经济组织2020年3月10日从冀东水泥厂购入水泥一批，发票金额为4 000元，已验收入库，款项尚未支付。3月27日以银行存款支付该项货款。

（1）3月10日购入水泥。

借：库存物资——水泥　　　　　　　　　　　　　　　　　　　　4 000
　　贷：应付款——冀东水泥厂　　　　　　　　　　　　　　　　　4 000

（2）3月27日付款。

借：应付款——冀东水泥厂　　　　　　　　　　　　　　　　　　4 000

贷：银行存款	4 000

　　【例4】村集体经济组织从木材厂购入木材一批，商品已验收入库，货款未付，发票账单未到，估计货款为60 000元。

　　（1）购入商品货款未付。

借：库存物资	60 000
贷：应付款	60 000

　　（2）如果发票账单到达后实际货款为62 000元。

借：库存物资	2 000
贷：应付款	2 000

　　（3）如果实际货款为58 000元，应冲销多记部分。

借：应付款	2 000
贷：库存物资	2 000

　　【例5】村集体经济组织收到为本村修建办公用房的兴龙承包工程队交来的劳务工程费单据，应付费用35 000元。

借：在建工程	35 000
贷：应付款	35 000

　　【例6】年终村集体经济组织根据收益分配方案分配给核桃协会投资红利2 700元。

借：收益分配	2 700
贷：应付款	2 700

　　【例7】村集体经济组织因销售业务的需要，雇用临村村民李兵2个月，每月工资3 600元。

　　（1）每月计提工资。

借：经营支出	3 600
贷：应付款	3 600

　　（2）支付工资。

借：应付款	3 600
贷：现金	3 600

　　【例8】根据供水通知，2020年村集体经济组织按每亩耕地12元的标准向农户收取灌溉用水费，本村共有受益耕地面积1 000亩。6月1日共收到11 700元于当日存入银行，其中村民余军欠款300元；6月3日以银行存款向供水水库支付应交纳的水费12 000元；6月10日村民余军补交欠款300元。

　　（1）6月1日收取农户交来的水费。

借：银行存款	11 700
内部往来——余某	300

　　　　贷：应付款——水库　　　　　　　　　　　　　　　　12 000

（2）6月3日向供水水库支付水费。

　　　　借：应付款——水库　　　　　　　　　　　　　　12 000

　　　　　　贷：银行存款　　　　　　　　　　　　　　　　12 000

（3）6月10日村民余军补交欠款。

　　　　借：现金　　　　　　　　　　　　　　　　　　　　300

　　　　　　贷：内部往来——余军　　　　　　　　　　　　　300

【例9】村集体经济组织有一笔三年前欠三友农产品公司的应付款400元，因原债权单位撤销确实无法支付，经规定程序批准后予以核销。

　　　　借：应付款——三友农产品公司　　　　　　　　　　400

　　　　　　贷：其他收入——核销呆账债务　　　　　　　　　400

第四节　应付工资核算

一、应付工资的概念

　　应付工资指村集体经济组织应付给其管理人员及固定员工的报酬总额，包括各种工资、奖金、津贴、福利补助等。

二、应付工资的账务处理

　　为总括反映工资的提取和使用情况，村集体经济组织应设置"应付工资"科目。该科目属于负债类，贷方登记按规定标准提取的工资，借方登记实际发放工资的数额，期末余额在贷方，反映村集体经济组织已提取尚未支付的工资额。村集体经济组织管理人员及固定员工的工资、奖金、津贴、福利补助等报酬，无论是否在当月支付工资，都应通过"应付工资"科目核算。本科目应设置"应付工资"明细账，按照管理人员和固定员工的类别及应付工资的组成内容进行明细核算。

　　村集体经济组织应付给管理人员及固定员工之外的报酬，如应付给临时人员的报酬，通过"应付款""内部往来"科目核算，不在本科目核算。

　　1. 村集体经济组织按照经过批准的金额提取工资时，根据人员岗位入账

　　　　借：管理费用/生产（劳务）成本/经营支出/牲畜（禽）资产/林木资产/在建工程

　　　　　　贷：应付工资

　　2. 实际发放工资

　　　　借：应付工资

　　　　　　贷：现金

【例10】村集体经济组织1月工资结算汇总情况：办公室管理人员工资3 500元，销售业务人员工资1 800元，库房管理员工资1 500元。

（1）计提本月工资。

借：管理费用	3 500
经营支出	3 300
贷：应付工资	6 800

（2）从银行取款准备发放工资。

借：现金	6 800
贷：银行存款	6 800

（3）发工资。

借：应付工资	6 800
贷：现金	6 800

【例11】村集体经济组织第一生产车间按规定提取本月工资，A产品生产工人工资7 000元，B产品生产工人工资5 000元，车间管理人员工资4 000元。

借：生产（劳务）成本——A产品	7 000
——B产品	5 000
——制造成本	4 000
贷：应付工资	16 000

【例12】村集体经济组织提取幼畜及育肥畜饲养人员本月工资3 600元。

借：牲畜（禽）资产——幼畜及育肥畜	3 600
贷：应付工资	3 600

【例13】村集体经济组织提取果树的管护人员本月工资2 200元。

借：林木资产——经济林木	2 200
贷：应付工资	2 200

第五节　应付福利费核算

一、应付福利费的概念

应付福利费指村集体经济组织从收益中提取的，用于集体福利、文教、卫生事业等方面的支出，包括照顾军烈属、五保户、困难户等生活困难的村民补助费，计划生育支出，农民因公伤亡的医药费、生活补助及抚恤金等，不包括兴建用于集体福利等公益设施支出。

二、应付福利费的账务处理

为了反映和监督村集体经济组织应付福利费的提取和使用情况，村集体经济组织应设置"应付福利费"科目。该科目属于负债类，贷方登记由收益中提取的福利费，借方登记福利费的使用情况，期末余额在贷方，反映村集体经济组织福利费的结余数，即已提取但尚未使用的福利费金额；如为借方余额，反映本年福利费超支额，经过批准可以用公积公益金来弥补，按规定转入"公积公益金"科目的借方，未经批准的超支数额，仍留在本科目借方。本科目应按照福利费支出项目设置明细科目，进行明细核算。根据本村实际情况可设置文化教育、医疗卫生、计划生育、工伤、五保户、优抚、困难补助等二级科目。

村集体经济组织应付福利费的账务处理主要涉及三个方面：第一按照批准的方案从收益中提取福利费；第二支付福利费；第三弥补福利费不足。

1. 从收益中提取福利费

借：收益分配

　　贷：应付福利费

2. 支付福利费

借：应付福利费

　　贷：现金 / 银行存款

3. 弥补福利费不足

借：公积公益金

　　贷：应付福利费

"应付福利费"和"公积公益金"两个科目都能反映村集体经济组织公益事业支出，但两者有明确区分："公积公益金"科目核算用于公益事业设施支出，一般是形成固定资产的基础设施支出，而"应付福利费"科目核算公益事业福利费用的开支，不形成固定资产。

【例14】村集体经济组织按规定从收益中提取福利费，共计19 000元。

借：收益分配——各项分配　　　　　　　　　　　　　　　　19 000

　　贷：应付福利费　　　　　　　　　　　　　　　　　　　　　19 000

【例15】村集体经济组织发放村民困难补助费6 000元。

借：应付福利费　　　　　　　　　　　　　　　　　　　　　6 000

　　贷：现金　　　　　　　　　　　　　　　　　　　　　　　　6 000

【例16】村集体经济组织福利费支出1 800元，超支600元，经批准转入公积公益金。

借：公积公益金　　　　　　　　　　　　　　　　　　　　　600

　　贷：应付福利费　　　　　　　　　　　　　　　　　　　　　600

【例17】村集体经济组织2020年年末收益分配后的"应付福利费"科目的贷方余额为5 800元。2021年使用福利费支付军烈属、五保户、困难户的支出分别为2 000元、500元、500元，支付计划生育支出为1 600元，支付因公意外负伤的村民李军医疗费900元、生活补助1 100元。2021年经批准后同意用公积公益金弥补福利费的超支数额。

（1）2021年支付福利费。

借：应付福利费——军烈属　　　　　　　　　　　　　2 000
　　　　　　　　——五保户　　　　　　　　　　　　　500
　　　　　　　　——困难户　　　　　　　　　　　　　500
　　　　　　　　——计划生育　　　　　　　　　　　　1 600
　　　　　　　　——工伤　　　　　　　　　　　　　　2 000
　　贷：银行存款　　　　　　　　　　　　　　　　　　　　6 600

（2）2021年经批准后弥补福利费。

福利费超支数额＝6 600－5 800＝800（元）

借：公积公益金　　　　　　　　　　　　　　　　　　800
　　贷：应付福利费　　　　　　　　　　　　　　　　　　　800

第六节　长期借款及应付款核算

一、长期借款及应付款的概念

长期借款及应付款指村集体经济组织从银行、信用社、有关单位、个人及其他金融机构借入的期限在一年以上（不含一年）的借款及偿还期在一年以上（不含一年）的应付款项。

二、长期借款及应付款的账务处理

为了总括地反映和监督村集体经济组织长期借款及应付款的形成、应计利息及归本还息情况，应设置"长期借款及应付款"科目。该科目属于负债类，贷方登记形成的长期借款及应付款项，或是计提的长期借款的应计利息，借方登记长期借款及应付款的归还和偿付，或是冲销无法偿还的长期借款及应付款，期末余额在贷方，反映村集体经济组织尚未偿还的长期借款及各种应付款项。本科目应设置"长期借款"和"长期应付款"两个二级科目，并按照债权人（单位或个人）设置明细账，进行明细核算。

1. 村集体经济组织发生长期借款及应付款，应按实际应付的款项计价
借：现金／银行存款／库存物资……

贷：长期借款及应付款

2.归还和偿付长期借款及应付款

借：长期借款及应付款

贷：现金 / 银行存款……

3.支付的各种利息费用直接计入其他支出

村集体经济组织借入的长期借款到期应还本付息，长期借款利息的计算方法有单利制和复利制两种。在我国一般按单利法计算，单利制指只按借款本金计算利息，计算公式为

$$借款利息总额 = 本金 \times 利率 \times 期数$$

在会计核算中，需要在每期期末时逐期计息，每期的利息计息公式如下：

$$每期借款利息 = 本金 \times 每期利率$$

【例18】村集体经济组织从镇财政所借入低息农业开发资金20 000元，到期一次还本并支付利息300元。

（1）借入款项。

借：银行存款	20 000
贷：长期借款及应付款——镇财政所	20 000

（2）还本付息。

借：长期借款及应付款——镇财政所	20 000
其他支出——利息	300
贷：银行存款	203 00

第七节 一事一议筹资筹劳核算

一、一事一议筹资筹劳的概念

一事一议筹资筹劳指为兴办村民直接受益的集体生产生活等公益事业，经民主程序确定的村民出资出劳的行为。

二、一事一议筹资筹劳的范围

根据《河北省村民一事一议筹资筹劳管理办法》的规定，筹资筹劳适用以下范围：

（1）村内街道硬化，包括行政村到自然村或居民点之间的道路；

（2）村内小型水利，包括支渠以下的斗渠、毛渠、堰塘、桥涵、机电井、小型提灌或排灌站等的修建；

（3）村内人畜饮用水工程，包括集中供水设施的购建、主管道的铺设；

（4）需要村民筹资的电力设施，包括村内街道照明设施的修建；

（5）村内公共环卫设施，包括村内垃圾存放点、公共厕所、果皮箱等的购建；

（6）公共绿化，包括村内主街道两侧、公共绿地、公园绿地、公共闲散空地和村庄周围绿化；

（7）村民认为需要兴办的其他集体生产生活等公益事业。

三、一事一议筹资的账务处理

一事一议资金指村集体经济组织兴办生产、公益事业项目建设时，按照国家法规、政策的规定，按照一事一议的形式筹集的专项资金。分为自筹资金和财政奖补与自筹相结合两种方式。

为了反映和监督一事一议资金筹集和使用情况，村集体经济组织应设置"一事一议资金"科目，用于一事一议筹资筹劳中各类资金业务的核算。该科目属于负债类，贷方登记一事一议的筹集，借方登记一事一议的使用情况。如果是期末借方余额，反映一事一议专项工程建设的超支数；如果是期末贷方余额，反映根据批准的筹资方案筹集的一事一议资金。本科目应按照所议项目设置明细账（修路、建桥、植树造林等）进行核算，必须另设备查账簿对一事一议资金的筹集和使用情况进行登记。

村集体经济组织一事一议资金的核算主要涉及五个方面：一是一事一议资金的筹集；二是一事一议资金的使用；三是一事一议筹资建设项目完成后存在余款；四是一事一议筹资建设项目存在资金不足；五是一事一议资金的减免。

（一）筹集

1. 村集体经济组织应于一事一议筹资方案通过时，按照通过的筹资金额入账

　　借：内部往来
　　　　贷：一事一议资金——项目筹资

2. 收到成员交来的一事一议筹资

　　借：现金／银行存款
　　　　贷：内部往来

3. 收到社会捐赠的配套资金

　　借：现金／银行存款
　　　　贷：一事一议资金——项目——社会捐赠

4. 接受捐赠或赞助的固定资产（材料等）

　　借：固定资产／原材料——项目
　　　　贷：公积公益金

5. 收到财政部门拨入一事一议奖补资金

　　借：现金／银行存款

贷：一事一议资金——财政奖补资金

（二）使用

1. 使用一事一议资金购入不需要安装的固定资产

借：固定资产

　　贷：现金 / 银行存款

借：一事一议资金筹资

　　贷：公益公积金

2. 使用一事一议资金购入需要安装或建造的固定资产或进行工程建设

借：在建工程

　　贷：现金 / 银行存款

借：固定资产

　　贷：在建工程

借：一事一议资金

　　贷：公积公益金

3. 使用一事一议资金进行工程建设项目支出时没有形成固定资产

借：在建工程

　　贷：现金 / 银行存款 / 应付款 /……

项目完成后，按使用一事一议资金金额。

借：管理费用 / 经营支出 / 其他支出 /……

　　贷：在建工程

借：一事一议资金

　　贷：公积公益金

（三）余款

1. 如果一事一议筹资建设项目全部完工后仍有较大的余款需退还村民

借：一事一议资金

　　贷：现金 / 银行存款

2. 如果剩余资金较少，经村民代表会议同意后，用于村内其他一事一议筹资项目

借：一事一议资金——A 项目——筹资

　　贷：一事一议资金——B 项目——筹资

（四）资金不足

如果一事一议筹资建设项目存在较大的资金不足，则应再次以一事一议方式向村民筹集资金，会计处理与上述"（一）筹资"的处理相同。如果一事一议筹资建设项目资金的不足额较小，也可以由村集体经济组织先行垫付，待下次一事一议筹资时补足。

1.如果村集体经济组织购入不需要安装的固定资产，则应于垫付一事一议筹资建设项目资金时，按照支付的金额

借：固定资产

　　贷：银行存款

借：一事一议资金

　　贷：公积公益金

下次一事一议筹资方案经批准通过。

借：内部往来

　　贷：一事一议资金

2.如果村集体经济组织购入需要安装或建造的固定资产或进行工程建设，则应于垫付一事一议筹资建设项目资金时，按照应支付的金额

借：在建工程

　　贷：银行存款

借：固定资产

　　经营支出／其他支出

　　贷：在建工程

借：一事一议资金

　　贷：公积公益金

下次一事一议筹资方案经批准通过。

借：内部往来

　　贷：一事一议资金

（五）减免

以河北省为例，按照《河北省人民政府办公厅关于印发河北省村民一事一议筹资筹劳管理办法的通知》有关规定："五保户、低保户、现役军人不承担筹资筹劳任务；退出现役的伤残军人、革命烈士家属、在校就读的学生、孕妇和分娩未满1年的妇女不承担筹劳任务。家庭确有困难，不能承担或者不能完全承担筹资任务的农户，因病、伤残或者其他原因不能承担或者不能完全承担劳务的个人，可以提出申请，经符合规定的民主程序讨论通过，给予减免。"

借：一事一议资金

　　贷：内部往来

【例19】村集体经济组织通过一事一议方式筹资53 000元，购入1台铲土机，用于整理集体土地。（自筹，不需要安装形成固定资产）

（1）筹资方案通过。

借：内部往来　　　　　　　　　　　　　　　　　53 000

    贷：一事一议资金——铲土机   53 000

（2）收到筹资款。

  借：银行存款   53 000

    贷：内部往来   5 3000

（3）购入。

  借：固定资产——铲土机   53 000

    贷：银行存款   53 000

同时将一事一议筹资金转入积累。

  借：一事一议资金——购推土机款   53 000

    贷：公积公益金   53 000

【例20】村集体经济组织通过一事一议方式新建农田水站，支付材料及安装施工费 16 800 元，用银行存款支付。（自筹，需要安装或建造形成固定资产）

（1）筹资方案通过。

  借：内部往来   16 800

    贷：一事一议资金——农田水站   16 800

（2）收到筹资款。

  借：银行存款   16 800

    贷：内部往来   16 800

（3）支付工程建设的相关款项。

  借：在建工程——农田水站   16 800

    贷：银行存款   16 800

（4）工程完工交付使用。

  借：固定资产——农田水站   16 800

    贷：在建工程——农田水站   16 800

同时将一事一议筹资转入积累。

  借：一事一议资金——农田水站   16 800

    贷：公积公益金   16 800

【例21】村集体经济组织通过一事一议方式进行临时用救灾设施建设，筹资 10 000 元，用银行存款支付。（自筹，需要安装或建造没有形成固定资产）

（1）筹资方案通过。

  借：内部往来   10 000

    贷：一事一议资金——临时救灾设施   10 000

（2）收到筹资款。

借：银行存款	10 000	
贷：内部往来		10 000

（3）支付工程建设费用。

借：在建工程——临时救灾设施	10 000	
贷：银行存款		10 000

（4）工程完工结算。

借：其他支出——临时救灾设施	10 000	
贷：在建工程——临时救灾设施		10 000

同时将一事一议筹资转入积累。

借：一事一议资金——临时救灾设施	10 000	
贷：公积公益金		10 000

【例22】村集体经济组织计划修建村民活动中心，通过一事一议筹资筹集资金，不足部分申请财政奖补资金筹资，方案已报村集体经济组织成员大会批准，总投资 100 000 元，自筹资 45 000 元，财政部门奖补 55 000 元，款存入银行。（财政奖补与自筹相结合，拨付式结算形成固定资产）

（1）方案批准。

借：内部往来	45 000	
贷：一事一议资金——村民活动中心		45 000

（2）收到筹资款。

借：银行存款	45 000	
贷：内部往来		45 000

（3）收到财政奖补资金。

借：银行存款	55 000	
贷：一事一议资金——财政奖补资金		55 000

（4）经公开招投标，由兴隆建筑公司修建村民活动中心，以银行存款支付建设工程款 45 000 元。

借：在建工程——村民活动中心	45 000	
贷：银行存款		45 000

（5）工程完工，实际造价 95 000 元。

借：固定资产——村民活动中心	95 000	
贷：在建工程——村民活动中心		95 000

同时将一事一议筹资转入积累。

借：一事一议资金——村民活动中心	95 000	

贷：公积公益金		95 000

（6）取现金将工程剩余款退还成员。

借：现金		5 000
贷：银行存款		5 000
借：一事一议资金——村民活动中心筹资		5 000
贷：现金		5 000

（7）如果完工时工程超支 5 000 元，经研究先由村集体经济组织垫付资金，等下次一事一议筹资时补足。

①补付工程款。

借：在建工程——村民活动中心		5 000
贷：银行存款		5 000

②工程结转。

借：固定资产——村民活动中心		105 000
贷：在建工程——村民活动中心		105 000
借：一事一议资金——村民活动中心		105 000
贷：公积公益金		105 000

③第二年一事一议筹资时补足。

借：内部往来		5 000
贷：一事一议资金——村民活动中心		5 000

【例23】村集体经济组织进行小型水利设施建设总投资 20 000 元，通过一事一议筹资 8 000 元，款存入银行，财政部门奖补资金 12 000 元，项目完成并通过验收后再拨付。方案已批准。（财政奖补与自筹相结合，报账式结算不形成固定资产）

（1）方案批准。

借：内部往来		8 000
贷：一事一议资金——水利设施		8 000

（2）收到筹资。

借：银行存款		8 000
贷：内部往来		8 000

（3）村集体经济组织以银行存款支付工程款 8 000 元，欠工程款 12 000 元。

借：在建工程——农田水利设施		20 000
贷：银行存款		8 000
应付款		12 000

（4）工程完工验收合格投入使用。

借：其他支出——农田水利建设　　　　　　　　　20 000

　　　贷：在建工程——农田水利建设　　　　　　　　　20 000

（5）收到财政奖补资金。

借：银行存款　　　　　　　　　　　　　　　　12 000

　　　贷：一事一议资金——财政奖补资金　　　　　　　12 000

借：一事一议资金——财政奖补资金　　　　　　12 000

　　　　　　　　——筹资　　　　　　　　　　　8 000

　　　贷：公积公益金　　　　　　　　　　　　　　　　20 000

（6）偿还工程欠款。

借：应付款　　　　　　　　　　　　　　　　　12 000

　　　贷：银行存款　　　　　　　　　　　　　　　　　12 000

【例24】村集体经济组织2020年6月5日，经成员大会讨论通过，决定用一事一议方式修建水站，有成员458人，按人均25元的标准收取11 450元。6月15日收到成员交来的资金11 400元，并于当日送存银行存款。当日，李栗和赵楠向村集体经济组织提出，由于家庭困难申请免交该项筹资；6月28日，成员大会讨论通过后决定免除李栗的筹资款，赵楠需交筹资款5元，并于7月1日交来筹资款。

（1）6月5日方案批准。

借：内部往来　　　　　　　　　　　　　　　　11 450

　　　贷：一事一议资金——水站　　　　　　　　　　　11 450

（2）6月15日收到筹资款。

借：银行存款　　　　　　　　　　　　　　　　11 400

　　　贷：内部往来　　　　　　　　　　　　　　　　　11 400

（3）减免部分成员的筹资款。

借：一事一议资金——水站　　　　　　　　　　45

　　　贷：内部往来——李栗　　　　　　　　　　　　　25

　　　　　　　　——赵楠　　　　　　　　　　　　　20

（4）收到赵楠的筹资款。

借：现金　　　　　　　　　　　　　　　　　　5

　　　贷：内部往来——赵楠　　　　　　　　　　　　　5

四、一事一议筹劳的账务处理

以河北省为例，根据《河北省村民一事一议筹资筹劳管理办法》的规定，村民委员会所筹劳务每个劳动力不得超过10个工日。筹集的劳务，在农闲期间使用，并制定合理的劳动定额，不得强行要求村民以资代劳。村民自愿以资代劳的，应当由本人或者其家属提出书面申请，经批准后可以资代劳，以资代劳工价标准为每个工日 20 元。为了反映和监督村集体经济组织向农民筹劳的筹集和使用情况，村集体经济组织应设置备查账簿对一事一议筹劳的筹集和使用情况进行登记，并通过"在建工程"科目核算一事一议筹劳的使用情况。

村集体经济组织一事一议劳务的核算主要涉及两个方面：一是一事一议筹劳的使用，二是农民自愿以资代劳。

1. 一事一议筹劳使用

村集体经济组织使用一事一议筹劳进行本村范围内集体生产、公益事业工程建设时，按当地劳务价格标准作价。

（1）劳务投入。

借：在建工程

贷：公积公益金

（2）工程完工形成固定资产。

借：固定资产

贷：在建工程

（3）工程完工不形成固定资产。

借：经营支出

其他支出

贷：在建工程

2. 按以资代劳的工价标准

借：内部往来

贷：一事一议资金

【例 25】村集体经济组织通过一事一议方式修建一座蓄水池。共支付材料款及安装施工费 13 000 元，通过银行存款支付，同时，共投入劳务 450 个工，当地劳务价格标准为 20 元/工。月底水库工程完工后即投入使用。

（1）支付材料款及安装施工费。

借：在建工程——蓄水池   13 000

贷：银行存款   13 000

（2）投入劳务。

借：在建工程——蓄水池   9 000

贷：公积公益金   9 000

（3）月底工程完工后即投入使用。

借：固定资产——蓄水池   22 000

贷：在建工程——蓄水池   22 000

同时将一事一议筹资转入积累。

| 借：一事一议资金——蓄水池 | 13 000 | |
| 贷：公积公益金 | | 13 000 |

【例26】村集体经济组织采用一事一议筹劳方式平整村内准备用于栽种桃树的一片土地。共投入劳务550个工，当地劳务价格标准为20元/工，月底工程完工。

（1）投入劳务。

| 借：在建工程——平整土地 | 11 000 | |
| 贷：公积公益金 | | 11 000 |

（2）月底完工。

| 借：经营支出 | 11 000 | |
| 贷：在建工程——平整土地 | | 11 000 |

【例27】2020年6月20日，村集体经济组织经成员大会讨论同意采用一事一议筹资筹劳的方式平整土地，按人均10个工的标准投入劳务，按人均20元的标准向成员收取一事一议资金。该村共计160人，根据国家有关规定，无法承担劳务的成员为35人。7月30日，所有筹资款均收齐，送存信用社。土地平整工程于8月1日开工，除成员周军、代宁2人自愿申请以资代劳并经成员大会讨论通过外，其余成员均按筹劳方案投入劳务，以资代劳款于8月10日收齐。8月份通过银行存款共支付材料款3 100元。8月30日土地平整完工。9月1日，经成员大会讨论后决定，将该项目余款用于村内修建水库的一事一议筹资项目。当地劳务价格标准为10元/工，以资代劳工价标准为9元/工。

（1）6月20日筹资方案批准。

一事一议筹资额 $= 20 \times 160 = 3\ 200$（元）

| 借：内部往来 | 3 200 | |
| 贷：一事一议资金——平整土地 | | 3 200 |

（2）7月30日收到筹资款。

| 借：银行存款 | 3 200 | |
| 贷：内部往来 | | 3 200 |

（3）自愿以资代劳。

以资代劳总额 $= 10 \times 9 \times 2 = 180$（元）

借：内部往来——周军	90	
——代宁	90	
贷：一事一议资金——平整土地		180

（4）8月10日收到以资代劳款。

借：现金	180	
贷：内部往来——周军		90
——代宁		90

（5）8月份支付相关款项。

借：在建工程——平整土地 3 100

贷：银行存款 3 100

（6）8月份劳务投入。

劳务投入总额＝10×10×（160－35－2）＝12 300（元）

借：在建工程——平整土地 12 300

贷：公积公益金 12 300

（7）8月30日工程完工。

借：其他支出 15 400

贷：在建工程——平整土地 15 400

借：一事一议资金——平整土地 3 100

贷：公积公益金 3 100

（8）余款转入修建水库项目。

平整土地一事一议资金余款＝3 200＋180－3 100＝280（元）

借：一事一议资金——平整土地 280

贷：一事一议资金——修建水库 280

第八节　专项应付款核算

一、专项应付款的设置

按照《村集体经济组织会计制度》会计科目表附注的规定，如果村集体经济组织有接受国家拨入的具有专门用途的拨款的，可在负债类总账科目增设"专项应付款"科目（科目编号241）。本科目核算接受国家拨入的具有专门用途的拨款款项。

二、专项应付款的账务处理

村集体经济组织专项应付款的核算主要涉及四个方面：收到专项拨款，专项拨款的使用，拨款资金不足时自有资金补充，拨款结余上交。为了反映和监督村集体经济组织专项应付款增减变动情况，村集体经济组织应设置"专项应付款"科目。该科目属于负债类，贷方登记收到的专项应付款，借方登记使用的专项应付款，期末余额在贷方，反映村集体经济组织尚未支付的各种专项应付款。本科目应按专项应付款的项目、种类设置明细账，进行明细核算。

1. 收到专项拨款

借：银行存款

　　　　　　贷：专项应付款

　2.使用专项拨款

　　借：在建工程

　　　　贷：现金/银行存款

　3.项目完工后

（1）如果按实际成本形成固定资产。

　　　　借：固定资产

　　　　　　贷：在建工程

　　　　借：专项应付款

　　　　　　贷：公积公益金——拨款转入

（2）如果不形成固定资产，经批准后。

　　　　借：专项应付款

　　　　　　贷：在建工程/现金……

　4.拨款不足时，以自有资金补充

（1）如果专项拨款项目建设存在资金不足，村集体经济组织以自有资金补充时，应按照实际补充的金额。

　　　　借：在建工程

　　　　　　贷：银行存款

（2）项目完成后。

①如果按实际成本形成固定资产。

　　　　借：固定资产

　　　　　　贷：在建工程

　　　　借：专项应付款

　　　　　　贷：公积公益金

②如果不形成固定资产，经批准后。

　　　　借：专项应付款（专项拨款的金额）

　　　　　　其他支出（自有资金补充的部分）

　　　　　　贷：在建工程（实际发生的成本）

　5.拨款结余上交

　　借：专项应付款

　　　　贷：现金/银行存款

　　【例28】2020年4月，村集体经济组织收到国家拨款40 000元，用于在村内建设一座蓄水池。款项已存入银行。2020年5月蓄水池开工建设，6月工程完工投入使用，共支付材料、劳务报酬等费用38 000元。

（1）收到拨款。

  借：银行存款 40 000

  　　贷：专项应付款——蓄水池 40 000

（2）工程建设。

  借：在建工程——蓄水池 38 000

  　　贷：银行存款 38 000

（3）完工投入使用。

  借：固定资产——蓄水池 38 000

  　　贷：在建工程——蓄水池 8 000

  借：专项应付款 38 000

  　　贷：公积公益金——拨款转入 38000

【例29】上级拨给村集体经济组织防治非洲猪瘟专项经费 6 000 元，购买药品、器械及人工费用 5 860 元。

（1）收到拨款。

  借：银行存款 6 000

  　　贷：专项应付款——防治非洲猪瘟 6 000

（2）支付防疫费。

  借：专项应付款——防治非洲猪瘟 5 860

  　　贷：现金 5 860

（3）余款上交。

  借：专项应付款 140

  　　贷：现金 140

【例30】2020 年 8 月，村集体经济组织收到上级拨款 7 000 元，用于村环境整治。9月份开始并于当月结束，共支付材料、劳务报酬等费用 7 420 元。

（1）收到拨款。

  借：银行存款 7 000

  　　贷：专项应付款——环境整治 7 000

（2）支付材料、劳务报酬等费用。

  借：在建工程——环境整治 7 420

  　　贷：银行存款 7 420

（3）工程完工超支并报经批准。

  借：专项应付款 7 000

  　　其他支出 420

  　　贷：在建工程——环境整治 7 420

第九章　所有者权益核算

为使所有者了解投入资本的保值增值情况以及村集体经济组织的资本积累情况，村集体经济组织应当按照会计制度要求，认真进行所有者权益的核算，为所有者及有关方面正确决策提供可靠的资料。

第一节　所有者权益概述

一、所有者权益的概念和内容

所有者权益指村集体经济组织对村集体组织净资产的所有权，在数量上等于村集体经济组织全部资产减去全部负债后的余额。

所有者权益从形成来看，主要来源于投资者的初始投资和追加的投资、取得的公积公益金以及村集体经济组织生产经营期间实现的收益等。主要包括资本、公积公益金和未分配收益三部分内容，并在资产负债表中分别列示。一般情况下，村集体经济组织的主要所有者是成员，少数村集体经济组织还有外来投资，所有者还包括外部投资者。

二、所有者权益和负债的区别

所有者权益和负债都是村集体经济组织资产的提供者，他们对村集体经济组织资产都有相应的要求权。在资产负债表中，负债和所有者权益二者的总计金额等于资产的总计金额，但是二者之间存在着明显的区别：

（1）负债是村集体经济组织对债权人负担的经济责任，所有者权益是村集体经济组织对投资人负担的投资责任。

（2）负债是债权人对全部资产的索偿权，所有者权益是投资人对净资产的索偿权。

（3）负债必须在特定时限内偿还，所有者权益在村集体经济组织经营期间无须偿还，除非终止经营。在经营终止时，只有在偿付了清算费用、债权人的债务后，如有剩余财产，才可能返回投资者。结合目前村集体经济组织的实际情况，村集体经济组织实际接受投资时，投资者可以根据合同或协议规定，在规定期限内投资或提前收回投资。

（4）债权人只享有收回债务本金和利息的权利，无权参与内部经营管理和收益分配；而投资者除了可以获得利益外，还可参与经营管理。此外，债权人不需要承担经营风险，而投资者则要承担经营风险。

第二节 资 本 核 算

一、资本的概念

资本指投资者实际投入村集体经济组织的各种资产的价值，包括货币资金、实物、劳务和无形资产。村集体经济组织根据有关法律、法规规定可以采取多种形式筹集资本；对筹集的资本依法享有经营权，投资者除依法转让外，一般不得随意抽走；对投入的资产按照有关规定进行评估，投入的劳务需要合理计价。按照投资主体的不同可以分为村（组）资本、外单位资本、个人资本、国家资本等。

村（组）资本指村（组）以其依法可以支配的资产和劳务投入村集体经济组织形成的资本，包括原生产队积累折股股金及农业合作化时期社员入社的股份基金。

外单位资本指对村集体经济组织以外的单位以其依法可以支配的资产投入村集体经济组织形成的资本。

个人资本指村集体经济组织内部成员或社会个人以个人合法财产投入村集体经济组织形成的资本。

国家资本指有权代表国家投资的政府部门或者机构以国有资产投入村集体经济组织形成的资本。

此外，在一些经济发达的地区，还有外商投入的资本等。

二、资本的账务处理

为了反映和监督村集体经济组织资本的增减变动情况，村集体经济组织应设置"资本"科目。该科目属于所有者权益类，该科目的贷方登记资本的增加数额，借方登记资本的减少数额，期末余额在贷方，反映村集体经济组织实有的资本数额。为了反映村集体经济组织各所有者投资在村集体经济组织所有者权益中的构成及其变动情况，"资本"科目应按投资的单位和个人设置账户进行明细核算。

此外，生产队积累折股股金及农业合作化时期社员入社的股份基金，也在本科目中核算。

（一）接受投入的资本

村集体经济组织收到投资者投入村集体经济组织的资本后，应根据有关原始凭证（投资清单、银行通知单等），分别对不同的出资方式进行处理。根据国家的有关规定，村集体经济组织投资人可以以现金资产投资，也可以以非现金资产投资，还可以以劳务投资。

1. 接受现金资产的投资

村集体经济组织收到投资者以现金资产投入的资本时，应以实际收到或存入村集体经济组织开户银行的金额作为资本入账。

借：现金／银行存款
　　贷：资本

村集体经济组织收到投资者以外币投入的资本：

（1）如果投资合同中约定汇率的，则应将实际收到的外币金额按收到当日市场汇价折合为人民币金额，记入"银行存款"等科目，按合同约定汇率折合的人民币金额，记入"资本"科目，两者之间的差额，记入"公积公益金"科目。

借：银行存款
　　公积公益金
　　贷：资本
　　　　公积公益金

（2）如果合同没有约定汇率，应将实际收到的外币按收到当日市场汇价折合人民币金额。

借：银行存款
　　贷：资本

【例1】2020年1月，村集体经济组织收到成员李立投资的现金7 000元，并于当日将款项存入开户银行。

借：现金　　　　　　　　　　　　　　　　　7 000
　　贷：资本——个人资本——李立　　　　　　　　7 000
借：银行存款　　　　　　　　　　　　　　　7 000
　　贷：现金　　　　　　　　　　　　　　　　　7 000

2. 接受非现金资产的投资

村集体经济组织接受非现金资产投资时，应对投资者投入的资产按照有关规定进行评估，将非现金资产按投资各方确认的价值入账。

（1）接受投入固定资产。

村集体经济组织收到投资者作价投入的固定资产（房屋、大型农业设备、运输工具等），应按投资各方确认的价值作为资本入账，在办理完有关产权转移手续后，记入"固定资产"科目，按照经过批准的投资者所拥有的资本金额，记入"资本"科目，按照二者之间的差额，记入"公积公益金"科目。投资者必须出具资产所有权和处置权的证明，不得以租赁的资产或者已作为担保的资产进行投资。

借：固定资产

公积公益金

贷：资本

公积公益金

【例2】村集体经济组织收到外单位甲投入加工设备1套，双方确认的价值为123 000元，经过批准甲单位拥有该村集体经济组织的资本额为110 000元。

借：固定资产——加工设备 123 000

贷：资本——甲单位 110 000

公积公益金 13 000

（2）接受材料物资、农业资产、无形资产的投资。

村集体经济组织收到投资者作价投入的材料物资、农业资产（牲畜（禽）资产和林木资产），或收到投资者以专利权、专有技术、商标权、特许经营权等无形资产方式投入的资本，应按投资各方确认的价值入账。

借：库存物资 / 牲畜（禽）资产 / 林木资产 / 无形资产

贷：资本

【例3】村集体经济组织收到农业农村局投入的物资1批，价值20 000元。

借：库存物资 20 000

贷：资本——国家资本 20 000

（3）接受劳务的投资。

村集体经济组织收到投资者以劳务形式的投资，应按当地劳务价格标准作价入账。

借：在建工程

贷：资本

【例4】村集体经济组织建厂房1座，村民李意投工150个作为向村集体经济组织的投资，当地劳务价格标准为20元 / 工。

借：在建工程——厂房 3 000

贷：资本——李意 3 000

（二）公积公益金转增的资本

村集体经济组织按国家有关规定，按规定程序批准后，将公积公益金转增资本。

借：公积公益金

贷：资本

【例5】村集体经济组织成员代表大会讨论通过，将20 000元公积公益金转作资本。

借：公积公益金 20 000

贷：资本 20 000

（三）资本的减少

按照国家有关规定，村集体经济组织投资者按协议规定收回投资。

借：资本

　　贷：银行存款／固定资产／无形资产／……

【例6】2020年9月，外单位甲按协议规定收回对村集体经济组织的投资17 000元，以银行存款支付。

借：资本——甲单位　　　　　　　　　　　　　　17 000

　　贷：银行存款　　　　　　　　　　　　　　　　　　17 000

第三节　公积公益金核算

一、公积公益金的概念

公积公益金指村集体经济组织从收益中提取的和从其他来源取得用于扩大再生产、承担经营风险及集体文化、福利、卫生等公益事业设施建设的专用基金。

二、公积公益金的来源

从形成来源上看，村集体经济组织的公积公益金主要有以下几个渠道：

1. 从本年收益中提取

村集体经济组织年终进行收益分配时，应按一定比例从本年收益中提取公积公益金，公积公益金的提取比例，可由村集体经济组织根据国家有关规定确定，并经成员会议或成员代表会议讨论通过。

2. 村集体经济组织从其他来源取得的公积公益金

（1）资本溢价指村集体经济组织在筹集资金时，投资者实际出资额超过约定资本金比例的那部分差额。《村集体经济组织会计制度》规定，对外投资中，资产重估确认价值与原账面净值的差额计入公积公益金。

（2）接受捐赠资产指村集体经济组织接受捐赠的资产及有关部门无偿拨付的专项款。《村集体经济组织会计制度》规定，收到捐赠的全新固定资产，按照所附发票所列金额加上应支付的相关税费，计入公积公益金；收到捐赠的旧固定资产，按照经过批准的评估价值，计入公积公益金。

（3）征用土地补偿费指村集体经济组织收到国家征用集体土地的补偿费（集体获得的部分）。《村集体经济组织会计制度》规定，村集体经济组织收到的征用土地补偿费，计入公积公益金。

（4）转让土地使用权收入指拍卖荒山、荒沟、荒丘、荒滩等土地使用权收到的项。

《村集体经济组织会计制度》规定，村集体经济组织收到的拍卖荒山、荒地、荒水、荒滩等使用权收入，计入公积公益金。

（5）一事一议筹资筹劳转入指村集体经济组织根据规定，通过一事一议方式向村民筹资筹劳在本村范围内进行生产、公益事业等时应转入公积公益金的部分。《村集体经济组织会计制度》规定，村集体经济组织使用一事一议资金购入、建造的固定资产的，或是使用一事一议资金而没有形成固定资产的项目，计入公积公益金。

（6）拨款转入，指村集体经济组织收到国家拨入的具有专门用途的拨款项目完成后，按规定转入公积公益金的部分。

（7）对外投资中实物资产重估增值指村集体经济组织以实物资产（含牲畜和林木资产）方式对外投资时，实物资产重估确认价值与其账面净值之间的差额按规定应计入公积公益金的部分。《村集体经济组织会计制度》规定，村集体经济组织以实物资产方式对外投资，其评估确认或合同、协议确定的价值必须真实、合理，不得高估或低估资产价值。实物资产重估确认价值与其账面净值之间的差额，计入公积公益金。

三、公积公益金的使用

根据国家有关规定，经规定程序批准后村集体经济组织的公积公益金可用于以下几方面：

（1）转增资本，指村集体经济组织经规定程序批准后，将公积公益金用于资本积累，壮大集体经济实力，以进一步发展生产。

（2）弥补亏损，指村集体经济组织经规定程序批准后，可以用提取的公积公益金弥补亏损，实现以丰补歉。

（3）弥补福利费不足。应付福利费是村集体经济组织用于集体福利、文教、卫生等方面的福利费，根据国家的有关规定，并按规定程序批准后，村集体经济组织可以用提取的公积公益金弥补应付福利费的超支数额。

四、公积公益金的账务处理

为了反映和监督公积公益金的提取和使用等增减变动情况，村集体经济组织应设置"公积公益金"科目。该科目属于所有者权益类，贷方登记村集体经济组织从收益中提取的和从其他来源取得的公积公益金数额，借方登记将公积公益金用于转增资本、弥补福利费不足或弥补亏损面减少的公积公益金数额，期末余额在贷方，反映村集体经济组织的公积公益金的结余数额。为了反映村集体经济组织公积公益金的构成及其变动情况，"公积公益金"科目还需按来源设置明细科目，进行明细核算。

村集体经济组织公积公益金的核算主要涉及两个方面：公积公益金的提取或取得，公积公益金的使用。

（一）公积公益金提取或取得

1. 从收益中提取公积公益金

年终根据经批准的收益分配方案从收益中提取公积公益金。

借：收益分配——各项分配——提取公积公益金

　　贷：公积公益金

【例 7】村集体经济组织按规定从当年收益中提取公积公益金 15 000 元。

借：收益分配——各项分配——提取公积公益金　　　　　　　　15 000

　　贷：公积公益金　　　　　　　　　　　　　　　　　　　　　　15 000

2. 从其他来源中取得公积公益金

（1）资本溢价。

村集体经济组织收到投资者作价投入的货币资金，应按投资各方确认的价值记入"银行存款"科目，按照经过批准的投资者所拥有的资本金额，贷记"资本"科目，二者的差额记入"公积公益金"科目。

借：银行存款

　　贷：资本

　　　　公积公益金

【例 8】村集体经济组织收到成员杜民投资 13 000 元，款已存入银行，经讨论决定资本按 10 000 元入账，其余 3 000 元按公积公益金处理。

借：银行存款　　　　　　　　　　　　　　　　　　　　　　　13 000

　　贷：资本——个人资本——杜民　　　　　　　　　　　　　　　10 000

　　　　公积公益金　　　　　　　　　　　　　　　　　　　　　　　3 000

（2）接受捐赠的资产。

村集体经济组织接受捐赠而导致的资产增加并不是由于村集体经济组织的生产经营活动所获得的，因此接受捐赠而取得的资产不应作为收入，而应作为所有者权益的增加处理。此外，由于捐赠资产的所有权已经转移，捐赠的单位或个人不是村集体经济组织捐赠资产的所有者，因此捐赠的资产不构成村集体经济组织的资本，不应作为资本予以确认，所以村集体经济组织接受捐赠的资产应作为公共积累的增加，纳入公积公益金进行核算。

借：银行存款

　　贷：公积公益金

村集体经济组织接受捐赠的非现金资产（如固定资产、农业资产、材料物资等）时，应按照确定的价值。

借：固定资产 / 牲畜（禽）资产 / 林木资产 / 库存物资 /……

　　贷：公积公益金

值得注意的是，村集体经济组织应按以下规定确定接受捐赠的非现金资产的入账价值。

①捐赠方提供了有关凭据的，按发票上所列金额加上实际发生的运输费、保险费、调试费和应支付的相关税金等，作为入账价值。

②捐赠方没有提供有关凭据的，按照同类资产的市场价格估计的金额加上应支付的相关税费等，作为入账价值。

③如果收到捐赠的为旧的固定资产，则无论有无票据，须按照经过批准的评估价值，作为入账价值。

【例9】村集体经济组织接受外单位捐赠物资1批，价值6 000元。

  借：库存物资   6 000

    贷：公积公益金   6 000

【例10】村集体经济组织收到农机合作社捐赠的新收割机1台，发票价格为22 000元。村集体经济组织以现金支付了安装调试费600元，安装完毕后投入使用。

  借：固定资产   22 600

    贷：公积公益金   22 000

      现金   600

（3）征用地的补偿费。

根据有关政策规定，国家征用农村集体土地的补偿费用包括土地补偿费、安置补助费、地上附着物、青苗补偿费。村集体经济组织应按照下列原则分别进行会计处理：

①土地补偿费。根据有关政策规定分为两部分：一部分属于村集体经济组织所有；另一部分属于村集体经济组织的农户或承包经营者所有。属村集体的部分应记入"公积公益金"科目核算。属于农户或承包经营者的部分，直接发放给农户或承包经营者。因此，村集体经济组织只核算归集体部分的补偿费，应计入公积公益金。

②安置补助费。根据规定村集体经济组织收到的安置补助必须专款专用，不得挪作他用。这部分补偿费用不属于村集体经济组织所有，而属于农户所有，因此应记入"内部往来"科目。

③地上附着物和青苗补偿费。根据规定，地上附着物和青苗补偿费归地上附着物和青苗的所有者所有。因此，对于属于村集体经济组织所有的，应计入经营收入或其他收入；对于属于农户个人的，应记入"内部往来"科目。

村集体经济组织收到归村集体所有的征用土地补偿费。

  借：银行存款

    贷：公积公益金

【例11】村集体经济组织收到国家征用集体土地的补偿费用共计80 000元。其中，属于集体土地补偿费40 000元，农户安置补偿费28 000元，农户青苗补偿费12 000元（属于农户个人）。款已存银行。

借：银行存款	80 000	
贷：公积公益金	40 000	
内部往来——农户安置补偿费	28 000	
——农户青苗补偿费	12 000	

（4）拍卖"四荒"使用权的价款。

农村"四荒"使用权收取的承包、租赁或拍卖资金实行村有乡管，可专户储存在银行（信用社），由乡镇农村集体资产管理机构代管。资金使用由农村集体经济组织决定，实行账目公开。

村集体经济组织收到拍卖"四荒"使用权价款时，应按实际收到的价款。

　　借：银行存款

　　　贷：公积公益金

【例12】村集体经济组织收到成员交来的购买荒山使用权价款80 000元，款存入银行。

借：银行存款	80 000	
贷：公积公益金	80 000	

（5）一事一议筹资筹劳转入（详见第八章第七节"一事一议筹资筹劳的核算"）。

（6）拨款转入的处理（详见第八章第八节"专项应付款核算"）。

（7）对外投资中实物资产重估增值的处理。

《村集体经济组织会计制度》规定，村集体经济组织以实物资产（含牲畜和林木资产）方式对外投资时，实物资产重估确认价值与其账面净值之间的差额，计入公积公益金。

①村集体经济组织以库存物资对外投资。

　　借：长期投资（合同、协议确定的价值）

　　　公积公益金（合同、协议确定的价值与库存物资账面价值的差额）

　　　贷：库存物资（合同、协议确定的价值）

　　　　公积公益金（合同、协议确定的价值与库存物资账面价值的差额）

②村集体经济组织以幼畜及育肥畜和产役畜对外投资。

　　借：长期投资（合同、协议确定的价值）

　　　公积公益金（合同、协议确定的价值与账面价值的差额）

　　　贷：牲畜（禽）资产（合同、协议确定的价值）

　　　　公积公益金（合同、协议确定的价值与账面价值的差额）

③村集体经济组织以林木对外投资。

　　借：长期投资（合同、协议确定的价值）

　　　公积公益金（合同、协议确定的价值与账面价值的差额）

　　　贷：林木资产（合同、协议确定的价值）

　　　　公积公益金（合同、协议确定的价值与账面价值的差额）

④村集体经济组织以固定资产对外投资。

借：长期投资（评估价或合同、协议约定的价值）

累计折旧（已提折旧额）

公积公益金（评估价或合同、协议确定的价值与账面净值的差额）

贷：固定资产（固定资产原价）

公积公益金（评估价或合同、协议确定的价值与账面净值的差额）

【例13】村集体经济组织以一套原价为16 000元的设备对外单位投资，双方商议为13 000元，已提折旧5 000元。

借：长期投资   13 000

累计折旧   5 000

贷：固定资产   16 000

公积公益金   2 000

【例14】村集体经济组织以一台原价22 000元的联合收割机对外投资，双方商议价为14 000元，已提折旧6 500元。

借：长期投资   14 000

累计折旧   6 500

公积公益金   1 500

贷：固定资产   22 000

（二）公积公益金的使用

1. 公积公益金转增资本

村集体经济组织根据国家有关规定，并按规定程序批准后，用提取的公积公益金转增资本。

借：公积公益金

贷：资本

同时，村集体经济组织还应按照转增资本前的资本结构比例，将公积公益金转增资本的数额记入"资本"科目下各投资者的投资明细账，相应增加各投资者对村集体经济组织的投资。

【例15】村集体经济组织根据成员代表会议通过的方案，将公积公益金130 000元用于转增资本。其中，村集体资本所占比例40%，外单位资本所占比例30%，个人所占比例30%。

借：公积公益金   130 000

贷：资本——村集体资本   52 000

——外单位资本   39 000

——个人资本	39 000

2. 公积公益金弥补亏损

村集体经济组织根据有关规定，用提取的公积公益金弥补亏损，应按照批准的当期弥补亏损的数额。

借：公积公益金

贷：收益分配——未分配收益

【例 16】村集体经济组织用公积公益金弥补上年亏损 8 500 元。

借：公积公益金　　　　　　　　　　　　　　　　　　 8 500

贷：收益分配——未分配收益　　　　　　　　　　　　　　　 8 500

3. 公积公益金弥补应付福利费的不足

村集体经济组织根据有关规定，并按照规定程序批准后，用提取的公积公益金弥补应付福利费的不足（即超支数额），应按照批准的数额。

借：公积公益金

贷：应付福利费

未经批准的应付福利费超支数额，仍保留在"应付福利费"科目的借方。

【例 17】根据村集体经济组织代表会议讨论通过的方案，村集体经济组织从公积公益金中弥补上年末福利费的超支数额 2 300 元。

借：公积公益金　　　　　　　　　　　　　　　　　　 2 300

贷：应付福利费　　　　　　　　　　　　　　　　　　　　 2 300

第十章 收入核算

收入的实现是村集体经济组织收益实现的前提和基础，也是村集体经济组织经济活动的重要环节。因此，村集体经济组织应加强对收入的管理和核算，正确计算各项收入，为准确核算全年收益提供必要的条件。

第一节 收入概述

一、收入的概念

村集体经济组织收入指村集体经济组织在销售商品、提供劳务及让渡资产使用权等日常经营活动以及行使管理、服务职能过程中所形成的经济利益的总流入，是村集体经济组织一定时期内生产经营成果的综合反映。

二、收入的来源

村集体经济组织的收入来源主要有四个方面：

（1）经营收入指村集体经济组织开展各项生产、服务等经营活动取得的收入。包括产品物资销售收入、出租收入、劳务收入等。

（2）发包及上交收入指农户和承包单位因承包集体耕地、林地、果园、鱼塘等上交的承包金及村（组）办企业上交的利润。村集体经济组织将农民集体所有或国家所有依法由农民集体使用的耕地、林地等农业资源承包给农民或其他单位使用，村集体经济组织收取承包金或利润，形成发包及上交收入。

《村集体经济组织会计制度》规定，村集体经济组织在收取农户、其他单位和个人上交的承包金或利润时，要执行国家的有关规定，坚持取之有度、用之合理、因地制宜、量力而行的原则，既不能超越农户和所属单位的承受能力，又要保证集体扩大再生产和发展公益事业的需要。

（3）补助收入指村集体经济组织收到的财政等有关部门的补助资金。

（4）其他收入指村集体经济组织除经营收入、发包及上交收入和补助收入以外的收入，如罚款收入、存款利息收入、固定资产及产品物资盘盈收入等，其他收入一般与村集体经济组织的生产经营活动没有直接关系。

三、收入的界限

（1）要划清各项收入的界限。村集体经济组织的各项收入虽然都要纳入收益分配，但为了正确核算生产经营的成果和村集体经济组织管理人员的业绩，村集体经济组织应当按照收入的实际来源和性质认真分析，以便找出产生收入的薄弱环节，采取相应的增收节支的措施。

（2）集体经济组织收入与承包者（包括农户、单位）收入的界限。村集体经济组织实行统一核算和分级核算相结合的两级核算体制，凡村集体经济组织发包给承包者经营，并由承包者独立核算的项目，所发生的收入由承包者核算。村集体经济组织仅将承包者应当上交的承包金或村办企业上交的利润，作为其发包及上交收入纳入账内进行核算。凡村集体经济组织直接组织的生产经营和服务项目所形成的收入，在村集体经济组织的账内核算。

第二节　经营收入核算

一、经营收入的概念

经营收入指村集体经济组织开展各项生产、服务等经营活动取得的收入。包括产品物资销售收入、出租收入、劳务收入等。

二、经营收入确认的原则

《村集体经济组织会计制度》规定，村集体经济组织一般应于产品物资已经发出，劳务已经提供，同时收讫价款或取得收取价款的凭据时，确认经营收入的实现。村集体经济组织按照权责发生制原则确认经营收入主要有两个明显的标志：（1）产品物资已经发出或劳务已经提供；（2）收讫价款或取得收取价款的凭据。这是经营收入能够记入村集体经济组织账内需要满足的两个基本条件。

三、经营收入的账务处理

为全面反映和监督经营收入实现的情况，村集体经济组织应设置"经营收入"科目进行核算。该科目属于损益类，贷方登记村集体经济组织实现的各项经营收入，借方登记发生现金折扣、销售折让或退回时冲减的经营收入，结转后无余额。"经营收入"科目核算当年发生的各项经营收入，包括产品物资销售收入、出租收入、劳务收入等。为详细反映各项收入的具体情况，村集体经济组织可按各收入项目分别设置农产品销售收入、工业产品销售收入、物资销售收入、出租出入、服务收入、劳务收入等明细科目进行明细核算。

1. 村集体经济组织取得各项经营收入

借：现金/银行存款/应收款

　　贷：经营收入

2. 年终结转

借：经营收入

　　贷：本年收益

【例1】村集体经济组织为农户提供耕、种、防、收托管服务，收款3 160元，存入银行。

借：银行存款　　　　　　　　　　　　　　　　　　　3 160

　　贷：经营收入——服务收入　　　　　　　　　　　　　3 160

【例2】村集体经济组织对外提供劳务，收劳务费2 800元存入银行。

借：银行存款　　　　　　　　　　　　　　　　　　　2 800

　　贷：经营收入——劳务收入　　　　　　　　　　　　　2 800

【例3】村集体经济组织出售当年自种板栗6 000斤，共收款32 400元存入银行，该批板栗的成本24 000元。

（1）取得销售板栗收入。

借：银行存款　　　　　　　　　　　　　　　　　　　32 400

　　贷：经营收入——农产品销售收入　　　　　　　　　　32 400

（2）结转已销售板栗成本。

借：经营支出　　　　　　　　　　　　　　　　　　　24 000

　　贷：库存物资——板栗　　　　　　　　　　　　　　　24 000

【例4】村集体经济组织将门市房一间出租给成员房继伟，租期3年，每年租金10 000元，共收取了3年租金30 000元，款存入银行。

借：银行存款　　　　　　　　　　　　　　　　　　　30 000

　　贷：经营收入——出租收入　　　　　　　　　　　　　10 000

　　　　内部往来——房继伟　　　　　　　　　　　　　　20 000

【例5】年终村集体经济组织将"经营收入"账户余额85 000元结转至"本年收益"科目。

借：经营收入　　　　　　　　　　　　　　　　　　　85 000

　　贷：本年收益　　　　　　　　　　　　　　　　　　　85 000

第三节　发包及上交收入核算

一、发包及上交收入的概念

发包及上交收入指农户和承包单位因承包集体耕地、林地、果园、鱼塘等上交的承包金及村（组）办企业上交的利润。

二、发包及上交收入的确定

《村集体经济组织会计制度》规定，村集体经济组织在已收讫农户、承包单位上交的承包金及村（组）办企业上交的利润款项时，确认发包及上交收入的实现。年终，村集体经济组织应当按照权责发生制的原则，确认本年应收未收的承包金和利润。

有关发包及上交收入的入账金额需要注意的是，在年度开始或年度中间，村集体经济组织应当按照实际收到的承包金及上交的利润金额，作为发包及上交收入记入账内；年度终了时，原则上村集体经济组织按照与农户和其他单位签订的承包合同或协议规定的，应予当年收取但尚未收到的承包金或上交利润金额，记入发包及上交收入账内。但是，考虑到农业生产本身的不稳定性，村集体经济组织与农户特殊的经济关系，在某些情况下，经过成员大会的决定可能会减免某些农户或承包单位应予上交的承包金或利润。因此村集体经济组织年终记入账内的金额，应当是经过成员大会讨论决定后确定的应予上交的承包金或利润，可能与根据承包合同规定年终尚未收到的当年应予上交的承包金或利润的金额不完全一致。有时，当发生了较大的自然灾害或农户家庭成员患了重大疾病，以至于经济发生严重困难时，可能会影响到当年所欠承包金的上交。因此，《村集体经济组织会计制度》没有要求对村集体经济组织的发包及上交收入采用完全的权责发生制确认原则，当农户或其他承包单位年末存在欠交的承包金或利润时，根据成员大会的讨论情况，确定农户或其他承包单位尚需上交的金额作为收入予以确认，这种做法考虑了农村的实际情况，也比较符合稳健的原则，防止虚计收入，造成收益的虚分配。

三、发包及上交收入的账务处理

为了反映发包及上交收入的形成及结转情况，村集体经济组织应设置"发包及上交收入"科目进行核算。该科目属于损益类，贷方登记村集体经济组织实现的发包及上交收入，借方登记结转本年收益的发包及上交收入，结转后无余额。为详细反映发包及上交收入的具体情况，村集体经济组织应设置"承包金"和"企业上交利润"两个二级科目进行明细核算。

1.年度中间，村集体经济组织收到承包金或利润

借：现金/银行存款

　　　　贷：发包及上交收入

　　2. 年终结算本年应收未收的承包金和利润

　　　　借：应收款／内部往来

　　　　　　贷：发包及上交收入

　　3. 年终结转

　　　　借：发包及上交收入

　　　　　　贷：本年收益

　　【例6】村集体经济组织收到村办合作社上交利润 27 680 元，存入银行。

　　　　借：银行存款　　　　　　　　　　　　　　　　　　　27 680

　　　　　　贷：发包及上交收入——企业上交利润　　　　　　　27 680

　　【例7】年终结转外村村民张海欠当年的土地应交承包金 4 550 元。

　　　　借：应收款　　　　　　　　　　　　　　　　　　　　4 550

　　　　　　贷：发包及上交收入——承包金——张海　　　　　　4 550

第四节　补助收入核算

一、补助收入的概念

　　补助收入指村集体经济组织获得的财政等有关部门的补助资金。

二、补助收入的确定

　　《村集体经济组织会计制度》规定，村集体经济组织应当在收讫补助款项时，按照实际收到的补助金额，作为补助收入记入账内。

三、补助收入的账务处理

　　为了反映和监督村集体经济组织获得的各种补助收入情况，村集体经济组织应设置"补助收入"科目进行核算。该科目属于损益类，贷方登记村集体经济组织收到的补助收入金额，借方登记结转为本年收益的补助金额，结转后无余额。按补助项目设置明细科目，进行明细核算，如财政转移支付资金、植树造林补助等。

　　1. 村集体经济组织收到补助资金

　　　　借：银行存款

　　　　　　贷：补助收入

　　2. 年终结转

　　　　借：补助收入

　　　贷：本年收益

【例8】村集体经济组织收到绿化补助款 30 000 元。

　　借：银行存款　　　　　　　　　　　　　　　　　　30 000

　　　贷：补助收入——绿化补助　　　　　　　　　　　　　　30 000

【例9】年终村集体经济组织将补助收入 57 900 元结转本年收益。

　　借：补助收入　　　　　　　　　　　　　　　　　　57 900

　　　贷：本年收益　　　　　　　　　　　　　　　　　　　57 900

第五节　其他收入核算

一、其他收入的概念

　　其他收入指村集体经济组织除经营收入、发包及上交收入和补助收入以外的收入。如罚款收入、存款利息收入、固定资产及产品物资盘盈收入等。

二、其他收入的确定

　　村集体经济组织在发生固定资产、产品物资盘盈、实际收讫利息等款项时，确认其他收入的实现。

三、其他收入的账务处理

　　为全面反映和监督其他收入的形成和结转情况，村集体经济组织应设置"其他收入"科目进行核算。该科目属于损益类，贷方登记村集体经济组织取得的其他收入，借方登记结转为本年收益的其他收入，结转后无余额。为了详细反映其他收入的具体情况，村集体经济组织应当按照其他收入项目分别设置罚款收入、利息收入、盘盈收入、处置固定资产净收益等明细科目，进行明细核算。

　　1. 村集体经济组织发生或收到其他收入

　　借：现金 / 银行存款……

　　　贷：其他收入

　　2. 年终结转

　　借：其他收入

　　　贷：本年收益

【例10】村集体经济组织盘盈价值 670 元的库存甲材料 1 批。

　　借：库存物资——甲材料　　　　　　　　　　　　　670

　　　贷：其他收入——甲材料盘盈收入　　　　　　　　　　670

【例 11】村集体经济组织收到当年第二季度银行存款利息 1 311 元。

  借：银行存款   1 311

    贷：其他收入——利息收入   1 311

【例 12】村集体经济组织收到村民上交罚款 180 元。

  借：现金   180

    贷：其他收入——罚款收入   180

【例 13】村集体经济组织收取外来人口水费 590 元。

  借：现金   590

    贷：其他收入   590

【例 14】2020 年 9 月 17 日，村集体经济组织将不用的一台烘干机出售给邻村，该设备原价 5 000 元，已提折旧 4 000 元，出售价格 1 500 元，邻村发生清理费用 160 元，用现金支付。9 月 26 日设备已运走，款项尚未收到；9 月 30 日收到邻村支付的价款并存银行。

  （1）9 月 17 日转入固定资产清理。

    借：固定资产清理   1 000

      累计折旧   4 000

      贷：固定资产   5 000

  （2）发生相关清理费用。

    借：固定资产清理   160

      贷：现金   160

  （3）9 月 26 日设备运走。

    借：应收款——邻村   1 500

      贷：固定资产清理   1 500

  （4）9 月 30 日收到处置价款并结转净收益。

    借：银行存款   1 500

      贷：应收款——邻村   1 500

    借：固定资产清理   340

      贷：其他收入——处置固定资产净收益   340

【例 15】年终村集体经济组织将"其他收入"账户余额 7 460 元结转"本年收益"账户。

    借：其他收入   7 460

      贷：本年收益   7 460

第十一章 成本和费用核算

村集体经济组织在生产、销售产品物资、对外提供劳务等活动中，必然要发生各种耗费，这些耗费和支出构成了村集体经济组织的费用。而所谓成本是按一定对象所归集的费用，是对象化了的费用，也就是说成本是相对于一定的产品或劳务而言，是按照产品品种或劳务项目等成本计算对象对当期发生的生产费用进行归集而形成的，与一定种类和数量的产品或劳务相联系。搞好成本和费用的核算和管理，控制和节约各项支出，是村集体经济组织增加经济效益的关键措施之一。

第一节 生产（劳务）成本核算

一、生产（劳务）成本的概述

村集体经济组织的生产（劳务）成本指村集体经济组织直接组织生产或对外提供劳务等活动所发生的各项生产费用和劳务成本。这类成本在村集体经济组织生产或提供劳务的过程中发生，有的直接用于生产农产品或工业产品，或被对外提供的劳务所消耗，比如农业生产使用的种子、化肥、地膜等，有的与生产产品或提供劳务相关，但是属于共同性费用，需要分配计入产品的成本，比如用于农业生产的农机设备提取的折旧费等。村集体经济组织在进行成本核算时，需要将各项生产费用和劳务成本进一步划分为直接费用（直接材料、直接人工等）和间接费用（如车间管理人员的工资和福利费、折旧费、修理费、办公费、水电费、机物料消耗、劳动保护费等），以确定农产品、工业产品或劳务的成本。

二、生产（劳务）成本核算的一般程序

《村集体经济组织会计制度》要求对由村集体经济组织直接组织生产或对外提供劳务等活动所发生的各项生产费用和劳务成本，按照成本核算的对象予以归集，进行成本核算。

（1）对村集体经济组织的各项耗费进行审核，区分应计入生产（劳务）成本的费用和不应计入生产（劳务）成本的费用。例如村集体经济组织办公用房计提的折旧应当计

入管理费用，不应当计入生产（劳务）成本；购买固定资产的支出应当作为增加固定资产处理，而不能计入生产（劳务）成本。

（2）将应计入本期产品或劳务的各项生产费用，在各种产品或劳务之间进行归集和分配，计算出各种产品或劳务的成本。例如，如果村集体经济组织种植多种农作物，机械化耕地的费用、农机设备的折旧费等就属于一种共同性生产费用，需要采用适当的方法在不同的农作物间进行分配。

（3）对于既有生产完成的产品或已完成的劳务，又有处于生产过程中的产品或尚未完成的劳务，采用一定的方法分配应归属于已生产完成的产品或已完成的劳务和应归属于在产品或正在进行中的劳务的成本。例如，年度终了时，有些农产品已收获入库，有些农产品还处于生产生长过程当中，有些对外提供的劳务已经完成，但有些劳务仍在进行中。在这些情况下，村集体经济组织应当对在生产产品或提供劳务过程中已经耗费的生产费用，在已完成生产的农产品与未完成生产的农产品、完工工业产品和在产品、已完成的劳务和未完成的劳务之间，采用适当的方法，进行分配和归集，以计算各自的成本。

三、生产（劳务）成本的账务处理

为了核算村集体经济组织直接组织生产经营或对外提供劳务等活动所发生的各项生产费用和劳务成本，村集体经济组织应当设置"生产（劳务）成本"科目。该科目属于成本类，借方登记按成本核算对象归集的各项生产费用和劳务成本，贷方登记完工入库产品和已实现销售的劳务实际成本，期末余额在借方，反映村集体经济组织尚未完成的产品成本及尚未实现销售的劳务成本。该科目应按生产费用和劳务成本的种类设置明细科目，进行明细核算。

1. 发生的各项生产费用和劳务成本，应按成本核算对象归集

借：生产（劳务）成本

贷：现金/银行存款/库存物资/内部往来/应付款/……

2. 会计期间终了结转已生产完成并验收入库的产成品

借：库存物资

贷：生产（劳务）成本

3. 对外提供劳务实现销售时结转成本

借：经营支出

贷：生产（劳务）成本

需要注意的是，劳务一般指村集体经济组织对外提供的一项独立的劳务，如村集体经济组织对外提供的建造房屋、装修、装饰劳务，与销售农产品或工业产品无关的运输劳务等。村集体经济组织在对外提供劳务过程中而发生的各项费用，主要是提供劳务人员的工资和在劳务提供过程中可能耗用的材料、人员培训、交通、住宿、保险等费用。

【例1】村集体经济组织耕种 12 亩绿豆和 16 亩豌豆，当年投入豆种分别为 2 100 元和 2 356 元，施用有机肥分别为 850 元和 1 200 元。以现金支付本村直接承担生产人员报酬分别为 500 元和 600 元，生产过程中所使用的播种机和收割机等农用设备应计提折旧合计为 840 元。当年收获的绿豆和豌豆已入库。

（1）投入种子。

借：生产成本——绿豆 2 100
——豌豆 2 356
贷：库存物资——种子（绿豆） 2 100
——种子（豌豆） 2 356

（2）施用化肥。

借：生产成本——绿豆 850
——豌豆 1 200
贷：库存物资——有机肥 2 050

（3）支付本村生产人员工资。

借：生产成本——绿豆 500
——豌豆 600
贷：现金 1 100

（4）计算分摊农业机械设备折旧费。

①折旧费按品种种植面积的分配额：840÷（12＋16）＝30（元／亩）

②绿豆应分摊农机设备折旧费：12×30＝360（元）

③豌豆应分摊农机设备折旧费：16×30＝480（元）

借：生产成本——绿豆 360
——豌豆 480
贷：累计折旧 840

（5）农产品入库。

① 绿豆的直接费用＝种子费用＋有机肥费用＋人员报酬：2 100＋850＋500＝3 450（元）

绿豆的间接费用＝分配的设备折旧费＝360（元）

绿豆的成本＝直接费用＋间接费用：3 450＋360＝3 810（元）

② 豌豆的直接费用＝种子费用＋有机肥费用＋人员报酬：2 356＋1 200＋600＝4 156（元）

豌豆的间接费用＝分配的设备折旧费＝480（元）

豌豆的成本＝直接费用＋间接费用：4 156＋480＝4 636（元）

借：库存物资——绿豆 3 810

——豌豆		4 636
贷：生产成本——绿豆		3 810
——豌豆		4 636

【例 2】村集体经济组织承包了渔业合作社鲤鱼捕捞作业，合同约定当年 12 月上旬进场捕捞，合作社提供捕捞设备，捕捞报酬与捕捞量直接挂钩，按每千克 6.2 元计算。村集体经济组织在 12 月 5 日派渔业队按捕捞期限作业，共捕捞鲤鱼 4 700 千克。12 月 10 日合作社已支付了全部捕捞报酬，款项存入银行。捕捞期间，村集体经济组织共支付食宿费 900 元、交通费 260 元、作业保险费 600 元，渔业队捕捞作业报酬 3 700 元尚未支付。

（1）捕捞期间发生费用。

借：生产（劳务）成本——鲤鱼捕捞　　　　　　　　5 460
　　贷：现金　　　　　　　　　　　　　　　　　　　　1 760
　　　　内部往来　　　　　　　　　　　　　　　　　　3 700

（2）收到捕捞劳务款。

捕捞劳务款＝ 6.2×4 700 ＝ 29 140（元）

借：银行存款　　　　　　　　　　　　　　　　　29 140
　　贷：经营收入——劳务收入　　　　　　　　　　　29 140

同时结转捕捞成本。

借：经营支出　　　　　　　　　　　　　　　　　　5 460
　　贷：生产（劳务）成本——鲤鱼捕捞　　　　　　　5 460

第二节　经营支出核算

一、经营支出的概念

经营支出指村集体经济组织因销售商品、农产品、对外提供劳务等活动中的实际支出，包括销售商品或农产品的成本、销售牲畜或林木的成本、对外提供劳务的成本、维修费、运输费、保险费、生产经营性固定资产的折旧、产役畜的饲养费用及其成本摊销、经济林投产后的管护费用及其成本摊销等。

二、经营支出的账务处理

为了反映经营支出的发生情况，村集体经济组织应设置"经营支出"科目进行核算。该科目属于损益类，借方登记发生的各项经营支出，贷方登记结转的经营支出，结转后无余额。为详细反映各经营项目的支出情况，村集体经济组织应按有关经营项目设置明细科目（如农产品销售支出、工业产品销售支出、物资销售支出、劳务支出、服务支出），进行明细核算。

（1）村集体发生各项经营支出。

　　借：经营支出

　　　　贷：库存物资/生产（劳务）成本/应付工资/内部往来/应付款/累计折旧/牲畜（禽）资产/林木资产/现金/银行存款

（2）年终结转。

　　借：本年收益

　　　　贷：经营支出

（一）结转实现销售的产品物资、农业资产和劳务的成本

村集体经济组织在将农产品、工业产品、牲畜（禽）资产和林木资产对外销售实现的收入记入账内的同时，应当同时结转农产品、工业产品、牲畜（禽）资产和林木资产成本。

1. 发生支出

　　借：经营支出

　　　　贷：库存物资/牲畜（禽）资产/林木资产

2. 结转实现销售的对外提供的劳务成本

　　借：经营支出

　　　　贷：生产（劳务）成本

3. 对外销售产品物资过程中发生的运输费和保险费

　　借：经营支出

　　　　贷：应付款/现金/银行存款

【例3】2020年3月6日，村集体经济组织出售库存优质大米1 000千克和60头猪。大米价格为6元/千克，成本为4元/千克；售猪总价款为126 000元，总成本为72 000元，以银行存款支付了运送大米和猪的运输费820元，3月28日60头猪的价款已收到存入银行，大米的价款尚未收到，但已收到凭据。

（1）支付运输费。

　　借：经营支出　　　　　　　　　　　　　　　　820

　　　　贷：银行存款　　　　　　　　　　　　　　　　　820

（2）收到售猪款项和大米款的收据。

　　借：银行存款　　　　　　　　　　　　　　126 000

　　　　应收款　　　　　　　　　　　　　　　6 000

　　　　贷：经营收入——农产品销售收入　　　　　　132 000

（3）结转销售大米和猪的成本。

借：经营支出——农产品销售成本 76 000

　　贷：库存物资——大米 4 000

　　　　牲畜（禽）资产——幼畜及育肥畜 72 000

（二）产役畜的饲养成本和费用摊销

1. 村集体经济组织应将发生的产役畜饲养费用计入经营支出

借：经营支出

　　贷：库存物资/应付工资/内部往来/应付款/现金/银行存款

2. 对于幼畜成龄转为产役畜后每期应摊销的成本金额，《村集体经济组织会计制度》规定不计入产品成本中，而应当计入经营支出

借：经营支出

　　贷：牲畜（禽）资产——产役畜

【例4】2020年4月1日，村集体经济组织的5头幼牛成龄后转为役牛，该批幼牛转群时的总成本为60 000元，估计役牛正常使用周期为5年。9月30日村集体经济组织一次性支出李亮上半年饲养报酬12 000元，4—9月李亮从仓库共领用喂养牛的饲料价值共计4 200元。

（1）4月1日幼牛转为役牛。

借：牲畜（禽）资产——产役畜 60 000

　　贷：牲畜（禽）资产——幼畜及育肥畜 60 000

（2）4—9月摊销每月成本和费用。

①每月应摊销的役牛成本：$60\,000 \times (1-5\%) \div (5 \times 12) = 950$（元）

②每月应负担的役牛饲养费用＝每月应负担的饲料费＋饲养人员报酬：$(4\,200 \div 6) + (12\,000 \div 6) = 700 + 2\,000 = 2\,700$（元）

借：经营支出——产役畜成本摊销 950

　　　　　　——产役畜饲养费用 2 700

　　贷：库存物资 700

　　　　内部往来 2 000

　　　　牲畜（禽）资产——产役畜 950

（3）9月30日计算成本和费用。

借：经营支出——产役畜成本摊销 950

　　　　　　——产役畜饲养费用 2 700

　　　　内部往来 10 000

　　贷：库存物资 700

　　　　现金 12 000

　　　　牲畜（禽）资产——产役畜 950

（三）经济林木投产后的成本和管护费用摊销

经济林木投产后的成本摊销与产役畜成本摊销的处理方法相同。

1. 村集体经济组织应当将经济林木投产后发生的管护费用计入经营支出

借：经营支出

贷：库存物资 / 应付工资 / 内部往来 / 应付款 / 现金 / 银行存款

2. 对于经济林木投产后每期应摊销的成本金额

借：经营支出

贷：林木资产——经济林木

【例5】2020年6月30日，村集体经济组织以现金支付外村果园管护人员1—6月份报酬2 400元，该果园已于2020年1月1日正式投产，每月应摊销的果树成本为1 300元。

（1）1—6月摊销成本和费用。

借：经营支出——经济林木管护费　　　　　　　　　　　　　　400

　　　　　——经济林木成本摊销　　　　　　　　　　　　1 300

　　贷：应付款　　　　　　　　　　　　　　　　　　　　　　　400

　　　　林木资产——经济林木　　　　　　　　　　　　　　1 300

（2）6月30日计算成本和费用。

1—5月已计入经营支出的管护人员报酬：2 400÷6×5 ＝ 2000（元）

借：经营支出——经济林木管护费　　　　　　　　　　　　　　400

　　　　　——经济林木成本摊销　　　　　　　　　　　　1 300

　　应付款　　　　　　　　　　　　　　　　　　　　　　　2 000

　　贷：现金　　　　　　　　　　　　　　　　　　　　　　　2 400

　　　　林木资产——经济林木　　　　　　　　　　　　　　1 300

（四）生产经营性固定资产的修理费、保险费、支付承包金的核算

村集体经济组织在生产经营活动中，修理费和承包金是两个常见支出项目。发生修理费时不管金额大小均全额计入经营支出。

在处理承包金业务时，对一次性支付承包金且金额较大的，按照权责发生制原则，当年应承担的费用计入经营支出，其余部分视为预付款项，以后年度逐年冲减预付款项并计入经营支出，准确反映当年的损益和经营成果。为简化核算，对于金额较少的项目以全额记入经营支出。

【例6】村集体经济组织以银行存款支付发生的修理费用4 700元。

借：经营支出——修理费　　　　　　　　　　　　　　　　　4 700

　　贷：银行存款　　　　　　　　　　　　　　　　　　　　　4 700

【例7】村集体经济组织向县兴隆公司发包一个利农工程项目，期限3年，每年承包费6 000元，双方约定签订合同时一次性以银行存款结清承包金。

（1）第一年合同签订。

    借：经营支出——利农工程   6 000

        应收款——兴隆公司   12 000

           贷：银行存款   18 000

（2）第二年和第三年分别做账。

    借：经营支出——利农工程   6 000

           贷：应收款——兴隆公司   6 000

（3）如果合同履行 2 年后，由于特殊原因终止合同，外单位通过银行退回第三年的承包金 6 000 元。

    借：银行存款   6 000

           贷：应收款——兴隆公司   6 000

【例8】村集体经济组织在文明生态村建设中，招用临时工搞村内绿化工程建设，用工 300 个，每个标准日工值 10 元，现付工资 3 000 元。

    借：经营支出   3 000

           贷：现金   3 000

【例9】村集体经济组织出售一批鸡饲料，成本 6 500 元，售价 11 000 元，款存入银行。

    借：银行存款   11 000

           贷：经营收入——农产品销售收入   11 000

同时结转已售鸡饲料成本。

    借：经营支出——农产品销售支出   6 500

           贷：库存物资——鸡饲料   6 500

【例10】村集体经济组织以现金支付销售饲料运费 120 元。

    借：经营支出——饲料运费   120

           贷：现金   120

【例11】村集体经济组织提取生产性固定资产折旧 900 元。

    借：经营支出——折旧费   900

           贷：累计折旧   900

【例12】村集体经济组织应付本村销售人员工资 6 000 元。

    借：经营支出   6 000

           贷：应付工资   6 000

【例13】村集体经济组织结转自养自销鸡成本 2 800 元。

    借：经营支出——农产品销售支出   2 800

           贷：牲畜（禽）资产   2 800

【例14】村集体经济组织结转自种自销林木成本 3 100 元。

借：经营支出——农产品销售支出 3 100

　　贷：林木资产 3 100

【例15】年终村集体经济组织结转"经营支出"账户借方余额40 000元。

借：本年收益 40 000

　　贷：经营支出 40 000

第三节　管理费用核算

一、管理费用的概念

管理费用指村集体经济组织管理活动发生的各项支出，包括村集体经济组织管理人员及固定员工的工资、办公费、差旅费、管理用固定资产折旧费、维修费等。

二、管理费用的账务处理

为全面反映和监督管理费用的发生情况，村集体经济组织应设置"管理费用"科目进行核算。该科目属于损益类，借方登记发生的各项管理费用，贷方登记结转的管理费用，结转后无余额。为详细反映各项管理费用支出情况，村集体经济组织应设置差旅费、报刊费、电话费、干部报酬、办公费、折旧费等明细科目，进行明细核算。

1. 发生各项管理费用

借：管理费用

　　贷：应付工资 / 现金 / 银行存款 / 累计折旧……

2. 年终结转

借：本年收益

　　贷：管理费用

【例16】村集体经济组织用现金350元购买办公桌1个。

借：管理费用——办公费 350

　　贷：现金 350

【例17】村集体经济组织提取本年度非生产性固定资产折旧4 370元。

借：管理费用——折旧费 4 370

　　贷：累计折旧 4 370

【例18】村集体经济组织支付管理人员工资27 000元。

（1）提取工资。

借：管理费用——干部报酬 27 000

　　贷：应付工资 27 000

（2）支付工资。

  借：应付工资   27 000

    贷：现金   27 000

【例 19】村集体经济组织以银行存款支付报刊款 624 元。

  借：管理费用——报刊费   624

    贷：银行存款   624

【例 20】村集体经济组织支付办公汽车油费 425 元，过桥费 221 元，修理费 90 元，司机工资 900 元，保险费 260 元。

（1）支付汽车费用。

  借：管理费用——汽车支出   996

    贷：现金   996

（2）支付司机工资。

  借：管理费用   900

    贷：应付工资——司机   900

  借：应付工资——司机   900

    贷：现金   900

【例 21】年终村集体经济组织将"管理费用"科目余额 32 000 元结转"本年收益"科目。其中：干部报酬 16 000 元，办公经费 7 000 元，折旧费 5 500 元，其他 3 500 元。

  借：本年收益   32 000

    贷：管理费用——干部报酬   16 000

        ——办公经费   7 000

        ——折旧费   5 500

        ——其他   3 500

第四节　其他支出核算

一、其他支出的概念

其他支出指村集体经济组织与经营管理活动无直接关系的支出，包括公益性固定资产折旧、利息支出、农业资产的死亡毁损支出、固定资产及库存物资盘亏及损失、防汛抢险支出、无法收回的应收款项损失、罚款支出、呆账损失等。

二、其他支出的具体规定

根据《村集体经济组织会计制度》的规定：

（1）对债务单位撤销，确实无法追还，或债务人死亡，既无遗产可以清偿，又无义务承担人，确实无法收回的款项，按规定程序批准核销后，计入其他支出。由有关责任人造成的损失，应酌情由其赔偿。

（2）盘亏、毁损和报废的存货，按规定程序批准后，按实际成本扣除应由责任人或者保险公司赔偿的金额和残料价值后的余额，计入其他支出。

（3）在建工程项目完成后未形成固定资产的，计入经营支出或其他支出。单项工程报废以及由于自然灾害等非正常原因造成的报废或者毁损，其净损失计入其他支出。

（4）负债按实际发生的数额计价，利息支出计入其他支出。

（5）盘亏及毁损的固定资产，应查明原因，按规定程序批准后，按其原价扣除累计折旧、变价收入、过失人及保险公司赔款之后，计入其他支出。

需要说明的是，村集体经济组织其他支出项目中比较有特色的是公益性固定资产折后费用，由于公益性固定资产一般不能给村集体经济组织直接带来未来经济利益，如果计入生产（劳务）成本或管理费用，不能准确反映村集体经济组织的经营成果和管理业绩，不利于鼓励兴办公益事业，因此，《村集体经济组织会计制度》对公益性固定资产折旧费用计入了其他支出。

三、其他支出的账务处理

为详细反映其他支出的发生情况，村集体经济组织应设置"其他支出"科目进行核算。该科目属于损益类，借方登记发生的其他支出，贷方登记结转的其他支出，结转后无余额。村集体经济组织应按其他支出的项目设置明细科目，进行明细核算。

1. 发生其他支出

借：其他支出

　　贷：累计折旧（公益性用固定资产计提的折旧）/ 现金 / 银行存款（借款利息等）/ 库存物资（库存物资盘亏和毁损的净损失）/ 应收款（确实无法收回的应收款项）/ 牲畜（禽）资产（牲畜死亡毁损的净损失）/ 林木资产（林木死亡毁损发生的净损失）/ 固定资产清理（固定资产在清理完毕后发生的净损失）/ 在建工程（在建工程完成未形成固定资产）……

2. 年终结转

借：本年收益

　　贷：其他支出

【例22】村集体经济组织公益性固定资产总额 150 000 元，按年平均折旧率 8% 计提折旧费用 12 000 元。

借：其他支出——公益性固定资产折旧　　　　　　　　　　　12 000

　　贷：累计折旧　　　　　　　　　　　　　　　　　　　　　　12 000

【例 23】村集体经济组织组织党员参观革命纪念馆，发生各种费用 960 元。

借：其他支出——党员参观费 960

贷：现金 960

【例 24】村集体经济组织因抗洪抢险领用 3 360 元物资 1 批，另支付现金 870 元。

借：其他支出——防汛抢险支出 4230

贷：库存物资 3 360

现金 870

【例 25】村集体经济组织库房被盗，丢失 1700 元物资，经批准，由过失人李旭赔偿 500 元，剩余计入其他支出。

借：其他支出——物资 1 200

内部往来——李旭 500

贷：库存物资 1 700

【例 26】村集体经济组织组织核销无法追回的企业欠款 3 600 元，经研究，作坏账处理。

借：其他支出——坏账损失 3 600

贷：应收款——某企业 3 600

【例 27】村集体经济组织死亡树木 1 批，价值 1 200 元，经批准，计入其他支出。

借：其他支出——林木资产 1 200

贷：林木资产 1 200

【例 28】村集体经济组织抢修自来水购买管件 85 元。

借：其他支出——修自来水管件 85

贷：现金 85

【例 29】村集体经济组织聘用律师 1 名，用银行存款支付律师服务费 3 800 元。

借：其他支出——律师费 3 800

贷：银行存款 3 800

【例 30】年终村集体经济组织将"其他支出"科目余额 15 000 元，结转至"本年收益"科目。

借：本年收益 15 000

贷：其他支出 15 000

第十二章　收益及收益分配核算

收益及收益分配是村集体经济组织财务管理和会计核算的重要环节，关系到国家、集体、农户及所有者等各方面的利益，必须按照规定的程序和要求，作好收益和收益分配。

第一节　本年收益核算

一、本年收益的概念

本年收益指村集体经济组织在一定期间（月、季、年）内的生产经营、服务和管理活动所取得的净收入，即收入和支出的差额。它反映村集体经济组织一定期间的财务成果，是反映和考核村集体经济组织生产经营活动的一项综合性财务指标。

本年收益总额＝经营收益＋补助收入＋其他收入－其他支出

经营收益＝经营收入＋发包及上交收入＋投资收益－经营支出－管理费用

二、本年收益核算的准备工作

为作好年终收益的核算，在进行年终收益分配工作之前，村集体经济组织必须做好以下几项工作：

（1）准确地核算全年的收入和支出，按照权责发生制的原则，凡是属于本年的收入和支出，应当按照《村集体经济组织会计制度》规定的原则，都要计入当年的收入和支出，年终应根据有关收入和支出的发生额或余额，计算出本年收益，并及时进行账务结转。

（2）作好一事一议等专项筹资合同的结算。年终，村集体经济组织应与各农户逐一结算年初签订的一事一议等专项筹资合同，凡是本年度农户应上交的专项筹资，都应按规定上交入账，当年确实无法上交的应作为应收款项结转下年。

（3）清理财产和债权、债务。年终，村集体经济组织应对集体所有的财产及债权债务进行一次全面的清理。对固定资产、产品物资出现的盘盈盘亏，要查明原因，及时处理。对各种应收款项应采取必要的措施积极催收，凡是属于本年度应该收回的，都应该收回；当年确实不能收回的，应按财务制度规定进行妥善入账处理，任何人都不能擅自决定应收款项的减免。对各项债务应积极偿还，按规定支付利息，并结出各项年终余额。

（4）搞好承包合同的结算和兑现。各项承包合同结算的兑现，直接影响到本年收益的形成及其分配状况。年终，村集体经济组织应与各农户、承包单位及村办企业逐一结算和兑现年初签订的各项承包合同。凡是本年度农户、承包单位及村办企业应上交的承包金及利润，都应按规定上交入账，当年确实无法上交的，应作为应收款项结转下年。

三、本年收益结转的方法

为了简化核算，村集体经济组织月末或季末结转本年收益的方法可以采用表结法。《村集体经济组织会计制度》规定，月末或季末，村集体经济组织需要编制收支明细表。此处"表结法"的"表"指收支明细表。

在表结法下，各损益类科目（如经营收入、经营支出、发包及上交收入、补助收入、其他收入、管理费用、其他支出、投资收益等）每月末或季末只需结出本月发生额（或本季发生额）和本月累计余额（或本季累计余额），不结转到"本年收益"科目，只有在年末时才将全年累计余额结转入"本年收益"科目。但每月月末或每季季末要将损益类科目的本月发生额或本季发生额填入收支明细表的"本期数"栏，通过收支明细表计算反映各期的收益（或亏损）。表结法下年度中间损益类科目无须结转入"本年收益"科目，从而减少了转账环节和工作量，同时并不影响年度中间明细表和年末收益及收益分配表的编制，以及有关损益指标的利用。

四、本年收益的账务处理

为了反映收益的形成过程，村集体经济组织应当设置"本年收益"科目，用于核算村集体经济组织在年度内实现的收益（或亏损）总额。该科目属于所有者权益类，贷方登记村集体经济组织累计取得的分配收益总额，借方登记收益的分配情况，年终结转后无余额。

1. 会计期末村集体经济组织应当将"经营收入""发包及上交收入""补助收入""其他收入"科目的余额转入"本年收益"科目的贷方；将"经营支出""管理费用""其他支出"科目的余额转入"本年收益"科目的借方。结转后"本年收益"科目如为贷方余额，表示当年实现的净收益；如为借方余额，表示当年发生的净亏损

（1）结转收入。

借：经营收入 / 发包及上交收入 / 补助收入 / 其他收入

贷：本年收益

（2）结转支出。

借：本年收益

贷：经营支出 / 管理费用 / 其他支出

2. 投资收益结转

（1）如为净收益，转入"本年收益"科目的贷方。

    借：投资收益

        贷：本年收益

（2）如为投资净损失，转入"本年收益"科目的借方。

    借：本年收益

        贷：投资收益

3. 年度终了村集体经济组织还应将"本年收益"科目的本年累计余额转入"收益分配——未分配收益"科目，结转后"本年收益"科目无余额

（1）如为净收益。

    借：本年收益

        贷：收益分配——未分配收益

（2）如为净亏损。

    借：收益分配——未分配收益

        贷：本年收益

【例1】村集体经济组织 2020 年 12 月份各损益类账户余额如下：

科目名称	借方余额	贷方余额
经营收入		69 020
发包及上交收入		23 000
补助收入		162 805
其他收入		4 150
投资收益		2 800
经营支出	64 115	
管理费用	34 100	
其他支出	53 560	

（1）结转各项收入。

    借：经营收入   69 020

        发包及上交收入   23 000

        补助收入   162 805

        其他收入   4 150

        贷：本年收益   258 975

（2）结转投资收益。

    借：投资收益   2 800

　　　　　　贷：本年收益　　　　　　　　　　　　　　　　　　　　　2 800

（3）结转各项支出。

　　　　借：本年收益　　　　　　　　　　　　　　　　　　　　　151 775

　　　　　　贷：经营支出　　　　　　　　　　　　　　　　　　　　64 115

　　　　　　　管理费用　　　　　　　　　　　　　　　　　　　　34 100

　　　　　　　其他支出　　　　　　　　　　　　　　　　　　　　53 560

（4）结转后"本年收益"账户的借方发生额为 151 775 元，贷方发生额为 261 775 元，贷方与借方之差 110 000 元，将其结转至"收益分配"账户。

　　　　借：本年收益　　　　　　　　　　　　　　　　　　　　　110 000

　　　　　　贷：收益分配——未分配收益　　　　　　　　　　　　　110 000

第二节　收益分配核算

一、收益分配的概念

　　收益分配指把当年已经确定的收益总额连同以前年度的未分配收益按照一定的标准进行合理分配。这里的未分配收益指村集体经济组织留待以后年度进行分配的结存收益，是村集体经济组织所有者权益的组成部分。未分配收益来源于村集体经济组织生产经营活动所实现的收益，是从村集体经济组织历年结存的累计未分配的收益，即村集体经济组织从实现的收益中，按分配方案对收益进行分配之后，留存在村集体经济组织的、历年结存的收益。未分配收益通常用于留待以后年度进行分配。从数量上讲，未分配收益是年初未分配收益加上本年度实现收益的总额减去当年各项分配后的余额。

二、收益分配的要求

　　根据国家有关规定，村集体经济组织进行收益分配时，应当按照规定的程序和要求进行，正确处理国家、集体、农户及所有者等各方面的利益关系，坚持以收补歉，适当积累，壮大集体经济实力。村集体经济组织有收益时，可以按有关规定进行分配，分配前应做好各项准备工作（参见"本年收益"核算中"本年收益核算的准备工作"），根据"大部分用于生产发展，小部分用于集体福利"的原则，首先，结合实际编制收益分配方案，详细规定各分配项目及其分配比例；其次，收益分配方案必须经村集体经济组织成员（代表）大会讨论通过后执行，其间充分听取群众意见；最后，清理有关财产，结清有关账目，以保证分配及时兑现，确保分配工作的顺利完成。

三、收益分配的顺序

　　村集体经济组织本年实现的收益加上年初未分配收益（或减去年初未弥补亏损）和

其他转入后的余额，为可分配的收益。村集体经济组织可分配的收益应按下列顺序进行分配：

（1）提取公积公益金，主要用于转增资本、弥补亏损、集体公益设施建设等。

（2）提取应付福利费，主要用于集体福利、文教、卫生等方面的支出，包括照顾烈军属、五保户、困难户的支出，计划生育的支出，农民因公伤亡的医药费、生活补助及抚恤金等。

（3）向投资者分利，应向各投资者分配红利，体现互惠互利的原则。分配比例应按照合同或协议的规定，结合经营情况确定。

（4）农户分配，在进行上述分配后，还应将一部分利润分配给所属农户。

（5）其他分配，如以工补农等。

四、收益分配的账务处理

为了反映和监督村集体经济组织收益的分配和历年收益结存情况，村集体经济组织应设置"收益分配"科目。该科目属于所有者权益类，贷方登记本年度实现的收益总额，借方登记按规定进行分配的项目和数额。同时应在该科目下设置"各项分配"和"未分配收益"两个二级科目进行明细核算。

此外，村集体经济组织年终结账后，如果发现以前年度收益计算不准确，或有未反映的会计业务，需要调整增加或减少本年收益的，也在"收益分配——未分配收益"账户中核算。

1. 村集体经济组织对可供分配的收益进行分配，通过"收益分配——各项分配"明细科目进行明细核算。根据有关规定，经批准的收益分配方案，按照顺序对可供分配的收益进行分配

（1）提取公积公益金。

借：收益分配——各项分配

贷：公积公益金

（2）提取应付福利费。

借：收益分配——各项分配

贷：应付福利费

（3）向投资者分利。

借：收益分配——各项分配

贷：应付款

（4）农户分配。

借：收益分配——各项分配

贷：内部往来——各农户

2. 村集体经济组织未分配收益是对累计可供分配的收益进行分配后的结果，它通过"收益分配——未分配收益"明细科目进行核算。余额如果在贷方，表示历年积存的未分配收益；如果在借方，表示累计未弥补的亏损。年度终了，村集体经济组织应该按照顺序进行如下账务处理

（1）将全年实现的收益（或亏损）从"本年收益"科目结转至"收益分配——未分配收益"科目。

①如果村集体经济组织当年盈利。

借：本年收益

　　贷：收益分配——未分配收益

②如果村集体经济组织当年亏损。

借：收益分配——未分配收益

　　贷：本年收益

值得说明的是，如果村集体经济组织以当年实现的收益弥补以前年度的未弥补亏损时，实际上并不需要进行专门的账务处理。因为，以实现的收益弥补以前年度的亏损时，村集体经济组织将当年实现的收益自"本年收益"科目的借方转入"收益分配——未分配收益"科目的贷方，"收益分配——未分配收益"科目的贷方发生额与"收益分配——未分配收益"科目的借方发生额自然抵补。

（2）将"收益分配"科目下的其他有关明细科目的余额，转入"收益分配——未分配收益"明细科目。

借：收益分配——未分配收益

　　贷：收益分配——各项分配

【例 2】村集体经济组织用公积公益金 8 700 元弥补以前年度的亏损。

借：公积公益金　　　　　　　　　　　　　　　　　　　8 700

　　贷：收益分配——未分配收益　　　　　　　　　　　　　　　　8 700

【例 3】本年度村集体经济组织实现收益 168 000 元，根据批准的收益分配方案，按50% 提取公积公益金，按 15% 提取应付福利费，按 10% 向投资者分利，按 10% 分配给农户。

（1）结转本年收益。

借：本年收益　　　　　　　　　　　　　　　　　　　168 000

　　贷：收益分配——未分配收益　　　　　　　　　　　　　　168 000

（2）进行各项分配。

借：收益分配——各项分配——提取公积公益金　　　　　84 000

　　贷：公积公益金　　　　　　　　　　　　　　　　　　　84 000

借：收益分配——各项分配——提取福利费　　　　　　　25 200

	贷：应付福利费	25 200

借：收益分配——各项分配——投资分利　　　　　　16 800

　　贷：应付款——有关单位　　　　　　　　　　　　16 800

借：收益分配——各项分配——农户分配　　　　　　16 800

　　贷：内部往来——各农户　　　　　　　　　　　　16 800

（3）结转各项分配。

借：收益分配——未分配收益　　　　　　　　　　　142 800

　　贷：收益分配——各项分配　　　　　　　　　　　142 800

"收益分配——未分配收益"科目余额 25 200 元（168 000 － 142 800）为年终未分配收益。

3.村集体经济组织年终结账后，如发现以前年度收益计算不准确，或有未反映的会计业务，需要调整增加或减少本年收益，经调整需要增加本年收益时，记入该科目的贷方，经调整需要减少本年收益时记入该科目的借方

（1）调整增加本年收益。

借：有关科目

　　贷：收益分配——未分配收益

（2）调整减少本年收益。

借：收益分配——未分配收益

　　贷：有关科目

【例4】年终结账后村集体经济组织发现集体蔬菜大棚承包人李武欠承包费 3 500 元，未入账。

借：内部往来——李武　　　　　　　　　　　　　　3 500

　　贷：收益分配——未分配收益　　　　　　　　　　3 500

【例5】年终结账后发现村集体经济组织欠电费 1 160 元。

借：收益分配——未分配收益　　　　　　　　　　　1 160

　　贷：应付款——国家电网　　　　　　　　　　　　1 160

第十三章 会 计 报 表

第一节 会计报表的概念

会计报表指反映村集体经济组织一定时期内经济活动情况的书面报告。村集体经济组织应按规定及时、准确、完整地编制会计报表，定期向上级业务主管部门主动上报，并向全体成员公布。村集体经济组织应编制以下会计报表：

（1）月份报表或季度报表，包括科目余额表和收支明细表。

（2）年度报表，包括资产负债表和收益及收益分配表。

第二节 资产负债表的格式及编制

资产负债表是总括地反映村集体经济组织在某一特定日期财务状况的会计报表。

村集体经济组织的资产负债表是以会计恒等式"资产＝负债＋所有者权益"为理论基础、采用账户式结构编制的。资产负债表的左边反映的是资产各项目，右边反映的是负债和所有者权益各项目，资产各项目的合计等于负债和所有者权益各项目的合计。资产和负债项目的分类一般是按流动性划分的，并按流动性的大小依次排列。

资产负债表

编制单位：　　　　　　　　　　　年　月　日　　　　　　　　　　单位：元

资产	行次	年初数	年末数	负债及所有者权益	行次	年初数	年末数
流动资产：				流动负债：			
货币资金	1			短期借款	35		
短期投资	2			应付款项	36		
应收款项	5			应付工资	37		
存货	8			应付福利费	38		
流动资产合计	9			流动负债合计	41		
农业资产：				长期负债：			
牲畜（禽）资产	10			长期借款及应付款	42		
林木资产	11			一事一议资金	43		
农业资产合计	15			长期负债合计	46		
长期资产：				负债合计	49		
长期投资	16						

（续表）

资产	行次	年初数	年末数	负债及所有者权益	行次	年初数	年末数
固定资产：							
固定资产原价	19						
减：累计折旧	20			所有者权益：			
固定资产净值	21			资本	50		
固定资产清理	22			公积公益金	51		
在建工程	23			未分配收益	52		
固定资产合计	26			所有者权益合计	53		
资产总计	32			负债和所有者权益总计	56		

补充资料：

项目	金额
无法收回、尚未批准核销的短期投资	
确实无法收回、尚未批准核销的应收款项	
盘亏、毁损和报废、尚未批准核销的存货 死亡毁损、尚未批准核销的农业资产	
无法收回、尚未批准核销的长期投资	
盘亏和毁损、尚未批准核销的固定资产	
毁损和报废、尚未批准核销的在建工程	

资产负债表编制说明：

1. 本表反映村集体经济组织年末全部资产、负债和所有者权益状况。

2. 本表"年初数"应按上年末资产负债表"年末数"栏内所列数字填列。如果本年度资产负债表规定的各个项目的名称和内容同上年度不相一致，应对上年末资产负债表项目的名称和数字按照本年度的规定进行调整，填入本表"年初数"栏内，并加以书面说明。

3. 本表"年末数"各项目的内容和填列方法如下：

（1）"货币资金"项目，反映村集体经济组织库存现金、银行存款等货币资金的合计数。本项目应根据"现金""银行存款"科目的年末余额合计填列。

（2）"短期投资"项目，反映村集体经济组织购入的各种能随时变现并且持有时间不超过一年（含一年）的有价证券等投资。本项目应根据"短期投资"科目的年末余额填列。

（3）"应收款项"项目，反映村集体经济组织应收而未收回和暂付的各种款项。本项目应根据"应收款"科目年末余额和"内部往来"各明细科目年末借方余额合计数合计填列。

（4）"存货"项目，反映村集体经济组织年末在库、在途和在加工中的各项存货的价值，包括各种原材料、农用材料、农产品、工业产成品等物资、在产品等。本项目应根据"库存物资""生产（劳务）成本"科目年末余额合计填列。

（5）"牲畜（禽）资产"项目，反映村集体经济组织购入或培育的幼畜及育肥畜和产役畜的账面余额。本项目应根据"牲畜（禽）资产"科目的年末余额填列。

（6）"林木资产"项目，反映村集体经济组织购入或营造的林木的账面余额。本项目应根据"林木资产"科目的年末余额填列。

（7）"长期投资"项目，反映村集体经济组织不准备在一年内（不含一年）变现的投资。本项目应根据"长期投资"科目的年末余额填列。

（8）"固定资产原价"项目和"累计折旧"项目，反映村集体经济组织各种固定资产原价及累计折旧。这两个项目应根据"固定资产"科目和"累计折旧"科目的年末余额填列。

（9）"固定资产清理"项目，反映村集体经济组织因出售、报废、毁损等原因转入清理但尚未清理完毕的固定资产的账面净值，以及固定资产清理过程中所发生的清理费用和变价收入等各项金额的差额。本项目应根据"固定资产清理"科目的年末借方余额填列；如为贷方余额，本项目数字应以"－"号表示。

（10）"在建工程"项目，反映村集体经济组织各项尚未完工或虽已完工但尚未办理竣工决算的工程项目实际成本。本项目应根据"在建工程"科目的年末余额填列。

（11）"短期借款"项目，反映村集体经济组织借入尚未归还的一年期以下（含一年）的借款。本项目应根据"短期借款"科目的年末余额填列。

（12）"应付款项"项目，反映村集体经济组织应付而未付及暂收的各种款项。本项目应根据"应付款"科目年末余额和"内部往来"各明细科目年末贷方余额合计数合计填列。

（13）"应付工资"项目，反映村集体经济组织已提取但尚未支付的职工工资。本项目应根据"应付工资"科目年末余额填列。

（14）"应付福利费"项目，反映村集体经济组织已提取但尚未使用的福利费金额。本项目应根据"应付福利费"科目年末贷方余额填列；如为借方余额，本项目数字应以"－"号表示。

（15）"长期借款及应付款"项目，反映村集体经济组织借入尚未归还的一年期以上（不含一年）的借款以及偿还期在一年以上（不含一年）的应付未付款项。本项目应根据"长期借款及应付款"科目年末余额填列。

（16）"一事一议资金"项目，反映村集体经济组织应当用于一事一议专项工程建设的资金数额。本项目应根据"一事一议资金"科目年末贷方余额填列；如为借方余额，本项目数字应以"－"号表示。

（17）"资本"项目，反映村集体经济组织实际收到投入的资本总额。本项目应根据"资本"科目的年末余额填列。

（18）"公积公益金"项目，反映村集体经济组织公积公益金的年末余额，本项目应根据"公积公益金"科目的年末贷方余额填列。

（19）"未分配收益"项目，反映村集体经济组织尚未分配的收益。本项目应根据"本年收益"科目和"收益分配"科目的余额计算填列；未弥补的亏损，在本项目内数字以"－"号表示。

第三节　收益及收益分配表的格式及编制

收益及收益分配表是反映村集体经济组织在一定时期内收益实现及其分配情况的报表。村集体经济组织收益及收益分配表由本年收益和收益分配两大部分组成。本年收益包括经营收入、经营收益和本年收益三个大的项目，收益分配包括本年收益、可分配收益和年末未分配收益三个大的项目，它们之间存在以下关系：

经营收益＝经营收入＋发包及上交收入＋投资收益－经营支出－管理费用

本年收益＝经营收益＋农业税附加返还收入＋补助收入＋其他收入－其他支出

年末未分配收益＝本年收益＋年初未分配收益＋其他转入－各项分配

收益及收益分配表

年度

编制单位：　　　　　　　　　　　　　　　　　　　　　　　　　　　　单位：元

项目	行次	金额	项目	行次	金额
本年收益			收益分配		
一、经营收入	1		四、本年收益	21	
加：发包及上交收入	2		加：年初未分配收益	22	
投资收益	3		其他转入	23	
减：经营支出	6		五、可分配收益	26	
管理费用	7		减：1. 提取公积公益金	27	
二、经营收益	10		2. 提取应付福利费	28	
加：农业税附加返还收入	11		3. 外来投资分利	29	
补助收入	12		4. 农户分配	30	
其他收入	13		5. 其他	31	
减：其他支出	16				
三、本年收益	20		六、年末未分配收益	35	

收益及收益分配表编制说明：

1. 本表反映村集体经济组织年度内收益实现及其分配的实际情况。村（组）办企业和承包农户的数字不在此列。

2. 本表主要项目的内容及其填列方法如下：

（1）"经营收入"项目，反映村集体经济组织进行各项生产、服务等经营活动取得的收入。本项目应根据"经营收入"科目的本年发生额分析填列。

（2）"发包及上交收入"项目，反映村集体经济组织取得的农户和其他单位上交的承包金及村（组）办企业上交的利润等。本项目应根据"发包及上交收入"科目的本年发生额分析填列。

（3）"投资收益"项目，反映村集体经济组织对外投资取得的收益。本项目应根据"投资收益"科目的本年发生额分析填列；如为投资损失，以"－"号填列。

（4）"经营支出"项目，反映村集体经济组织因销售商品、农产品、对外提供劳务等活动而发生的支出。本项目应根据"经营支出"科目的本年发生额分析填列。

（5）"管理费用"项目，反映村集体经济组织管理活动发生的各项支出。本项目应根据"管理费用"科目的本年发生额分析填列。

（6）"经营收益"项目，反映村集体经济组织本年通过生产经营活动实现的收益。如为净亏损，本项目数字以"－"号填列。

（7）"农业税附加返还收入"项目，反映村集体经济组织按有关规定收到的财税部门返还的农业税附加、牧业税附加等资金。本项目应根据"农业税附加返还收入"科目的本年发生额分析填列。

（8）"补助收入"项目，反映村集体经济组织获得的财政等有关部门的补助资金。本项目应根据"补助收入"科目的本年发生额分析填列。

（9）"其他收入"项目和"其他支出"项目，反映村集体经济组织与经营管理活动无直接关系的各项收入和支出。这两个项目应分别根据"其他收入"科目和"其他支出"科目的本年发生额分析填列。

（10）"本年收益"项目，反映村集体经济组织本年实现的收益总额。如为亏损总额，本项目数字以"－"号填列。

（11）"年初未分配收益"项目，反映村集体经济组织上年度未分配的收益。本项目应根据上年度收益及收益分配表中的"年末未分配收益"数额填列。如为未弥补的亏损，本项目数字以"－"号填列。

（12）"其他转入"项目，反映村集体经济组织按规定用公积公益金弥补亏损等转入的数额。

（13）"可分配收益"项目，反映村集体经济组织年末可分配的收益总额。本项目应根据"本年收益"项目、"年初未分配收益"项目和"其他转入"项目的合计数填列。

（14）"年末未分配收益"项目，反映村集体经济组织年末累计未分配的收益。本项目应根据"可分配收益"项目扣除各项分配数额的差额填列。如为未弥补的亏损，本项目数字以"－"号填列。

第十四章　集体资产清查

开展农村集体资产清查对于摸清集体家底、明确权属关系、维护农村集体经济组织及成员的合法权益、加强农村集体资产管理具有重要的意义。集体资产清查包括对货币资金、短期投资、应收款项、库存物资等流动资产，牲畜（禽）资产、林木资产等农业资产，以及长期投资、固定资产、无形资产等进行的清查核实。

第一节　流动资产清查

一、货币资金的清查

货币资金清查包括库存现金、银行存款清查。设置"其他货币资金"科目的也要对其进行清查核实。

（一）库存现金的清查

1. 清查内容

清查时点的现金日记账、总账，存放于村集体经济组织财会部门、由出纳（或报账员）经管的货币以及相关会计凭证、会计报表等。

2. 清查方法

主要是实地盘点法，首先确定库存现金的实存数，然后再与现金日记账的账面余额进行核对，查明现金日记账的结余数和现金的实存数是否相符，不符的要查清数额、来源、去向、不符原因及责任划分。凡是实存数大于结余数的为"长款"，实存数小于结余数的为"短款"。

在进行现金清查时，有关业务必须在库存现金日记账中全部登记完毕，对于存放不同地点的库存现金必须同时盘点。为了明确责任，盘点过程中，财务主管、会计、出纳等必须同时到达盘点现场参与盘点及监督工作，一般由出纳进行现场清点现金并作记录，其他人员在现场监督盘点。盘点时，一方面要注意账实是否相符，另一方面还要检查现金管理制度的遵守情况，比如库存现金有无超过其限额、有无白条抵库、挪用舞弊等情况。盘点结束后，编制《货币资金清查登记表》中的现金部分，相关人员共同签章方能生效。

3. 现金清查后发现问题的处理

（1）发现挪用现金、白条抵库情况，应及时纠正。

（2）对于超限额留存的现金，督促及时送存银行。

（3）账款不符，长短款的处理。

①属于技术性的错款，一般责任事故的错款经过及时查找，确实无法找到的，可按规定的审批手续处理。

②属于因工作不负责任、玩忽职守、有章不循等原因造成的短损，应追究错款人的责任，视情节轻重和损失程度的大小，赔偿全部或部分损失，情节严重的要给予行政处分。

③属于有关人员监守自盗，侵吞公款、挪用公款的，按《河北省村集体财务管理条例》的有关规定处理。

④如发生大额短款，要及时报乡、村集体经济组织主要领导，同时报监察、公安部门立案。

⑤如发生现金被抢劫、被盗窃案件，应保护好现场，及时报乡、村集体经济组织主要领导，同时向公安部门报案。

⑥长短款发生时，必须在账上进行记录，长款归公，短款报损，不能以长款抵短款。

（二）银行存款的清查

1. 清查内容

清查登记时点的银行存款日记账、总账，银行存款对账单以及相关会计凭证、会计报表等。

2. 清查方法

采取村集体经济组织银行存款日记账的账面余额与其开户银行转来的银行存款对账单余额进行核对。如果双方余额不一致的原因属于记账的错误，包括村集体经济组织的记账差错和银行方面的记账差错，应该立即予以更正；如果双方余额不一致的原因不是记账的错误，而是存在未达账项，应编制《货币资金清查登记表》中的银行存款部分，试算双方余额是否一致；如果调节后双方的余额仍然不相等，可能还存在记账过程有错误，应予以更正，直到双方余额相等。

未达账项又称未达款，是在银行存款收付业务中，村集体经济组织与银行之间，由双方结算凭证取得的时间不一致，造成一方已入账而另一方尚未入账的款项。未达账项存在四种情况。

（1）村集体经济组织已作收入入账，登记银行存款增加，而银行尚未收款入账。如村集体经济组织销售农产品，根据购买方付款凭证登记银行存款增加，银行尚未入账的款项。

（2）村集体经济组织已作付款入账，登记银行存款减少，而银行尚未入账。如村集体经济组织开出支票购货，根据支票存根已登记银行存款的减少，而银行尚未接到支票，未登记银行存款减少。

（3）银行已收款入账，登记村集体经济组织银行存款增加，而村集体经济尚未收款入账。如银行支付给村集体经济组织的银行存款利息。

（4）银行已付款入账，登记村集体经济组织银行存款减少，而村集体经济组织尚未付款入账。如银行向村集体经济组织收取借款利息。

如果银行存款双方余额经未达账项调节相符，对未达账项不能作账务处理，而必须在收到银行转来的有关收、付结算原始凭证后才能入账。

（三）账务处理

货币资金清查后，村集体经济组织要对错账，以及盘盈或盘亏等提出账务调整方案，经批准后进行账务处理。盘盈的货币资金借记"现金""银行存款"科目，贷记"其他收入"科目，数额较大的贷记"公积公益金"科目；盘亏的货币资金借记"其他支出"科目，贷记"现金""银行存款"科目，数额较大的借记"公积公益金"科目。

【例1】村集体经济组织 2020 年 12 月 31 日现金的账面余额 2 800 元，2020 年 2 月 7 日收到农户李果交来土地承包金 400 元，3 月 6 日支付办公楼电费 300 元。2021 年 3 月 12 日开展清产核资工作，对现金进行盘点，清查核实发现 3 月 12 日现金实有数额 2 700 元。该村集体经济组织 2020 年 12 月 31 日银行存款日记账余额为 265 478 元，银行对账单余额为 265 478 元。经逐笔核对，双方记账均无差错。

现金账面数＝ 2 800（元）

现金核实数＝ 2 700 ＋ 300 － 400 ＝ 2 600（元）

现金盘亏＝ 2 800 － 2 600 ＝ 200（元）

借：其他支出　　　　　　　　　　　　　　　　　　　200

　　贷：现金　　　　　　　　　　　　　　　　　　　　　　　200

二、短期投资的清查

1. 清查内容

清查时点的短期投资明细账、总账以及相关会计凭证、会计报表等。主要包括集体拥有的能够随时变现并且持有时间不超过一年（含一年）的股票、债券、基金等。由于短期投资回收期短，村集体经济组织可以利用闲置资金选择流动性强的有价证券进行理财，获取一定的收益，但是如果管理出现了问题，就会给成员造成较大的损失。

2. 清查方法

采取查阅、盘点方法。主要是核对短期投资明细账与相应的投资协议、合同和原始凭证记载是否相符。根据投资协议或合同，查清短期投资的投资对象、投资时间、投资金额、合同利息率、投资期限、出资形式以及收益情况。在清查时需要取得股票、债券等科目的对账单，盘点库存有价证券，与账面余额进行核对，来确认短期投资的取得、实存以及收益情况的真实性、正确性和合法性。

3. 账务处理

对于超过一年的短期投资，要及时收回。对于确实无法收回的，经集体经济组织成员（代表）大会讨论通过，报乡镇农村集体资产清产核资领导小组（或农村经营管理部门）审核批准后，进行账务处理，投资净损失借记"投资收益"科目，数额较大的借记"公积公益金"科目，同时调整账簿记录。

【例2】2021年3月18日村集体经济组织清查短期投资。2020年12月31日短期投资的账面余额190 000元，其中：（1）2月25日购入收益率为3.9%的60 000元一年期债券；（2）6月5日购买20 000元一年期债券；（3）8月14日购入110 000元一年期债券。清查时发现：2月25日购入的60 000元一年期债券已兑付，但未入账；6月5日购买的20 000元债券丢失。经过清查确认，短期投资实际价值为130 000元，2021年1月1日至2021年3月18日之间购入20 000元一年期债券。

对清查中发现的问题作如下账务处理：

（1）2020年2月25日购入的60 000元一年期债券已兑付但未入账，经批准准予核销，损失计入"公积公益金"。

> 借：公积公益金　　　　　　　　　　　　　　　　　60 000
> 　　贷：短期投资　　　　　　　　　　　　　　　　　　　　60 000

（2）2020年6月5日购买的20 000元债券丢失，经批准予以核销，损失计入"投资收益"。

> 借：投资收益　　　　　　　　　　　　　　　　　　20 000
> 　　贷：短期投资　　　　　　　　　　　　　　　　　　　　20 000
>
> 短期投资账面数＝190 000（元）
>
> 清查时点数＝130 000（元）
>
> 核实数＝130 000－20 000＝110 000（元）
>
> 清查减少数＝190 000－110 000＝80 000（元）

三、应收款项的清查

应收款项的清查包括两方面：一是通过"应收款"科目核算的，村集体经济组织与外部单位或个人发生的应收及暂付款项的清查核实；二是通过"内部往来"借方科目核算的，村集体经济组织与所属单位或农户发生的应收及暂付款项的清查核实。

1. 清查内容

清查时点的应收款、内部往来（借方）的日记账、总账以及相关会计凭证、会计报表等。

2. 清查方法

采取面询、函证等方式。将每笔应收款逐笔与外部单位和个人进行核对。

（1）内部往来（借方）应根据内部往来各明细账的借方余额合计数，采取面询、公示、函证等方式逐笔与内部单位或成员进行核对，取得书面核对凭证，查清债务人、金额、发生时间和审批人等。

（2）对应收款项到期未及时收回的，需要按照应收账款管理办法采取措施积极组织催收，属于集体经济组织经办人员过错的，应酌情赔偿；对因债务单位撤销，或债务人死亡，且既无遗产清偿，又无义务承担人，确实无法收回的款项，可按照有关规定、程序和审批手续进行核销，按照会计制度进行账务处理，金额较小的记入"其他支出"科目，金额较大的记入"公积公益金"科目，同时调整应收款项的相关账簿记录。这里应当明确的是对已确认坏账的应收款项，并不意味着村集体放弃了追索权，一旦重新收回应及时入账。

3. 账务处理

应收账款因债务人宣告失踪、死亡或其他原因出现呆账，在查明原因的情况下，应履行民主程序和审批手续，据以进行账务处理，金额较小的借记"其他支出"科目，贷记"应收款""内部往来"科目，金额较大的记入"公积公益金"科目。

【例3】2021 年 3 月 18 日村集体经济组织清查应收款项。2020 年 12 月 31 日应收款的账面余额 58 120 元。其中：（1）外村许进发欠货款 430 元，2020 年 4 月 1 日到期；（2）李北欠货款 1 690 元，2021 年 6 月 30 日到期；（3）胡雨明欠货款 6 000 元，2021 年 5 月 16 日到期；（4）大强贸易公司欠货款 30 000 元，2016 年 7 月 31 日到期；（5）启明公司欠租金 20 000 元，2020 年 12 月 31 日到期。清查时发现：应收款实际价值为 27 690 元，其中，债务人许进发死亡，无继承人且无遗产清偿，欠货款 430 元无法收回；大强贸易公司已倒闭多年，欠款 30 000 元无法收回。2020 年 12 月 31 日至清查日应收款未发生增减变动。

应收款账面数＝ 58 120（元）

清查时点数＝ 27 690（元）

核实数＝ 27 690（元）

清查减少数＝ 58 120 － 27 690 ＝ 30 430（元）

对清查中发现的问题作如下账务处理：

（1）债务人许进发所欠村集体经济组织的 430 元无法收回，履行民主程序后经批准准予核销。

借：其他支出 　　　　　　　　　　　　　　　　　　　　　　　430

　　贷：应收款——许进发 　　　　　　　　　　　　　　　　　　　　430

（2）大强贸易公司所欠村集体经济组织的 30 000 元无法收回，履行民主程序后经批准，作为呆死账予以核销。

    借：公积公益金   30 000

       贷：应收款——大强贸易公司   30 000

接上例：2020 年 12 月 31 日内部往来（借方）余额 1 700 元。其中：（1）本村村民张东欠大棚建设款 800 元，2016 年 1 月 1 日到期；（2）本村村民宋军欠承包费 900 元，2018 年 6 月 9 日到期。清查时发现：本村村民宋军死亡且无继承人，欠款 900 元无法偿还。经过清查确认，内部往来（借方）实际价值为 1 200 元，2021 年 1 月 1 日至 2021 年 3 月 18 日内部往来（借方）增加 400 元。

内部往来账面数＝1 700（元）

清查时点数＝1 200（元）

核实数＝1 200 － 400 ＝ 800（元）

清查减少数＝1 700 － 800 ＝ 900（元）

对清查中发现的问题作如下账务处理：

本村村民宋军死亡又无继承人，所欠货款 900 无法偿还，履行民主程序后经批准准予核销。

    借：其他支出   900

       贷：内部往来——宋军   900

四、库存物资的清查

1. 清查内容

清查时点库存物资的明细账、总账以及相关会计凭证、会计报表等。包括村集体经济组织库存的各种原材料、农用材料、农产品、工业产成品等物资。具体包括种子、化肥、燃料、农药、原材料、机械零配件、低值易耗品、在产品、农产品和工业产成品，以及玉米、小麦、大豆、蔬菜等消耗性生物资产等。库存物资是集体经济组织的重要资产，清查清楚有利于盘活使用，减少浪费和损失。

2. 清查方法

采取实物盘点的方法。由于各种原因，有的已登记，有的未登记，因此要进行数量核对和质量确认，不仅要从数量上核对账面数与实存数是否相符，而且还要查明是否有损坏、变质等情况。在清查过程中，首先必须通过核查账目查明本集体经济组织应有的各种存货的名称、规格，然后再实物盘点数量、检查质量，查清账实是否相符。进行实物盘点时，为了明确经济责任、便于核对，保管员必须在场。对清查出的积压、已毁损或需报废的存货，查明原因，如实登记。对于委托外单位加工或保管的材料、商品、物资以及在途的材料、商品、物资等，可以采用询证的方法与有关单位进行核对，查明账实是否相符，必要时还应派专人核对。

3. 账务处理

库存物资盘盈、盘亏或毁损报经批准后进行处理。库存物资盘盈时，借记"库存物资"科目，贷记"其他收入"科目，金额较大的贷记"公积公益金"科目；库存物资盘亏、毁损和报废时，按实际成本扣除责任人或保险公司赔偿的金额和残料价值之后，借记"其他支出""应收款""内部往来"等科目，贷记"库存物资"科目，金额较大的借记"公积公益金"科目。

【例4】2021年3月18日村集体经济组织清查库存物资。2020年12月31日库存物资的账面余额6 759元。其中：（1）农业科技书1 300本，金额3 900元；（2）大喇叭1个，金额640元；（3）麦克风1个，金额149元；（4）有机肥8袋，金额600元；（5）秸秆压块15袋，金额390元；（6）高油酸花生种180斤，金额1080元。清查时发现：有机肥多出1袋，账面价值75元；秸秆压块损失3袋，账面价值26元/袋，共计78元；盘盈高油酸花生种40斤，每斤6元，共计240元；高油酸花生种变质70斤，入库时每斤4.5元，价值315元。2021年1月1日至3月18日购入有机肥1袋，价值75元。经过清查盘点，库存物资总额为6756元。

库存物资账面数＝6 759（元）

清查时点数＝6 756（元）

核实数＝6 756－75＝6 681（元）

清查减少数＝6 759－6 681＝78（元）

对清查中发现的问题作如下账务处理：

（1）村集体经济组织清查仓库有机肥多1袋，价值75元，履行民主程序后，经批准作盘盈处理。

借：库存物资——有机肥　　　　　　　　　　　75

　　贷：其他收入　　　　　　　　　　　　　　　　　75

（2）村集体经济组织清查仓库多出高油酸花生种40斤，价值240元，履行民主程序后，经批准作盘盈处理。

借：库存物资——花生种子　　　　　　　　　　240

　　贷：其他收入　　　　　　　　　　　　　　　　　240

（3）村集体经济组织清查秸秆压块损失3袋，价值78元，履行民主程序后，经批准予核销。

借：其他支出　　　　　　　　　　　　　　　　78

　　贷：库存物资——秸秆压块　　　　　　　　　　　78

（4）村集体经济组织清查高油酸花生种变质70斤，入库时每斤4.5元，价值315元，履行民主程序后，经批准准予核销。

借：其他支出　　　　　　　　　　　　　　　　315

贷：库存物资——高油酸花生种   315

第二节　农业资产清查

一、牲畜（禽）资产的清查

1. 清查内容

清查时点的牲畜（禽）资产明细账、总账以及相关的会计凭证、会计报表等。包括农村集体经济组织购入、培育饲养，以及投资者投入、接受捐赠等的动物资产，主要有幼畜、育肥畜和产役畜等。

2. 清查方法

采取实地盘点的方法。清查核实牲畜（禽）资产账面数与实际数是否相符，对牲畜（禽）的品种、饲养地点、存栏数量、金额、生长阶段、培育年限以及是否投产逐一核对确认；在盘点过程中，饲养员必须在场并参与盘点；对有死亡、毁损或账实不符的，查明原因，按照有关规定和程序妥善处理。

3. 账务处理

盘盈的牲畜（禽）资产，借记"牲畜（禽）资产"科目，贷记"其他收入"科目，金额较大的贷记"公积公益金"科目。盘亏的牲畜（禽）资产，借记"其他支出"科目，金额较大的借记"公积公益金"科目，贷记"牲畜（禽）资产"科目。

【例5】2021年3月18日村集体经济组织清查牲畜（禽）资产。2020年12月31日产役畜明细账的账面余额94 300元，其中：（1）役牛3头，价值36 000元；（2）山羊7只，价值6 300元；（3）奶牛8头，价值52 000元。清查时发现：役牛少1头，账面价值12 000元；有一只价值900元的山羊未入账；有一头奶牛死亡，账面价值6 500元。2021年1月1日至2021年3月18日新增一只山羊，价值900元。经过清查盘点，确认产役畜总额77 760元。

牲畜（禽）资产账面数＝94 300（元）

清查时点数＝77 600（元）

核实数＝77 600－900＝76 700（元）

清查减少数＝94 300－76 700＝17 600（元）

对清查中发现的问题作如下账务处理：

（1）役牛缺少1头，账面价值12 000元。履行程序后，经批准准予核销。

借：其他支出   12 000

贷：牲畜（禽）资产——产役畜——牛   12 000

（2）有一只价值900元的山羊未入账，履行程序后，经批准准予入账。

　　借：牲畜（禽）资产——产役畜——山羊　　　　　　　　　　　　900
　　　　贷：其他收入　　　　　　　　　　　　　　　　　　　　　　　　900
（3）有一头价值 6 500 元的奶牛死亡，履行程序后，经批准准予核销。
　　借：公积公益金　　　　　　　　　　　　　　　　　　　　　　6 500
　　　　贷：牲畜（禽）资产——产役畜　　　　　　　　　　　　　　6 500

二、林木资产的清查

1. 清查内容

清查时点林木资产的明细账、总账以及相关会计凭证、会计报表等，包括村集体经济组织购入、营造，以及投资者投入、接受捐赠等的植物资产，具体包括经济林木和非经济林木，经济林木可按投产前和投产后分别核算，非经济林木可按郁闭前和郁闭后分别核算。

2. 清查方法

采取实地盘点的方法。对村集体经济组织所有林木资产的品种、生长地点、数量、金额，以及是否投产（郁闭）进行逐一盘点核对确认，查明存量、毁损等情况。面积较大的可采取局部盘点加技术推算的方式进行盘点；对于未入账的林木资产要通过实地核查、造册登记；对于已入账的林木资产要核对账实是否相符；对于已对外投资的林木资产根据投资合同、协议，核清价值、面积和界址。

3. 账务处理

已入账的林木资产发生数量增加或未入账的，借记"林木资产"科目，贷记"其他收入"科目，金额较大的贷记"公积公益金"科目；对比账面减少的，属于自然灭失的，借记"其他支出"科目，贷记"林木资产"科目，金额较大的借记"公积公益金"科目；已发包或售出又未作账务处理的，据实进行账务处理。

【例 6】2021 年 3 月 18 日村集体经济组织清查林木资产。2020 年 12 月 31 日林木资产的账面价值 142 000 元，按照明细账分为"经济林木"和"非经济林木"两个二级科目核算。其中："经济林木"2020 年 12 月 31 日账面有 600 棵，账面价值 66 000 元，是 2011 年 3 月 18 日投产的核桃树；"非经济林木"2020 年 12 月 31 日账面有 950 棵，为村集体已郁闭的柳树，账面价值 76 000 元。2020 年 12 月 31 日到清查时点林木资产未发生增减变动。清查时发现：村集体已投产的核桃树死亡 47 棵，账面净值（摊销后）110 元 / 棵，价值 5 170 元；2019 年已郁闭的 320 棵柳树未入账，价值 25 600 元；2020 年因火灾损失 55 棵柳树，价值 4 400 元。经过清查盘点，确认林木资产实际价值 158 030 元，其中经济林木实际价值 60 830 元，非经济林木实际价值 97 200 元。

对清查中发现的问题作如下账务处理：

（1）村集体经济组织的核桃树死亡 47 棵，每棵树为 110 元，价值 5170 元，经研究决定由村集体经济组织承担。

    借：其他支出   5 170

        贷：林木资产——经济林木——核桃树   5 170

（2）村集体经济组织已郁闭的 320 棵柳树未入账，每棵树为 80 元，价值 25 600 元，经批准计入公积公益金。

    借：林木资产——非经济林木——柳树   25 600

        贷：公积公益金   25 600

（3）村集体经济组织的 55 棵柳树因火灾销毁，每棵树为 80 元，价值 4 400 元，经确认和审批，损失由村集体经济组织承担，作为"其他支出"。

    借：其他支出   4 400

        贷：林木资产——非经济林木——柳树   4 400

经济林木账面数＝66 000（元）

清查时点数＝60 830（元）

核实数＝60 830（元）

非经济林木账面数＝76 000（元）

清查时点数＝97 200（元）

核实数＝97 200（元）

第三节　长期投资清查

一、清查内容

清查时点的长期投资明细账、总账以及相关会计凭证、会计报表等。长期投资主要指村集体经济组织不准备在一年内（不含一年）变现的股票投资、债券投资以及村集体经济组织举办企业等投资。包括长期股权投资、长期债权投资，特点是一般数额较大，投资回收期较长，如果管理出现问题会给成员造成较大损失。

二、清查方法

采取面询、函证等方式。主要核对长期投资明细账与村集体经济组织投资时的投资协议或合同、相关原始凭证记载是否相符。根据投资协议或合同，查清长期投资的投资对象、投资时间、投资期限、投资金额、投资形式、出资形式（货币资金或实物折价）、利润分配形式、应收股息或利息、应收未收利润或分红等情况。需要通过面询、函证等方法逐一与投资对象进行核对，取得书面核对凭证，确认其真实性、正确性和合法性。

三、账务处理

债券丢失、投资对象灭失等导致长期投资无法正常收回的，查明原因，履行规定的核销程序后，借记"投资收益"科目，贷记"长期投资"科目，金额较大的借记"公积公益金"科目。

【例7】2021年3月18日村集体经济组织清查长期投资。长期投资明细账2020年12月31日的借方余额50 000元，是村集体2008年以固定资产实物折价的出资形式入股一家食品厂，双方的投资协议约定利润分配形式为定额分红。该村采用函证的方式对这笔长期投资进行核实，同时将长期投资明细账与投资协议、记录凭证、审批文件等逐一核对，取得书面核对凭证，查清长期投资的对象、金额、方式、股利等，2020年12月31日到清查时点长期投资未发生增减变动。

长期投资账面数＝50 000（元）

清查时点数＝50 000（元）

核实数＝50 000（元）

第四节　固定资产清查

一、清查内容

清查时点的固定资产明细账、总账以及相关会计凭证、会计报表、登记簿（卡片、台账）等。这类资产是发展集体经济、增加成员收入、为成员提供公共服务的重要物质基础。按照固定资产的用途，分为经营性和非经营性进行清查核实。

二、清查方法

采取实地盘查的方法。需要与固定资产明细账、总账以及登记簿（卡片、台账）逐一核对，清查各项固定资产的构（购）建时间、坐落或置放位置、规格型号、使用情况（包括自用、闲置、其他）、数量或建筑面积、已提折旧（即累计折旧）净值等。对于出租的固定资产，由出租方负责清查，与租入方进行核对；对于租入的固定资产，与出租方核对，进行账外备查登记；对于未登记入账的固定资产，将清查结果登记入账；对于盘盈、盘亏的固定资产，查明原因，提出处理意见，按规定程序申报处置。

三、账务处理

盘盈、盘亏及报废的固定资产报批后，根据审批表进行账务处理。固定资产盘盈时，借记"固定资产"科目，贷记"其他收入"科目，金额较大的贷记"公积公益金"科目；固定资产盘亏时，借记"其他支出"科目，贷记"固定资产"科目，金额较大的借记

"公积公益金"科目；属于固定资产报废的，借记"固定资产清理"科目和"累计折旧"科目，贷记"固定资产"科目，清理后的净收益借记"固定资产清理"科目，贷记"其他收入"科目；清理后的净损失借记"其他支出"科目，贷记"固定资产清理"科目，金额较大的借记或贷记"公积公益金"科目。

【例8】2021年3月31日村集体经济组织清查经营性固定资产和非经营性固定资产，分别进行实地盘点，选用年限平均法按年提取折旧。"固定资产清理"账目无余额。

（1）经营性固定资产。

①村集体经济组织2013年1月5日购入临街店铺5间，面积约400平方米，2020年12月31日账面原值1 300 000元，已计提折旧400 000元，账面净值为900 000元，目前正在出租，年租金45 000元，清查时点价值900 000元；②村集体经济组织2014年12月15日购入小型旋耕机1台，2020年12月31日账面原值为60 000元，已提折旧40 000元，账面净值为20 000元，清查时点价值20 000元；③村集体经济组织2016年3月23日购入收割机2台，账面原值为32 000元，已提折旧15 200元，账面净值16 800元，清查时点价值16 800元。清查时发现：盘盈播种机1台，同类设备市场价格为17 000元，经确认是农机合作社于2020年11月15日捐赠。2020年12月31日到清查时点经营性固定资产未发生增减变动。

对清查中发现的问题作如下账务处理：

村集体经济组织盘盈市场价17 000元的播种机1台，是捐赠所得，经批准准予入账。

    借：固定资产——播种机机   17 000

         贷：公积公益金   17 000

账面数 = 900 000 + 20 000 + 16 800 = 936 800（元）

清查时点数 = 900 000 + 20 000 + 16 800 + 17 000 = 953 800（元）

核实数 = 953 800（元）

（2）非经营性固定资产。

①村集体经济组织于2001年10月7日建造了办公楼，2020年12月31日账面原值为200 000元，已提折旧60 000元，账面净值140 000元，清查时点价值140 000元；②村集体经济组织2009年3月9日接受捐赠打印机6台，2020年账面原值为18 000元，已提折旧12 000元，账面净值6 000元，清查时点价值3 000元。清查时发现：有3台打印机在2018年3月1日就已报废，但账面未作处理。2020年12月31日到清查时点非经营性固定资产未发生增减变动。

对清查中发现的问题作如下账务处理：

报废3台打印机，价值3 000元，经批准准予核销。

    借：公积公益金   3 000

         贷：固定资产——打印机   3 000

账面数＝140 000＋6 000＝146 000（元）

清查时点数＝14 000＋3 000＝143 000（元）

核实数＝143 000（元）

第五节　在建工程清查

一、清查内容

清查时点在建工程的明细账、总账以及相关会计凭证、会计报表等。在建工程主要是村集体经济组织在清产核资时点尚未完工，或虽已完工但尚未办理竣工财务决算的工程项目。按照在建工程未来形成资产的用途，分为经营性和非经营性进行清查核实。

二、清查方法

采取实地盘查的方法。主要核对在建工程明细账、总账、台账与银行存款、库存物资、一事一议资金等相关记录是否相符。根据在建工程明细账和在建工程合同等，查清在建工程名称、承建单位、坐落位置、开工时间、预计完工时间、完工进度（%）、占地面积、投资预算金额、已投入建设资金等。对于使用财政资金的基本建设，竣工财务决算要严格执行《基本建设财务规则》。

三、账务处理

在建工程已竣工交付使用但未作固定资产管理的，履行验收程序后，借记"固定资产"科目，贷记"在建工程"科目。对于无法形成固定资产的在建工程项目，核实准确并审批后借记"其他支出"科目，贷记"在建工程"科目，金额较大的借记"公积公益金"科目。

【例9】2021年3月31日，村集体经济组织清查经营性在建工程和非经营性在建工程，分别进行实地盘点，具体事项如下：

（1）经营性在建工程。

2015年8月27日自建的农田水利设施，账面价值3 890元。清查时发现：2015年8月27日维护农田设施3 890元，挂账于"在建工程"中，不能形成固定资产。经上报和审批作为"其他支出"处理。2020年年末到清查时点经营性在建工程未发生增减变动。

借：其他支出　　　　　　　　　　　　　　　　　　　　3 890

　　贷：在建工程——农田水利设施　　　　　　　　　　　　　3 890

账面数＝3890（元）

清查时点数＝0（元）

核实数＝0（元）

（2）非经营性在建工程。

① 2018 年 6 月 9 日开始自建尚未竣工的过河桥 1 座，账面价值为 56 000 元；② 2019 年 8 月 7 日开始修建的一条村公路，承建单位为兴隆建筑公司，预计完工时间为 2020 年 8 月 10 日，2019 年年末的完工进度为 50%，总长度为 15 千米，总投资预算为 200 000 元，2019 年修建长度为 7.5 千米，已投资金额 100 000 元。2020 年年末到清查时点非经营性在建工程未发生增减变动。清查时发现：村集体 2018 年自建未竣工的过河桥当年被山洪冲毁。发生的支出 56 000 元在"在建工程"中。经批准予以核销，损失计入公积公益金。2020 年年末到清查时点非经营性在建工程未发生增减变动。

借：公积公益金　　　　　　　　　　　　　　　　　56 000

　　贷：在建工程——桥涵　　　　　　　　　　　　　　　　56 000

账面数＝ 56 000 ＋ 100 000 ＝ 156 000（元）

清查时点数＝ 156 000 － 56 000 ＝ 100 000（元）

核实数＝ 56 000（元）

第六节　无形资产清查

一、清查内容

清查时点的无形资产明细账、总账以及相关会计凭证、会计报表等。无形资产具体包括各项专利权、商标权、非专利技术等。

二、清查方法

采取查询核实的方法。根据无形资产明细账和相关记录，查清各种无形资产名称、取得时间、取得方式、预计使用年限、使用情况（出租或出借（包括对象、期限、租金）、自用、闲置、其他）、账面原值、累计摊销、账面净值等。清查时，注意无形资产的所有权归属、增减手续和相关法律文件是否齐全，计价和摊销方式是否正确等。

三、账务处理

无形资产盘盈时，借记"无形资产"科目，贷记"其他收入"科目，金额较大的贷记"公积公益金"科目；无形资产因不再受法律保护或者已被其他新技术所替代而报废的，借记"其他支出"科目，贷记"无形资产"科目，金额较大的借记"公积公益金"科目。

【例 10】2020 年 3 月 31 日村集体经济组织清查无形资产。2019 年 12 月 31 日无形资产账面价值 80 000 元，其中：（1）2008 年 8 月 9 日购入的专利权 A，期限 20 年，账面原值 80 000 元，已计提摊销 50 000 元，账面净值 30 000 元；（2）2017 年 4 月 20 日购入的专利权 B，账面原值 70 000 元，未提取摊销。清查时发现如下情况：（1）2020 年 1 月 1 日至 2020 年 3 月 31 日专利权 A 计提了累计摊销 1 160 元，实际价值 28 840 元；B 专利权 2020 年 1 月 1 日至 2020 年 3 月 31 日之间未发生增减变动，由于新技术的出现，专利权 B 实际价值为 0 元；（2）清查发现 2015 年 8 月 9 日购入的商标权 F 未入账，预计使用寿命 10 年，实际价值 4 800 元。

清查结果履行民主程序后，经批准准予核销。

借：公积公益金　　　　　　　　　　　　　　　　70 000
　　贷：无形资产——专利权 B　　　　　　　　　　　　　70 000
借：无形资产——商标权 F　　　　　　　　　　　　4 800
　　贷：公积公益金　　　　　　　　　　　　　　　　　4 800

账面数＝ 30 000 ＋ 70 000 ＝ 100 000（元）

清查时点数＝ 28 840 ＋ 0 ＋ 4 800 ＝ 33 640（元）

核实数＝（1 160 ＋ 28 840）＋ 0 ＋ 4 800 ＝ 34 800（元）

第七节　资源性资产清查

资源性资产清查是指对农民集体所有的土地、森林、山岭、草原、荒地、滩涂等资源性资产的清产核实。清查中应按照农用地、建设用地和未利用地分别进行清查核实，只登记面积、权属和经营情况，一般不需要评估确认价值。

一、农用地清查

1. 清查内容

农用地清查是指对集体所有的耕地、园地、林地、草地、农田水利、设施用地（沟渠）、养殖水面（坑塘水面）、其他农用地等的清查核实。

（1）耕地清查是指对种植农作物的土地进行的清查核实。主要包括用于种植水稻、莲藕等水生农作物的水田；有水源保证和灌溉设施，用于种植旱生农作物（含蔬菜）的水浇地，包括种植蔬菜的非工厂化的大棚用地；以及无灌溉设施，主要靠天然降水种植旱生农作物的旱地。

（2）园地清查是指对种植以采集果、叶、根、茎、汁等为主的集约经营的多年生木本和草本作物的土地进行的清查核实。主要包括果园、茶园、橡胶园，以及种植桑树、可可、咖啡、油棕、胡椒、药材等其他多年生作物的园地。

（3）林地清查是指对生长乔木、竹类、灌木的土地，及沿海生长红树林的土地进行的清查核实。主要包括乔木林地、竹林地、红树林地、森林沼泽、灌木林地、灌丛沼泽和疏林地、未成林地、苗圃等其他林地。

（4）草地清查是指对生长草本植物为主的土地进行的清查核实。主要包括天然牧草地、沼泽草地、人工草地、其他草地。

（5）农田水利设施用地（沟渠）清查是指对人工修建，南方宽度大于等于1.0米、北方宽度大于等于2.0米，用于引、排、灌的渠道进行的清查核实。主要包括渠槽、渠堤、护堤林及小型泵站用地。

（6）养殖水面（坑塘水面）清查指对人工开挖或天然形成的蓄水量小于10万立方米的坑塘常水位岸线所围成的水面进行的清查核实。

（7）其他农用地清查是指除耕地、园地、林地、草地、农田水利设施用地（沟渠）、养殖水面（坑塘水面）以外的农用地进行的清查核实。村与村、村与组、组与组集体之间存在所有权争议，且协商无果的集体农用地，也登记为其他农用地。

2.清查方法

采取查阅资料、实地清查等方式。

二、建设用地清查

1.清查内容

建设用地清查是指对农民集体所有的工矿仓储用地、商服用地、农村宅基地、公共管理与公共服务用地、交通运输和水利设施用地、其他建设用地的清查核实。

（1）工矿仓储用地清查是指对农村集体经济组织用于工业生产、物资存放场所的土地进行的清查核实。主要包括工业用地、采矿用地、盐田和仓储用地。

（2）商服用地清查是指对农村集体经济组织用于商业、服务业的土地进行的清查核实。主要包括零售商业用地、批发市场用地、餐饮用地、旅馆用地、商务金融用地、娱乐用地和其他商服用地。

（3）农村宅基地清查是指对农民集体所有的用于生活居住的宅基地进行的清查核实。主要是指农户宅基地的宗地面积，而不是农民房屋占地面积、建筑面积。

（4）公共管理与公共服务用地清查是指对农村集体经济组织用于机关团体、新闻出版、科教文卫、公共设施等的土地进行的清查核实。主要包括公用设施、图书室、体育场馆、养老院、老年活动中心、公园与绿地。

（5）交通运输用地清查是指对农村集体经济组织用于运输通行的地面线路、场站等的土地进行的清查核实。主要包括村庄范围内交通服务设施用地、农村道路、机场用地、港口码头用地和管道运输用地等。

（6）水利设施用地清查是指对农村集体经济组织人工修建的闸、坝、堤路林、水电厂房、扬水站等水位岸线以上的建（构）筑物用地进行的清查核实。

（7）其他建设用地清查是指对农村集体经济组织除上述以外的建设用地进行的清查核实。主要包括用于经营牲畜（禽）养殖生产设施用地，用于作物栽培或水产养殖等农产品生产的设施及附属设施用地，用于设施农业项目辅助生产的设施用地，晾晒场、粮食果品烘干设施、农资临时存放场所、大型农机具临时存放场所等规模化粮食生产所必需的配套设施用地等。村与村、村与组、组与组集体之间存在所有权争议，且协商无果的集体建设用地，也登记为其他建设用地。

2. 清查方法

采取查阅资料、实地测量等方式。

三、未利用地及其他

1. 未利用地清查

未利用地清查是指对除农用地、建设用地以外的农村集体土地的清查核实。主要包括其他草地、河流水面、湖泊水面、沿海滩涂、内陆滩涂、沼泽地、冰川及永久积雪、盐碱地、沙地、裸土地、裸岩石砾地等。主要采取实地清查和查阅自然资源、林业和草原等部门相关档案资料等方法。

2. 其他相关清查

其他相关清查是指对"四荒"地、待界定土地和林木等三类资产的清查核实。主要采取实地清查和查阅自然资源、林业和草原等部门相关档案资料等方法。

（1）"四荒"地清查是指农民集体所有的荒山、荒沟、荒丘、荒滩等土地。

（2）待界定土地清查是指农村集体土地与国有土地所有权有争议、协商不成，权属难以界定的农用地、建设用地、未利用地。

（3）林木清查是指农村集体所有的公益林、商品林。需要注意的是，此处林木清查，反映的是集体所拥有以保护生态环境为主要目的的公益林和以发挥经济效益为目的的商品林的容积，应在相关森林资源档案中查询。

第十五章　负债和所有者权益清查

负债和所有者权益清查指对短期借款、应付款项、应付工资等流动负债，长期借款及应付款、一事一议资金、专项应付款等长期负债，以及资本、公积公益金、未分配收益等所有者权益进行清查核实。

第一节　流动负债清查

流动负债清查包括短期借款、应付款项、应付工资、应付福利费清查。需要对每项债务采取针对性、操作性较强的方式方法分别进行清查，彻底查清各项流动负债成因、期限、金额、利息、用途、审批人等详细情况。

一、短期借款的清查

1. 清查内容

清查时点的短期借款明细账、总账以及相关会计凭证、会计报表等。短期借款主要包括农村集体经济组织从银行、信用社等金融机构和有关单位、个人借入的期限在一年以下（含一年）的各种借款。

2. 清查方法

采取面询、函证等方式。主要核对短期借款明细账与借款合同或协议、相关凭证的记载内容是否相符。所有借款应取得合同、借款凭证，查清债权人、债务成因、债务用途、产生时间、到期时间、审批人、借款金额、应付利息等情况。逐一与银行、信用社等金融机构和有关单位、个人进行核对，取得书面核对凭证，确认真实性，无法取得合同、凭据的，由债权人、债务人双方签订确认书。对于到期未偿还的借款，查明原因，检查是否办理延期手续。

3. 账务处理

短期借款清查核实出现增加、减少等情况经集体经济组织成员（代表）大会讨论通过，报乡镇农村集体资产清产核资领导小组（或农村经营管理部门）审核批准后，通过"其他支出"科目或"其他收入"科目调整，金额较大的通过"公积公益金"科目调整。

对于逾期未还的短期借款，提出还款方案和措施。

【例1】2021年3月15日村集体经济组织清查短期借款。2020年12月31日贷方余额20 000元，是2020年4月12日为支付防汛工程款临时从"信用社"借入的一年期借款。经过清查盘点，确认短期借款余额为40 000元。2020年12月31日到清查时点短期借款未发生增减变动。经核实，短期借款增加数是由于该村在信用社获得的贷款金额不能完全满足防汛工程需要，经集体讨论研究决定，2020年6月20日从本村村民于刚借入现金20 000元，用于购买防汛物资，约定借款期限1年，借款没有入账，款项已按照用途支付，至今仍未报账。

账面数＝20 000（元）

清查时点数＝40 000（元）

核实数＝40 000（元）

增加数＝40 000－20 000＝20 000（元）

对清查中发现的问题作如下账务处理：

借：公积公益金　　　　　　　　　　　　　　　　　　　20 000

　　贷：短期借款——于刚　　　　　　　　　　　　　　　　　20 000

二、应付款项的清查

1.清查内容

清查时点的应付款明细账、总账以及相关会计凭证、会计报表等。一是农村集体经济组织与外部单位或外部个人发生的偿还期限在一年以下（含一年）的各种应付及暂收款，即"应付款"；二是农村集体经济组织与所属单位或农户发生的偿还期在一年以下（含一年）的各种应付及暂收款，即"内部往来"的贷方余额。

2.清查方法

采取面询、函证、公示等方式。主要核对应付款明细账与购买物资、劳务等合同或协议的记载内容是否相符、与实际情况是否相符。要逐一与供货单位、提供劳务者等债权人进行核对。"内部往来"贷方清查采取面询、公示等方式逐笔与内部债权人单位或成员进行核对，取得书面核对凭证。

应查清债权人、债务金额、债务用途、产生时间、到期时间及审批人等情况。对因债权单位撤销，或债权人死亡，既无继承者，又无权利接受人，确实无须偿还的款项，可以按照有关规定进行核销。即经村集体经济组织成员（代表）大会讨论通过，报乡镇农村集体资产清产核资领导小组（或农村经营管理部门）审核批准后，按照会计制度进行账务处理，同时调整相关账簿记录。

3.账务处理

应付款项因债权人宣告失踪、死亡或其他原因无法偿还的，可在查明原因的前提下，严格履行民主程序和审批手续，并据以进行账务处理。金额较小的借记"应付款""内部往来"科目，贷记"其他收入"科目，金额较大的贷记"公积公益金"科目。对于未入账的应付款项需要及时入账。

【例2】2021年3月15日村集体经济组织清查应付款项。2020年12月31日应付款明细账余额2 450元，其中：（1）应付款明细账"立明管件门市部"贷方余额1 390元，是村里2020年9月22日维修暖气时赊购的水暖件等货款；（2）应付款明细账"李明"贷方余额700元，是2020年5月9日维修电机费用；（3）应付款明细账"刘诚"贷方余额360元，是2020年10月17日为办公楼运煤取暖所付的劳务费。清查核实过程中与债权人核对发现：（1）2020年10月20日债权人李明又修了一次电机井，修理费680元未入账；（2）2020年12月23日，刘诚运煤的劳务费已经支付，但未记账。清查时应付款项实际价值4 600元，2021年1月1日至2021年3月31日购入库存物资，增加一笔应付款1 830元。

账面数＝2 450（元）

清查时点数＝4 600（元）

核实数＝4 600－1 830＝2 770（元）

对发现的问题作如下账务处理：

（1）李明修电机未入账的680元修理费纳入账内核算，以核实的书面证据为原始凭证。

借：其他支出——电机支出   680

    贷：应付款——李明   680

（2）核销村集体所欠债权人刘诚的款项。

借：应付款——刘诚   360

    贷：其他收入——债务核销   360

接上例：2020年12月31日内部往来明细账贷方账面余额8 000元，其中：（1）赵生贷方余额6 500元，是2020年7月5日发生未支付的货款；（2）孙强贷方余额1 500元，是2020年7月20日发生未支付的货款。清查时内部往来贷方实际价值6 500元，孙强的1 500元货款已经支付，但未记账。2020年12月31到清查登记时点内部往来贷方未发生增减变动。

内部往来（贷方）账面数＝8 000（元）

清查时点数＝6 500（元）

核实数＝6 500（元）

对发现的问题作如下账务处理：

借：内部往来——孙强   1 500

    贷：公积公益金   1 500

三、应付工资的清查

1. 清查内容

清查时点应付工资的明细账、总账以及相关会计凭证、会计报表等。包括工资、奖金、津贴、福利补助等。注意该科目是核算管理人员和固定员工的报酬，对应付给临时员工的报酬不通过本科目核算（在"应付款"或"内部往来"科目核算）。

2. 清查方法

采取面询、函证等方式。按照确定的人员数量和类别、工资标准及其变化情况，核对应付工资明细账与工资表记录是否相符，与实际情况是否相符。逐一与管理人员及固定员工进行核对，同时比较前后期应付工资的变动情况，取得书面核对凭证，查清领取工资人员的数量、姓名、金额、拖欠原因等情况。区分本年度和以前年度拖欠的工资，以便于编造清查登记表，对长期挂账的贷方余额应查明原因，在备注中说明。

【例3】2021年3月15日村集体经济组织清查应付工资。2020年12月31日杨文（理事长）贷方余额17 400元，是拖欠的2020年度工资14 400元和2019年度工资3 000元。清查发现应付工资账面余额21 400元，2021年1月1日至3月15日，计提了应付工资（杨文）4 000元。

账面数＝17 400（元）

清查时点数＝21 400（元）

核实数＝21 400－4 000＝17 400（元）

四、应付福利费的清查

1. 清查内容

清查时点应付福利费的明细账、总账以及相关会计凭证、会计报表。

2. 清查方法

采取面询、函证等方式。主要核对应付福利费的计提、明细账的支出、结余情况与实际情况是否相符。逐一与受益人进行核对，取得书面核对凭证，查清应付福利费账面余额、借贷方向及使用项目受益对象、支付时间等。同时，查阅原始凭证等核查应付福利费计提、支出的真实性和合法合规性。

【例4】2021年3月15日村集体经济组织清查应付福利费。2020年12月31日应付福利费贷方余额为12 000元，其中：应付"贫困户"贷方余额为6 000元，2020年收益分配时提取应付福利费6 000元，清查时应付福利费实际余额为9 000元，其中：2021年2月16日发放贫困户福利6 000元，3月1日计提福利费3 000元。

账面数＝12 000（元）

清查时点数＝9 000（元）

核实数＝9 000＋6 000－3 000＝12 000（元）

第二节　长期负债清查

长期负债清查包括长期借款及应付款、一事一议资金、专项应付款的清查核实。应对每项长期负债采取针对性、操作性较强的方式方法分别进行清查，彻底查清各项长期负债成因、期限、金额、利息、用途、经办人及审批人等翔实情况。

一、长期借款及应付款的清查

1. 清查内容

清查时点长期借款及应付款的明细账、总账以及相关会计凭证、会计报表等。

2. 清查方法

采取面询、函证等方式。根据长期借款及应付款的明细账，核对长期借款及应付款与借款合同或协议、相关权证的记载内容是否相符，与实际情况是否相符。逐一与银行、信用社等金融机构和有关单位、个人进行核对，取得书面核对凭证。无法取得合同、凭据的，由债权人、债务人双方签订确认书。彻底查清债权人、债务成因、债务用途、借款金额、借款期限（产生时间和到期时间）、应付利息和审批人等情况。清查时还要注意手续是否齐全，逾期长期借款和应付款情况以及抵押物情况。

【例5】2021年3月15日村集体经济组织清查长期借款及应付款。2020年12月31日长期借款及应付款贷方余额33 000元，明细账"信用社"贷方余额29 000元、"农业银行"贷方余额4 000元，是2020年1月5日领办农民专业合作社而借入的资金，其中信用社的期限3年，用于支付开办费用；农行的期限1年，用于支付办公场所租赁费用。经过清查，长期借款及应付款总额实际为38 000元。2021年1月1日至2021年3月15日，从邮储银行新借5 000元。

账面数＝33 000（元）

清查时点数＝38 000（元）

核实数＝38 000－5 000＝33 000（元）

二、一事一议资金的清查

1. 清查内容

清查时点一事一议资金的明细账、总账以及相关会计凭证、会计报表等。包括用于本集体经济组织范围内道路、文化广场、篮球场、活动室、植树绿化以及农田水利基本建设、抗灾、救灾等农民受益的生产生活公益事业。

2. 清查方法

采取面询、函证、公示等方式。主要核对一事一议资金明细账与筹资方案、备查登记簿记录是否相符，与实际情况是否相符，包括向村集体经济组织成员筹资的标准、成员数量、筹资额、财政奖补资金额等。逐一向有关单位和成员核查，取得书面核对凭证。切实查清一事一议资金项目预算、资金来源（财政奖补、社会捐赠、村民自筹、集体出资以及其他等）、已使用金额、结余等情况。清查时需要注意资金使用中的合理性和合规性。

【例6】2021年3月15日村集体经济组织清查一事一议资金。2020年12月31日一事一议资金明细账余额700元，是2020年4月17日经过民主议事程序决定修建文化广场，预算投资135 000元，其中：财政奖补80 000元、企业捐赠30 000元、村民筹资15 000元、集体出资10 000元，项目完成后决算金额为134 300元，结余700元。经过清查，确认一事一议资金贷方余额为700元。

账面数＝700（元）

清查时点数＝700（元）

核实数＝700（元）

三、专项应付款的清查

1. 清查内容

清查时点专项应付款的明细账、总账以及相关会计凭证、会计报表等。包括收到的征地补偿费、国家财政专项补助及其他具有专项或特定用途的资金。

2. 清查方法

采取面询、函证、公示等方式。主要核对专项应付款明细账与征地公告、征地安置补偿协议、国家财政专项补助标准、相关原始凭证和银行对账单等是否相符，与实际收款情况是否相符。向有关单位和成员核查，取得书面核对凭证，切实查清专项应付款拨款单位拨款用途、拨入时间、拨入金额、具体使用情况、使用金额等。清查时需要注意专项应付款使用时的合理性和合规性。

【例7】2021年3月15日村集体经济组织清查专项应付款。2020年12月31日明细账"征地补偿费"账面贷方余额220 000元，是2020年3月12日政府征收该村集体土地6公顷，补偿费用4 000 000元，其中：土地补偿费3 000 000元，按规定已将土地补偿费的80%向农户分配；安置补助费1 000 000元，已全部付给需要安置的对象，同时动用集体留存款中的380 000元购买一间店面。经过清查，确认专项应付款贷方余额220 000元。

账面数＝220 000（元）

清查时点数＝220 000（元）

核实数＝220 000（元）

第三节　所有者权益清查

一、资本的清查

1. 清查内容

清查时点资本的明细账、总账以及相关会计凭证、会计报表等。包括投资者投入的资本、公积公益金转增的资本、农业合作化时期社员入社的股份基金等。

2. 清查方法

采取公示、问询、函证等方式。资本清查时，按照资本明细账余额向前追溯，对于记载清晰的，通过公示、问询和函证等方式，与投资人进行核对，取得书面核对凭证，查清资本账面余额；对于记载不清的可暂时将本集体经济组织列为投资人，记入本集体名下。清查出资本明细账记录与实际投资人不符时，要经当事人签字认可，成员（代表）大会表决通过后，据实调整资本明细账。对投资单位撤销的，将投资单位投入资本转为本集体资本，依据相关证明材料调整资本明细账；对投资人死亡且有继承人的，将投入资本转给继承人；对投资人死亡且无继承人的，将投入资本转为本集体资本，依据相关证明材料调整资本明细账。对农业合作化时期社员入社的股份基金，有条件的可通过原始记录及凭证等进行深入查清。

【例8】2021年3月31日村集体经济组织清查资本。2020年12月31日资本明细账"入社股金"余额305 000元。其中：社员入股215 000元，供销社入股60 000元，其他入股30 000元，资本明细"其他"账面贷方余额7 000元。清查时，按照资本明细账余额通过追溯发现：

（1）"入社资金（社员入股）"账户中，代志刚和张辉贷方余额均为74元，为当年入社资金，二人均已过世，代志刚的继承人是儿子代军，张辉没有继承人。按规定办理相关手续，按审批意见进行账务处理。

借：资本——入社资金——社员入股（代志刚）　　　　74
　　资本——入社资金——社员入股（张辉）　　　　　74
　贷：资本——入社资金——社员入股（代军）　　　　　　74
　　　资本——入社资金——集体投入　　　　　　　　　　74

（2）入社资金（供销社）账面贷方余额61 000元。经与供销社进行核对，供销社账面显示入社资金为58 000元。双方通过追溯发现，2014年以前双方账目均无误，2014年5月18日供销社以其他方式收回投资3 000元，供销社已入账，村级未入账。按规定办理相关手续，进行账务处理。

借：资本——入社资金——供销社　　　　　　　　　3 000

贷：其他收入　　　　　　　　　　　　　　　　　　　　　3 000

（3）入社资金（其他入股）账面贷方余额30 000元，资本明细账"其他"账面贷方余额5 600元。经多方查证，无法确定具体投资人。按规定办理相关手续，进行账务处理如下：

借：资本——入社资金——其他入股　　　　　　　　　　30 000

　　资本——其他　　　　　　　　　　　　　　　　　　　5 600

贷：资本——入社资金——集体投入　　　　　　　　　　35 600

账面数＝305 000＋7 000＝312 000（元）

清查时点数＝312 000－3 000＝309 000（元）

核实数＝309 000（元）

二、公积公益金的清查

1. 清查内容

清查时点公积公益金的明细账、总账以及相关会计凭证、会计报表等。

2. 清查方法

采取查询核实的方式。根据公积公益金的明细账，结合资产、负债和资本账目以及相关凭证和文件等进行核查，查清公积公益金账面余额。

3. 账务处理

"公积公益金"账面数指公积公益金的明细账中清查时点的集体计提、资本溢价、接受捐赠、征地补偿费转入、一事一议资金转入、政府拨款等形成资产转入等账面余额，核实数指通过清查核实确认时点的集体计提资本溢价、接受捐赠、征地补偿费转入、一事一议资金转入、政府拨款等形成资产转入等金额。核实数还需考虑之前清查核实过程中发生的增加或核减公积公益金的数额。

【例9】2021年3月31日村集体经济组织清查公积公益金。公积公益金明细账2020年12月31日余额887 500元，其中：集体计提364 200元，接受捐赠入133 500元，征地补偿费转入204 000元，一事一议资金转入43 000元，其他142 800元。

账面数＝887 500（元）

清查时点数＝8 875 000（元）

核实数归结清查中前例增减数据金额：

核实数＝887 500－60 000－30 000－6 500＋25 600＋17 000－3 000－56 000－70 000＋4 800－20 000＋1 500＝690 900（元）

三、未分配利润的清查

1. 清查内容

清查时点本年收益和收益分配的明细账、总账以及相关会计凭证、会计报表等。

2. 清查方法

采取核实查询的方式。根据收益分配明细账，结合资产、负债和资本账目以及相关凭证和文件等进行核对，查清未分配收益余额。

3. 账务处理

"未分配利润"账面数指收益分配明细账的未分配收益二级科目中清查时点账面余额。核实数指通过清查核实确认的时点未分配收益金额。核实数还需考虑之前清查核实过程中发生的增加或核减未分配收益的数额，需要归结清产核资过程中确认的其他收入、其他支出和投资收益。

【例10】2021年3月31日村集体经济组织清查未分配收益。收益分配明细账"未分配收益" 2020年12月31日金额972 897元，是2020年度未分配收益。（数据来源：第十四章、第十五章例题）

（1）归结清查过程中确认的其他支出。

其他支出＝200＋430＋900＋78＋315＋12 000＋5 170＋4 400＋3 890＋680＝28 063（元）

```
借：未分配收益                              28 063
    贷：其他支出                                28 063
```

（2）归结清查过程中确认的其他收入。

其他收入＝75＋240＋900＋360＋3 000＝4 575（元）

```
借：其他收入                               4 575
    贷：未分配收益                              4 575
```

（3）归结清查过程中确认的投资收益。

投资收益（借）=20 000

```
借：未分配收益                             20 000
    贷：投资收益                               20 000
```

核实数＝972 897－28 063＋4 575－20 000＝929 409（元）

附　　录

附录一　《中华人民共和国会计法》

（1985 年 1 月 21 日第六届全国人民代表大会常务委员会第九次会议通过　根据 1993 年 12 月 29 日第八届全国人民代表大会常务委员会第五次会议《关于修改〈中华人民共和国会计法〉的决定》第一次修正　1999 年 10 月 31 日第九届全国人民代表大会常务委员会第十二次会议修订　根据 2017 年 11 月 4 日第十二届全国人民代表大会常务委员会第三十次会议《关于修改〈中华人民共和国会计法〉等十一部法律的决定》第二次修正）

第一章　总　　则

第一条　为了规范会计行为，保证会计资料真实、完整，加强经济管理和财务管理，提高经济效益，维护社会主义市场经济秩序，制定本法。

第二条　国家机关、社会团体、公司、企业、事业单位和其他组织（以下统称单位）必须依照本法办理会计事务。

第三条　各单位必须依法设置会计账簿，并保证其真实、完整。

第四条　单位负责人对本单位的会计工作和会计资料的真实性、完整性负责。

第五条　会计机构、会计人员依照本法规定进行会计核算，实行会计监督。

任何单位或者个人不得以任何方式授意、指使、强令会计机构、会计人员伪造、变造会计凭证、会计账簿和其他会计资料，提供虚假财务会计报告。

任何单位或者个人不得对依法履行职责、抵制违反本法规定行为的会计人员实行打击报复。

第六条　对认真执行本法，忠于职守，坚持原则，做出显著成绩的会计人员，给予精神的或者物质的奖励。

第七条　国务院财政部门主管全国的会计工作。

县级以上地方各级人民政府财政部门管理本行政区域内的会计工作。

第八条　国家实行统一的会计制度。国家统一的会计制度由国务院财政部门根据本法制定并公布。

国务院有关部门可以依照本法和国家统一的会计制度制定对会计核算和会计监督有特殊要求的行业实施国家统一的会计制度的具体办法或者补充规定，报国务院财政部门审核批准。

中国人民解放军总后勤部可以依照本法和国家统一的会计制度制定军队实施国家统一的会计制度的具体办法，报国务院财政部门备案。

第二章 会 计 核 算

第九条 各单位必须根据实际发生的经济业务事项进行会计核算，填制会计凭证，登记会计账簿，编制财务会计报告。

任何单位不得以虚假的经济业务事项或者资料进行会计核算。

第十条 下列经济业务事项，应当办理会计手续，进行会计核算：

（一）款项和有价证券的收付：

（二）财物的收发、增减和使用；

（三）债权债务的发生和结算；

（四）资本、基金的增减；

（五）收入、支出、费用、成本的计算；

（六）财务成果的计算和处理；

（七）需要办理会计手续、进行会计核算的其他事项。

第十一条 会计年度自公历 1 月 1 日起至 12 月 31 日止。

第十二条 会计核算以人民币为记账本位币。

业务收支以人民币以外的货币为主的单位，可以选定其中一种货币作为记账本位币，但是编报的财务会计报告应当折算为人民币。

第十三条 会计凭证、会计账簿、财务会计报告和其他会计资料，必须符合国家统一的会计制度的规定。

使用电子计算机进行会计核算的，其软件及其生成的会计凭证、会计账簿、财务会计报告和其他会计资料，也必须符合国家统一的会计制度的规定。

任何单位和个人不得伪造、变造会计凭证、会计账簿及其他会计资料，不得提供虚假的财务会计报告。

第十四条 会计凭证包括原始凭证和记账凭证。

办理本法第十条所列的经济业务事项，必须填制或者取得原始凭证并及时送交会计机构。

会计机构、会计人员必须按照国家统一的会计制度的规定对原始凭证进行审核，对不真实、不合法的原始凭证有权不予接受，并向单位负责人报告；对记载不准确、不完整的原始凭证予以退回，并要求按照国家统一的会计制度的规定更正、补充。

原始凭证记载的各项内容均不得涂改；原始凭证有错误的，应当由出具单位重开或者更正，更正处应当加盖出具单位印章。原始凭证金额有错误的，应当由出具单位重开，不得在原始凭证上更正。

记账凭证应当根据经过审核的原始凭证及有关资料编制。

第十五条　会计账簿登记，必须以经过审核的会计凭证为依据，并符合有关法律、行政法规和国家统一的会计制度的规定。会计账簿包括总账、明细账、日记账和其他辅助性账簿。

会计账簿应当按照连续编号的页码顺序登记。会计账簿记录发生错误或者隔页、缺号、跳行的，应当按照国家统一的会计制度规定的方法更正，并由会计人员和会计机构负责人（会计主管人员）在更正处盖章。

使用电子计算机进行会计核算的，其会计账簿的登记、更正，应当符合国家统一的会计制度的规定。

第十六条　各单位发生的各项经济业务事项应当在依法设置的会计账簿上统一登记、核算，不得违反本法和国家统一的会计制度的规定私设会计账簿登记、核算。

第十七条　各单位应当定期将会计账簿记录与实物、款项及有关资料相互核对，保证会计账簿记录与实物及款项的实有数额相符、会计账簿记录与会计凭证的有关内容相符、会计账簿之间相对应的记录相符、会计账簿记录与会计报表的有关内容相符。

第十八条　各单位采用的会计处理方法，前后各期应当一致，不得随意变更；确有必要变更的，应当按照国家统一的会计制度的规定变更，并将变更的原因、情况及影响在财务会计报告中说明。

第十九条　单位提供的担保、未决诉讼等或有事项，应当按照国家统一的会计制度的规定，在财务会计报告中予以说明。

第二十条　财务会计报告应当根据经过审核的会计账簿记录和有关资料编制，并符合本法和国家统一的会计制度关于财务会计报告的编制要求、提供对象和提供期限的规定；其他法律、行政法规另有规定的，从其规定。

财务会计报告由会计报表、会计报表附注和财务情况说明书组成。向不同的会计资料使用者提供的财务会计报告，其编制依据应当一致。有关法律、行政法规规定会计报表、会计报表附注和财务情况说明书须经注册会计师审计的，注册会计师及其所在的会计师事务所出具的审计报告应当随同财务会计报告一并提供。

第二十一条　财务会计报告应当由单位负责人和主管会计工作的负责人、会计机构负责人（会计主管人员）签名并盖章；设置总会计师的单位，还须由总会计师签名并盖章。

单位负责人应当保证财务会计报告真实、完整。

第二十二条　会计记录的文字应当使用中文。在民族自治地方，会计记录可以同时使用当地通用的一种民族文字。在中华人民共和国境内的外商投资企业、外国企业和其他外国组织的会计记录可以同时使用一种外国文字。

第二十三条　各单位对会计凭证、会计账簿、财务会计报告和其他会计资料应当建立档案，妥善保管。会计档案的保管期限和销毁办法，由国务院财政部门会同有关部门制定。

第三章　公司、企业会计核算的特别规定

第二十四条　公司、企业进行会计核算，除应当遵守本法第二章的规定外，还应当遵守本章规定。

第二十五条　公司、企业必须根据实际发生的经济业务事项，按照国家统一的会计制度的规定确认、计量和记录资产、负债、所有者权益、收入、费用、成本和利润。

第二十六条　公司、企业进行会计核算不得有下列行为：

（一）随意改变资产、负债、所有者权益的确认标准或者计量方法，虚列、多列、不列或者少列资产、负债、所有者权益；

（二）虚列或者隐瞒收入，推迟或者提前确认收入；

（三）随意改变费用、成本的确认标准或者计量方法，虚列、多列、不列或者少列费用、成本；

（四）随意调整利润的计算、分配方法，编造虚假利润或者隐瞒利润；

（五）违反国家统一的会计制度规定的其他行为。

第四章　会　计　监　督

第二十七条　各单位应当建立、健全本单位内部会计监督制度。单位内部会计监督制度应当符合下列要求：

（一）记账人员与经济业务事项和会计事项的审批人员、经办人员、财物保管人员的职责权限应当明确，并相互分离、相互制约；

（二）重大对外投资、资产处置、资金调度和其他重要经济业务事项的决策和执行的相互监督、相互制约程序应当明确；

（三）财产清查的范围、期限和组织程序应当明确；

（四）对会计资料定期进行内部审计的办法和程序应当明确。

第二十八条　单位负责人应当保证会计机构、会计人员依法履行职责，不得授意、指使、强令会计机构、会计人员违法办理会计事项。

会计机构、会计人员对违反本法和国家统一的会计制度规定的会计事项，有权拒绝办理或者按照职权予以纠正。

第二十九条　会计机构、会计人员发现会计账簿记录与实物、款项及有关资料不相符的，按照国家统一的会计制度的规定有权自行处理的，应当及时处理；无权处理的，应当立即向单位负责人报告，请求查明原因，作出处理。

第三十条　任何单位和个人对违反本法和国家统一的会计制度规定的行为，有权检举。收到检举的部门有权处理的，应当依法按照职责分工及时处理；无权处理的，应当及时移送有权处理的部门处理。收到检举的部门、负责处理的部门应当为检举人保密，不得将检举人姓名和检举材料转给被检举单位和被检举人个人。

第三十一条　有关法律、行政法规规定，须经注册会计师进行审计的单位，应当向受委托的会计师事务所如实提供会计凭证、会计账簿、财务会计报告和其他会计资料以及有关情况。

任何单位或者个人不得以任何方式要求或者示意注册会计师及其所在的会计师事务所出具不实或者不当的审计报告。

财政部门有权对会计师事务所出具审计报告的程序和内容进行监督。

第三十二条　财政部门对各单位的下列情况实施监督：

（一）是否依法设置会计账簿；

（二）会计凭证、会计账簿、财务会计报告和其他会计资料是否真实、完整；

（三）会计核算是否符合本法和国家统一的会计制度的规定；

（四）从事会计工作的人员是否具备专业能力、遵守职业道德。

在对前款第（二）项所列事项实施监督，发现重大违法嫌疑时，国务院财政部门及其派出机构可以向与被监督单位有经济业务往来的单位和被监督单位开立账户的金融机构查询有关情况，有关单位和金融机构应当给予支持。

第三十三条　财政、审计、税务、人民银行、证券监管、保险监管等部门应当依照有关法律、行政法规规定的职责，对有关单位的会计资料实施监督检查。

前款所列监督检查部门对有关单位的会计资料依法实施监督检查后，应当出具检查结论。有关监督检查部门已经作出的检查结论能够满足其他监督检查部门履行本部门职责需要的，其他监督检查部门应当加以利用，避免重复查账。

第三十四条　依法对有关单位的会计资料实施监督检查的部门及其工作人员对在监督检查中知悉的国家秘密和商业秘密负有保密义务。

第三十五条　各单位必须依照有关法律、行政法规的规定，接受有关监督检查部门依法实施的监督检查，如实提供会计凭证、会计账簿、财务会计报告和其他会计资料以及有关情况，不得拒绝、隐匿、谎报。

第五章 会计机构和会计人员

第三十六条 各单位应当根据会计业务的需要，设置会计机构，或者在有关机构中设置会计人员并指定会计主管人员；不具备设置条件的，应当委托经批准设立从事会计代理记账业务的中介机构代理记账。

国有的和国有资产占控股地位或者主导地位的大、中型企业必须设置总会计师。总会计师的任职资格、任免程序、职责权限由国务院规定。

第三十七条 会计机构内部应当建立稽核制度。

出纳人员不得兼任稽核、会计档案保管和收入、支出、费用、债权债务账目的登记工作。

第三十八条 会计人员应当具备从事会计工作所需要的专业能力。

担任单位会计机构负责人（会计主管人员）的，应当具备会计师以上专业技术职务资格或者从事会计工作三年以上经历。

本法所称会计人员的范围由国务院财政部门规定。

第三十九条 会计人员应当遵守职业道德，提高业务素质。对会计人员的教育和培训工作应当加强。

第四十条 因有提供虚假财务会计报告，做假账，隐匿或者故意销毁会计凭证、会计账簿、财务会计报告，贪污，挪用公款，职务侵占等与会计职务有关的违法行为被依法追究刑事责任的人员，不得再从事会计工作。

第四十一条 会计人员调动工作或者离职，必须与接管人员办清交接手续。

一般会计人员办理交接手续，由会计机构负责人（会计主管人员）监交；会计机构负责人（会计主管人员）办理交接手续，由单位负责人监交，必要时主管单位可以派人会同监交。

第六章 法 律 责 任

第四十二条 违反本法规定，有下列行为之一的，由县级以上人民政府财政部门责令限期改正，可以对单位并处三千元以上五万元以下的罚款；对其直接负责的主管人员和其他直接责任人员，可以处二千元以上二万元以下的罚款；属于国家工作人员的，还应当由其所在单位或者有关单位依法给予行政处分：

（一）不依法设置会计账簿的；

（二）私设会计账簿的；

（三）未按照规定填制、取得原始凭证或者填制、取得的原始凭证不符合规定的；

（四）以未经审核的会计凭证为依据登记会计账簿或者登记会计账簿不符合规定的；

（五）随意变更会计处理方法的；

（六）向不同的会计资料使用者提供的财务会计报告编制依据不一致的；

（七）未按照规定使用会计记录文字或者记账本位币的；

（八）未按照规定保管会计资料，致使会计资料毁损、灭失的；

（九）未按照规定建立并实施单位内部会计监督制度或者拒绝依法实施的监督或者不如实提供有关会计资料及有关情况的；

（十）任用会计人员不符合本法规定的。

有前款所列行为之一，构成犯罪的，依法追究刑事责任。

会计人员有第一款所列行为之一，情节严重的，五年内不得从事会计工作。

有关法律对第一款所列行为的处罚另有规定的，依照有关法律的规定办理。

第四十三条　伪造、变造会计凭证、会计账簿，编制虚假财务会计报告，构成犯罪的，依法追究刑事责任。

有前款行为，尚不构成犯罪的，由县级以上人民政府财政部门予以通报，可以对单位并处五千元以上十万元以下的罚款；对其直接负责的主管人员和其他直接责任人员，可以处三千元以上五万元以下的罚款；属于国家工作人员的，还应当由其所在单位或者有关单位依法给予撤职直至开除的行政处分；其中的会计人员，五年内不得从事会计工作。

第四十四条　隐匿或者故意销毁依法应当保存的会计凭证、会计账簿、财务会计报告，构成犯罪的，依法追究刑事责任。

有前款行为，尚不构成犯罪的，由县级以上人民政府财政部门予以通报，可以对单位并处五千元以上十万元以下的罚款；对其直接负责的主管人员和其他直接责任人员，可以处三千元以上五万元以下的罚款；属于国家工作人员的，还应当由其所在单位或者有关单位依法给予撤职直至开除的行政处分；其中的会计人员，五年内不得从事会计工作。

第四十五条　授意、指使、强令会计机构、会计人员及其他人员伪造、变造会计凭证、会计账簿，编制虚假财务会计报告或者隐匿、故意销毁依法应当保存的会计凭证、会计账簿、财务会计报告，构成犯罪的，依法追究刑事责任；尚不构成犯罪的，可以处五千元以上五万元以下的罚款；属于国家工作人员的，还应当由其所在单位或者有关单位依法给予降级、撤职、开除的行政处分。

第四十六条　单位负责人对依法履行职责、抵制违反本法规定行为的会计人员以降级、撤职、调离工作岗位、解聘或者开除等方式实行打击报复，构成犯罪的，依法追究刑事责任；尚不构成犯罪的，由其所在单位或者有关单位依法给予行政处分。对受打击报复的会计人员，应当恢复其名誉和原有职务、级别。

第四十七条　财政部门及有关行政部门的工作人员在实施监督管理中滥用职权、玩忽职守、徇私舞弊或者泄露国家秘密、商业秘密，构成犯罪的，依法追究刑事责任；尚不构成犯罪的，依法给予行政处分。

第四十八条　违反本法第三十条规定，将检举人姓名和检举材料转给被检举单位和被检举人个人的，由所在单位或者有关单位依法给予行政处分。

第四十九条　违反本法规定，同时违反其他法律规定的，由有关部门在各自职权范围内依法进行处罚。

第七章　附　则

第五十条　本法下列用语的含义：

单位负责人，是指单位法定代表人或者法律、行政法规规定代表单位行使职权的主要负责人。

国家统一的会计制度，是指国务院财政部门根据本法制定的关于会计核算、会计监督、会计机构和会计人员以及会计工作管理的制度。

第五十一条　个体工商户会计管理的具体办法，由国务院财政部门根据本法的原则另行规定。

第五十二条　本法自 2000 年 7 月 1 日起施行。

附录二 《会计基础工作规范》

（1996 年 6 月 17 日财会字〔1996〕19 号公布，根据 2019 年 3 月 14 日《财政部关于修改〈代理记账管理办法〉等 2 部部门规章的决定》修改）

第一章 总 则

第一条 为了加强会计基础工作，建立规范的会计工作秩序，提高会计工作水平，根据《中华人民共和国会计法》的有关规定，制定本规范。

第二条 国家机关、社会团体、企业、事业单位、个体工商户和其他组织的会计基础工作，应当符合本规范的规定。

第三条 各单位应当依据有关法规、法规和本规范的规定，加强会计基础工作，严格执行会计法规制度，保证会计工作依法有序地进行。

第四条 单位领导人对本单位的会计基础工作负有领导责任。

第五条 各省、自治区、直辖市财政厅（局）要加强对会计基础工作的管理和指导，通过政策引导、经验交流、监督检查等措施，促进基层单位加强会计基础工作，不断提高会计工作水平。

国务院各业务主管部门根据职责权限管理本部门的会计基础工作。

第二章 会计机构和会计人员

第一节 会计机构设置和会计人员配备

第六条 各单位应当根据会计业务的需要设置会计机构；不具备单独设置会计机构条件的，应当在有关机构中配备专职会计人员。

事业行政单位会计机构的设置和会计人员的配备，应当符合国家统一事业行政单位会计制度的规定。

设置会计机构，应当配备会计机构负责人；在有关机构中配备专职会计人员，应当在专职会计人员中指定会计主管人员。

会计机构负责人、会计主管人员的任免，应当符合《中华人民共和国会计法》和有关法律的规定。

第七条 会计机构负责人、会计主管人员应当具备下列基本条件：

（一）坚持原则，廉洁奉公；

（二）具备会计师以上专业技术职务资格或者从事会计工作不少于三年；

（三）熟悉国家财经法律、法规、规章和方针、政策，掌握本行业业务管理的有关知识；

（四）有较强的组织能力；

（五）身体状况能够适应本职工作的要求。

第八条 没有设置会计机构或者配备会计人员的单位，应当根据《代理记账管理办法》的规定，委托会计师事务所或者持有代理记账许可证书的代理记账机构进行代理记账。

第九条 大、中型企业、事业单位、业务主管部门应当根据法律和国家有关规定设置总会计师。总会计师由具有会计师以上专业技术资格的人员担任。

总会计师行使《总会计师条例》规定的职责、权限。

总会计师的任命（聘任）、免职（解聘）依照《总会计师条例》和有关法律的规定办理。

第十条 各单位应当根据会计业务需要配备会计人员，督促其遵守职业道德和国家统一的会计制度。

第十一条 各单位应当根据会计业务需要设置会计工作岗位。

会计工作岗位一般可分为：会计机构负责人或者会计主管人员，出纳，财产物资核算，工资核算，成本费用核算，财务成果核算，资金核算，往来结算，总账报表，稽核，档案管理等。开展会计电算化和管理会计的单位，可以根据需要设置相应工作岗位，也可以与其他工作岗位相结合。

第十二条 会计工作岗位，可以一人一岗、一人多岗或者一岗多人。但出纳人员不得兼管稽核、会计档案保管和收入、费用、债权债务账目的登记工作。

第十三条 会计人员的工作岗位应当有计划地进行轮换。

第十四条 会计人员应当具备必要的专业知识和专业技能，熟悉国家有关法律、法规、规章和国家统一会计制度，遵守职业道德。

会计人员应当按照国家有关规定参加会计业务的培训。各单位应当合理安排会计人员的培训，保证会计人员每年有一定时间用于学习和参加培训。

第十五条 各单位领导人应当支持会计机构、会计人员依法行使职权；对忠于职守、坚持原则，做出显著成绩的会计机构、会计人员，应当给予精神的和物质的奖励。

第十六条 国家机关、国有企业、事业单位任用会计人员应当实行回避制度。

单位领导人的直系亲属不得担任本单位的会计机构负责人、会计主管人员。会计机构负责人、会计主管人员的直系亲属不得在本单位会计机构中担任出纳工作。

需要回避的直系亲属为：夫妻关系、直系血亲关系、三代以内旁系血亲以及配偶亲关系。

第二节　会计人员职业道德

第十七条　会计人员在会计工作中应当遵守职业道德，树立良好的职业品质、严谨的工作作风，严守工作纪律，努力提高工作效率和工作质量。

第十八条　会计人员应当热爱本职工作，努力钻研业务，使自己的知识和技能适应所从事工作的要求。

第十九条　会计人员应当熟悉财经法律、法规、规章和国家统一会计制度，并结合会计工作进行广泛宣传。

第二十条　会计人员应当按照会计法规、法规和国家统一会计制度规定的程序和要求进行会计工作，保证所提供的会计信息合法、真实、准确、及时、完整。

第二十一条　会计人员办理会计事务应当实事求是、客观公正。

第二十二条　会计人员应当熟悉本单位的生产经营和业务管理情况，运用掌握的会计信息和会计方法，为改善单位内部管理、提高经济效益服务。

第二十三条　会计人员应当保守本单位的商业秘密。除法律规定和单位领导人同意外，不能私自向外界提供或者泄露单位的会计信息。

第二十四条　财政部门、业务主管部门和各单位应当定期检查会计人员遵守职业道德的情况，并作为会计人员晋升、晋级、聘任专业职务、表彰奖励的重要考核依据。

会计人员违反职业道德的，由所在单位进行处理。

第三节　会计工作交接

第二十五条　会计人员工作调动或者因故离职，必须将本人所经管的会计工作全部移交给接替人员。没有办清交接手续的，不得调动或者离职。

第二十六条　接替人员应当认真接管移交工作，并继续办理移交的未了事项。

第二十七条　会计人员办理移交手续前，必须及时做好以下工作：

（一）已经受理的经济业务尚未填制会计凭证的，应当填制完毕。

（二）尚未登记的账目，应当登记完毕，并在最后一笔余额后加盖经办人员印章。

（三）整理应该移交的各项资料，对未了事项写出书面材料。

（四）编制移交清册，列明应当移交的会计凭证、会计账簿、会计报表、印章、现金、有价证券、支票簿、发票、文件、其他会计资料和物品等内容；实行会计电算化的单位，从事该项工作的移交人员还应当在移交清册中列明会计软件及密码、会计软件数据磁盘（磁带等）及有关资料、实物等内容。

第二十八条　会计人员办理交接手续，必须有监交人负责监交。一般会计人员交接，由单位会计机构负责人、会计主管人员负责监交；会计机构负责人、会计主管人员交接，由单位领导人负责监交，必要时可由上级主管部门派人会同监交。

第二十九条　移交人员在办理移交时，要按移交清册逐项移交；接替人员要逐项核对点收。

（一）现金、有价证券要根据会计账簿有关记录进行点交。库存现金、有价证券必须与会计账簿记录保持一致。不一致时，移交人员必须限期查清。

（二）会计凭证、会计账簿、会计报表和其他会计资料必须完整无缺。如有短缺，必须查清原因，并在移交清册中注明，由移交人员负责。

（三）银行存款账户余额要与银行对账单核对，如不一致，应当编制银行存款余额调节表调节相符，各种财产物资和债权债务的明细账户余额要与总账有关账户余额核对相符；必要时，要抽查个别账户的余额，与实物核对相符，或者与往来单位、个人核对清楚。

（四）移交人员经管的票据、印章和其他实物等，必须交接清楚；移交人员从事会计电算化工作的，要对有关电子数据在实际操作状态下进行交接。

第三十条　会计机构负责人、会计主管人员移交时，还必须将全部财务会计工作、重大财务收支和会计人员的情况等，向接替人员详细介绍。对需要移交的遗留问题，应当写出书面材料。

第三十一条　交接完毕后，交接双方和监交人员要在移交注册上签名或者盖章。并应在移交注册上注明：单位名称，交接日期，交接双方和监交人员的职务、姓名，移交清册页数以及需要说明的问题和意见等。

移交清册一般应当填制一式三份，交接双方各执一份，存档一份。

第三十二条　接替人员应当继续使用移交的会计账簿，不得自行另立新账，以保持会计记录的连续性。

第三十三条　会计人员临时离职或者因病不能工作且需要接替或者代理的，会计机构负责人、会计主管人员或者单位领导人必须指定有关人员接替或者代理，并办理交接手续。

临时离职或者因病不能工作的会计人员恢复工作的，应当与接替或者代理人员办理交接手续。

移交人员因病或者其他特殊原因不能亲自办理移交的，经单位领导人批准，可由移交人员委托他人代办移交，但委托人应当承担本规范第三十五条规定的责任。

第三十四条　单位撤销时，必须留有必要的会计人员，会同有关人员办理清理工作，编制决算。未移交前，不得离职。接收单位和移交日期由主管部门确定。

单位合并、分立的，其会计工作交接手续比照上述有关规定办理。

第三十五条　移交人员对所移交的会计凭证、会计账簿、会计报表和其他有关资料的合法性、真实性承担法律责任。

第三章　会 计 核 算

第一节　会计核算一般要求

第三十六条　各单位应当按照《中华人民共和国会计法》和国家统一会计制度的规定建立会计账册，进行会计核算，及时提供合法、真实、准确、完整的会计信息。

第三十七条　各单位发生的下列事项，应当及时办理会计手续、进行会计核算：

（一）款项和有价证券的收付；

（二）财物的收发、增减和使用；

（三）债权债务的发生和结算；

（四）资本、基金的增减；

（五）收入、支出、费用、成本的计算；

（六）财务成果的计算和处理；

（七）其他需要办理会计手续、进行会计核算的事项。

第三十八条　各单位的会计核算应当以实际发生的经济业务为依据，按照规定的会计处理方法进行，保证会计指标的口径一致、相互可比和会计处理方法的前后各期相一致。

第三十九条　会计年度自公历1月1日起至12月31日止。

第四十条　会计核算以人民币为记账本位币。

收支业务以外国货币为主的单位，也可以选定某种外国货币作为记账本位币，但是编制的会计报表应当折算为人民币反映。

境外单位向国内有关部门编报的会计报表，应当折算为人民币反映。

第四十一条　各单位根据国家统一会计制度的要求，在不影响会计核算要求、会计报表指标汇总和对外统一会计报表的前提下，可以根据实际情况自行设置和使用会计科目。

事业行政单位会计科目的设置和使用，应当符合国家统一事业行政单位会计制度的规定。

第四十二条　会计凭证、会计账簿、会计报表和其他会计资料的内容和要求必须符合国家统一会计制度的规定，不得伪造、变造会计凭证和会计账簿，不得设置账外账，不得报送虚假会计报表。

第四十三条　各单位对外报送的会计报表格式由财政部统一规定。

第四十四条　实行会计电算化的单位，对使用的会计软件及其生成的会计凭证、会计账簿、会计报表和其他会计资料的要求，应当符合财政部关于会计电算化的有关规定。

第四十五条　各单位的会计凭证、会计账簿、会计报表和其他会计资料，应当建立档案，妥善保管。会计档案建档要求、保管期限、销毁办法等依据《会计档案管理办法》的规定进行。

实行会计电算化的单位，有关电子数据、会计软件资料等应当作为会计档案进行管理。

第四十六条　会计记录的文字应当使用中文，少数民族自治地区可以同时使用少数民族文字。中国境内的外商投资企业、外国企业和其他外国经济组织也可以同时使用某种外国文字。

第二节　填制会计凭证

第四十七条　各单位办理本规范第三十七条规定的事项，必须取得或者填制原始凭证，并及时送交会计机构。

第四十八条　原始凭证的基本要求是：

（一）原始凭证的内容必须具备：凭证的名称；填制凭证的日期；填制凭证单位名称或者填制人姓名；经办人员的签名或者盖章；接受凭证单位名称；经济业务内容；数量、单价和金额。

（二）从外单位取得的原始凭证，必须盖有填制单位的公章；从个人取得的原始凭证，必须有填制人员的签名或者盖章。自制原始凭证必须有经办单位领导人或者其指定的人员签名或者盖章。对外开出的原始凭证，必须加盖本单位公章。

（三）凡填有大写和小写金额的原始凭证，大写与小写金额必须相符。购买实物的原始凭证，必须有验收证明。支付款项的原始凭证，必须有收款单位和收款人的收款证明。

（四）一式几联的原始凭证，应当注明各联的用途，只能以一联作为报销凭证。

一式几联的发票和收据，必须用双面复写纸（发票和收据本身具备复写纸功能的除外）套写，并连续编号。作废时应当加盖"作废"戳记，连同存根一起保存，不得撕毁。

（五）发生销货退回的，除填制退货发票外，还必须有退货验收证明；退款时，必须取得对方的收款收据或者汇款银行的凭证，不得以退货发票代替收据。

（六）职工公出借款凭据，必须附在记账凭证之后。收回借款时，应当另开收据或者退还借据副本，不得退还原借款收据。

（七）经上级有关部门批准的经济业务，应当将批准文件作为原始凭证附件。如果批准文件需要单独归档的，应当在凭证上注明批准机关名称、日期和文件字号。

第四十九条　原始凭证不得涂改、挖补。发现原始凭证有错误的，应当由开出单位重开或者更正，更正处应当加盖开出单位的公章。

第五十条　会计机构、会计人员要根据审核无误的原始凭证填制记账凭证。

记账凭证可以分为收款凭证、付款凭证和转账凭证，也可以使用通用记账凭证。

第五十一条　记账凭证的基本要求是：

（一）记账凭证的内容必须具备：填制凭证的日期；凭证编号；经济业务摘要；会计科目；金额；所附原始凭证张数；填制凭证人员、稽核人员、记账人员、会计机构负责人、会计主管人员签名或者盖章。收款和付款记账凭证还应当由出纳人员签名或者盖章。

以自制的原始凭证或者原始凭证汇总表代替记账凭证的，也必须具备记账凭证应有的项目。

（二）填制记账凭证时，应当对记账凭证进行连续编号。一笔经济业务需要填制两张以上记账凭证的，可以采用分数编号法编号。

（三）记账凭证可以根据每一张原始凭证填制，或者根据若干张同类原始凭证汇总填制，也可以根据原始凭证汇总表填制。但不得将不同内容和类别的原始凭证汇总填制在一张记账凭证上。

（四）除结账和更正错误的记账凭证可以不附原始凭证外，其他记账凭证必须附有原始凭证。如果一张原始凭证涉及几张记账凭证，可以把原始凭证附在一张主要的记账凭证后面，并在其他记账凭证上注明附有该原始凭证的记账凭证的编号或者附原始凭证复印机。

一张复始凭证所列支出需要几个单位共同负担的，应当将其他单位负担的部分，开给对方原始凭证分割单，进行结算。原始凭证分割单必须具备原始凭证的基本内容：凭证名称、填制凭证日期、填制凭证单位名称或者填制人姓名、经办人的签名或者盖章、接受凭证单位名称、经济业务内容、数量、单价、金额和费用分摊情况等。

（五）如果在填制记账凭证时发生错误，应当重新填制。

已经登记入账的记账凭证，在当年内发现填写错误时，可以用红字填写一张与原内容相同的记账凭证，在摘要栏注明"注销某月某日某号凭证"字样，同时再用蓝字重新填制一张正确的记账凭证，注明"订正某月某日某号凭证"字样。如果会计科目没有错误，只是金额错误，也可以将正确数字与错误数字之间的差额，另编一张调整的记账凭证，调增金额用蓝字，调减金额用红字。发现以前年度记账凭证有错误的，应当用蓝字填制一张更正的记账凭证。

（六）记账凭证填制完经济业务事项后，如有空行，应当自金额栏最后一笔金额数字下的空行处至合计数上的空行处划线注销。

第五十二条　填制会计凭证，字迹必须清晰、工整，并符合下列要求：

（一）阿拉伯数字应当一个一个地写，不得连笔写。阿拉伯金额数字前面应当书写货币币种符号或者货币名称简写和币种符号。币种符号与阿拉伯金额数字之间不得留有空白。凡阿拉伯数字前写有币种符号的，数字后面不再写货币单位。

（二）所有以元为单位（其他货币种类为货币基本单位，下同）的阿拉伯数字，除表示单价等情况外，一律填写到角分；无角分的，角位和分位可写"00"，或者符号"——"；有角无分的，分位应当写"0"，不得用符号"——"代替。

（三）汉字大写数字金额如零、壹、贰、叁、肆、伍、陆、柒、捌、玖、拾、佰、仟、万、亿等，一律用正楷或者行书体书写，不得用0、一、二、三、四、五、六、七、八、九、十等简化字代替，不得任意自造简化字。大写金额数字到元或者角为止的，在"元"或者"角"字之后应当写"整"字或者"正"字；大写金额数字有分的，分字后面不写"整"或者"正"字。

（四）大写金额数字前未印有货币名称的，应当加填货币名称，货币名称与金额数字之间不得留有空白。

（五）阿拉伯金额数字中间有"0"时，汉字大写金额要写"零"字；阿拉伯数字金额中间连续有几个"0"时，汉字大写金额中可以只写一个"零"字；阿拉伯金额数字元位是"0"，或者数字中间连续有几个"0"、元位也是"0"但角位不是"0"时，汉字大写金额可以只写一个"零"字，也可以不写"零"字。

第五十三条　实行会计电算化的单位，对于机制记账凭证，要认真审核，做到会计科目使用正确，数字准确无误。打印出的机制记账凭证要加盖制单人员、审核人员、记账人员及会计机构负责人、会计主管人员印章或者签字。

第五十四条　各单位会计凭证的传递程序应当科学、合理，具体办法由各单位根据会计业务需要自行规定。

第五十五条　会计机构、会计人员要妥善保管会计凭证。

（一）会计凭证应当及时传递，不得积压。

（二）会计凭证登记完毕后，应当按照分类和编号顺序保管，不得散乱丢失。

（三）记账凭证应当连同所附的原始凭证或者原始凭证汇总表，按照编号顺序，折叠整齐，按期装订成册，并加具封面，注明单位名称、年度、月份和起讫日期、凭证种类、起讫号码，由装订人在装订线封签外签名或者盖章。

对于数量过多的原始凭证，可以单独装订保管，在封面上注明记账凭证日期、编号、种类，同时在记账凭证上注明"附件另订"和原始凭证名称及编号。

各种经济合同、存出保证金收据以及涉外文件等重要原始凭证，应当另编目录，单独登记保管，并在有关的记账凭证和原始凭证上相互注明日期和编号。

（四）原始凭证不得外借，其他单位如因特殊原因需要使用原始凭证时，经本单位会计机构负责人、会计主管人员批准，可以复制。向外单位提供的原始凭证复制件，应当在专设的登记簿上登记，并由提供人员和收取人员共同签名或者盖章。

（五）从外单位取得的原始凭证如有遗失，应当取得原开出单位盖有公章的证明，并注明原来凭证的号码、金额和内容等，由经办单位会计机构负责人、会计主管人员和单位领导人批准后，才能代作原始凭证。如果确实无法取得证明的，如火车、轮船、飞机票等凭证，由当事人写出详细情况，由经办单位会计机构负责人、会计主管人员和单位领导人批准后，代作原始凭证。

第三节　登记会计账簿

第五十六条　各单位应当按照国家统一会计制度的规定和会计业务的需要设置会计账簿。会计账簿包括总账、明细账、日记账和其他辅助性账簿。

第五十七条　现金日记账和银行存款日记账必须采用订本式账簿。不得用银行对账单或者其他方法代替日记账。

第五十八条　实行会计电算化的单位，用计算机打印的会计账簿必须连续编号，经审核无误后装订成册，并由记账人员和会计机构负责人、会计主管人员签字或者盖章。

第五十九条　启用会计账簿时，应当在账簿封面上写明单位名称和账簿名称。在账簿扉页上应当附启用表，内容包括：启用日期、账簿页数、记账人员和会计机构负责人、会计主管人员姓名，并加盖名章和单位公章。记账人员或者会计机构负责人、会计主管人员调动工作时，应当注明交接日期、接办人员或者监交人员姓名，并由交接双方人员签名或者盖章。

启用订本式账簿，应当从第一页到最后一页顺序编定页数，不得跳页、缺号。使用活页式账页，应当按账户顺序编号，并须定期装订成册。装订后再按实际使用的账页顺序编定页码。另加目录，记明每个账户的名称和页次。

第六十条　会计人员应当根据审核无误的会计凭证登记会计账簿。登记账簿的基本要求是：

（一）登记会计账簿时，应当将会计凭证日期、编号、业务内容摘要、金额和其他有关资料逐项记入账内，做到数字准确、摘要清楚、登记及时、字迹工整。

（二）登记完毕后，要在记账凭证上签名或者盖章，并注明已经登账的符号，表示已经记账。

（三）账簿中书写的文字和数字上面要留有适当空格，不要写满格；一般应占格距的二分之一。

（四）登记账簿要用蓝黑墨水或者碳素墨水书写，不得使用圆珠笔（银行的复写账簿除外）或者铅笔书写。

（五）下列情况，可以用红色墨水记账：

1. 按照红字冲账的记账凭证，冲销错误记录；

2. 在不设借贷等栏的多栏式账页中，登记减少数；

3. 在三栏式账户的余额栏前，如未印明余额方向的，在余额栏内登记负数余额；

4. 根据国家统一会计制度的规定可以用红字登记的其他会计记录。

（六）各种账簿按页次顺序连续登记，不得跳行、隔页。如果发生跳行、隔页，应当将空行、空页划线注销，或者注明"此行空白""此页空白"字样，并由记账人员签名或者盖章。

（七）凡需要结出余额的账户，结出余额后，应当在"借或贷"等栏内写明"借"或者"贷"等字样。没有余额的账户，应当在"借或贷"等栏内写"平"字，并在余额栏内用"Q"表示。

现金日记账和银行存款日记账必须逐日结出余额。

（八）每一账页登记完毕结转下页时，应当结出本页合计数及余额，写在本页最后一行和下页第一行有关栏内，并在摘要栏内注明"过次页"和"承前页"字样；也可以将本页合计数及金额只写在下页第一行有关栏内，并在摘要栏内注明"承前页"字样。

对需要结计本月发生额的账户，结计"过次页"的本页合计数应当为自本月初起至本页末止的发生额合计数；对需要结计本年累计发生额的账户，结计"过次页"的本页合计数应当为自年初起至本页末止的累计数；对既不需要结计本月发生额也不需要结计本年累计发生额的账户，可以只将每页末的余额结转次页。

第六十一条　账簿记录发生错误，不准涂改、挖补、刮擦或者用药水消除字迹，不准重新抄写，必须按照下列方法进行更正：

（一）登记账簿时发生错误，应当将错误的文字或者数字划红线注销，但必须使原有字迹仍可辨认；然后在划线上方填写正确的文字或者数字，并由记账人员在更正处盖章。对于错误的数字，应当全部划红线更正，不得只更正其中的错误数字。对于文字错误，可只划去错误的部分。

（二）由于记账凭证错误而使账簿记录发生错误，应当按更正的记账凭证登记账簿。

第六十二条　各单位应当定期对会计账簿记录的有关数字与库存实物、货币资金、有价证券、往来单位或者个人等进行相互核对，保证账证相符、账账相符、账实相符。对账工作每年至少进行一次。

（一）账证核对。核对会计账簿记录与原始凭证、记账凭证的时间、凭证字号、内容、金额是否一致，记账方向是否相符。

（二）账账核对。核对不同会计账簿之间的账簿记录是否相符，包括：总账有关账户的余额核对，总账与明细账核对，总账与日记账核对，会计部门的财产物资明细账与财产物资保管和使用部门的有关明细账核对等。

（三）账实核对。核对会计账簿记录与财产等实有数额是否相符。包括：现金日记账账面余额与现金实际库存数相核对；银行存款日记账账面余额定期与银行对账单相核对；各种财物明细账账面余额与财物实存数额相核对；各种应收、应付款明细账账面余额与有关债务、债权单位或者个人核对等。

第六十三条　各单位应当按照规定定期结账。

（一）结账前，必须将本期内所发生的各项经济业务全部登记入账。

（二）结账时，应当结出每个账户的期末余额。需要结出当月发生额的，应当在摘要栏内注明"本月合计"字样，并在下面通栏划单红线。需要结出本年累计发生额的，应当在摘要栏内注明"本年累计"字样，并在下面通栏划单红线；12月末的"本年累计"就是全年累计发生额。全年累计发生额下面应当通栏划双红线。年度终了结账时，所有总账账户都应当结出全年发生额和年末余额。

（三）年度终了，要把各账户的余额结转到下一会计年度，并在摘要栏注明"结转下年"字样；在下一会计年度新建有关会计账簿的第一行余额栏内填写上年结转的余额，并在摘要栏注明"上年结转"字样。

第四节　编制财务报告

第六十四条　各单位必须按照国家统一会计制度的规定，定期编制财务报告。

财务报告包括会计报表及其说明。会计报表包括会计报表主表、会计报表附表、会计报表附注。

第六十五条　各单位对外报送的财务报告应当根据国家统一会计制度规定的格式和要求编制。

单位内部使用的财务报告，其格式和要求由各单位自行规定。

第六十六条　会计报表应当根据登记完整、核对无误的会计账簿记录和其他有关资料编制，做到数字真实、计算准确、内容完整、说明清楚。

任何人不得篡改或者授意、指使、强令他人篡改会计报表的有关数字。

第六十七条　会计报表之间、会计报表各项目之间，凡有对应关系的数字，应当相互一致。本期会计报表与上期会计报表之间有关的数字应当相互衔接。如果不同会计年度会计报表中各项目的内容和核算方法有变更的，应当在年度会计报表中加以说明。

第六十八条　各单位应当按照国家统一会计制度的规定认真编写会计报表附注及其说明，做到项目齐全，内容完整。

第六十九条　各单位应当按照国家规定的期限对外报送财务报告。

对外报送的财务报告，应当依次编写页码，加具封面，装订成册，加盖公章。封面上应当注明：单位名称，单位地址，财务报告所属年度、季度、月度，送出日期，并由单位领导人、总会计师、会计机构负责人、会计主管人员签名或者盖章。

单位领导人对财务报告的合法性、真实性负法律责任。

第七十条　根据法律和国家有关规定应当对财务报告进行审计的，财务报告编制单位应当先行委托注册会计师进行审计，并将注册会计师出具的审计报告随同财务报告按照规定的期限报送有关部门。

第七十一条　如果发现对外报送的财务报告有错误，应当及时办理更正手续。除更正本单位留存的财务报告外，并应同时通知接受财务报告的单位更正。错误较多的，应当重新编报。

第四章　会　计　监　督

第七十二条　各单位的会计机构、会计人员对本单位的经济活动进行会计监督。

第七十三条　会计机构、会计人员进行会计监督的依据是：

（一）财经法律、法规、规章；

（二）会计法律、法规和国家统一会计制度；

（三）各省、自治区、直辖市财政厅（局）和国务院业务主管部门根据《中华人民共和国会计法》和国家统一会计制度制定的具体实施办法或者补充规定；

（四）各单位根据《中华人民共和国会计法》和国家统一会计制度制定的单位内部会计管理制度；

（五）各单位内部的预算、财务计划、经济计划、业务计划等。

第七十四条　会计机构、会计人员应当对原始凭证进行审核和监督。

对不真实、不合法的原始凭证，不予受理。对弄虚作假、严重违法的原始凭证，在不予受理的同时，应当予以扣留，并及时向单位领导人报告，请求查明原因，追究当事人的责任。

对记载不准确、不完整的原始凭证，予以退回，要求经办人员更正、补充。

第七十五条　会计机构、会计人员对伪造、变造、故意毁灭会计账簿或者账外设账行为，应当制止和纠正；制止和纠正无效的，应当向上级主管单位报告，请求作出处理。

第七十六条　会计机构、会计人员应当对实物、款项进行监督，督促建立并严格执行财产清查制度。发现账簿记录与实物、款项不符时，应当按照国家有关规定进行处理。超出会计机构、会计人员职权范围的，应当立即向本单位领导报告，请求查明原因，作出处理。

第七十七条　会计机构、会计人员对指使、强令编造、篡改财务报告行为，应当制止和纠正；制止和纠正无效的，应当向上级主管单位报告，请求处理。

第七十八条　会计机构、会计人员应当对财务收支进行监督。

（一）对审批手续不全的财务收支，应当退回，要求补充、更正。

（二）对违反规定不纳入单位统一会计核算的财务收支，应当制止和纠正。

（三）对违反国家统一的财政、财务、会计制度规定的财务收支，不予办理。

（四）对认为是违反国家统一的财政、财务、会计制度规定的财务收支，应当制止和纠正；制止和纠正无效的，应当向单位领导人提出书面意见请求处理。

单位领导人应当在接到书面意见起十日内作出书面决定，并对决定承担责任。

（五）对违反国家统一的财政、财务、会计制度规定的财务收支，不予制止和纠正，又不向单位领导人提出书面意见的，也应当承担责任。

（六）对严重违反国家利益和社会公众利益的财务收支，应当向主管单位或者财政、审计、税务机关报告。

第七十九条　会计机构、会计人员对违反单位内部会计管理制度的经济活动，应当制止和纠正；制止和纠正无效的，向单位领导人报告，请求处理。

第八十条　会计机构、会计人员应当对单位制定的预算、财务计划、经济计划、业务计划的执行情况进行监督。

第八十一条　各单位必须依照法律和国家有关规定接受财政、审计、税务等机关的监督，如实提供会计凭证、会计账簿、会计报表和其他会计资料以及有关情况，不得拒绝、隐匿、谎报。

第八十二条　按照法律规定应当委托注册会计师进行审计的单位，应当委托注册会计师进行审计，并配合注册会计师的工作，如实提供会计凭证、会计账簿、会计报表和其他会计资料以及有关情况，不得拒绝、隐匿、谎报，不得示意注册会计师出具不当的审计报告。

第五章　内部会计管理制度

第八十二条　各单位应当根据《中华人民共和国会计法》和国家统一会计制度的规定，结合单位类型和内容管理的需要，建立健全相应的内部会计管理制度。

第八十四条　各单位制定内部会计管理制度应当遵循下列原则：

（一）应当执行法律、法规和国家统一的财务会计制度。

（二）应当体现本单位的生产经营、业务管理的特点和要求。

（三）应当全面规范本单位的各项会计工作，建立健全会计基础，保证会计工作的有序进行。

（四）应当科学、合理，便于操作和执行。

（五）应当定期检查执行情况。

（六）应当根据管理需要和执行中的问题不断完善。

第八十五条　各单位应当建立内部会计管理体系。主要内容包括：单位领导人、总会计师对会计工作的领导职责；会计部门及其会计机构负责人、会计主管人员的职责、权限；会计部门与其他职能部门的关系；会计核算的组织形式等。

第八十六条　各单位应当建立会计人员岗位责任制度。主要内容包括：会计人员的工作岗位设置；各会计工作岗位的职责和标准；各会计工作岗位的人员和具体分工；会计工作岗位轮换办法；对各会计工作岗位的考核办法。

第八十七条　各单位应当建立账务处理程序制度。主要内容包括：会计科目及其明细科目的设置和使用；会计凭证的格式、审核要求和传递程序；会计核算方法；会计账簿的设置；编制会计报表的种类和要求；单位会计指标体系。

第八十八条　各单位应当建立内部牵制制度。主要内容包括：内部牵制制度的原则；组织分工；出纳岗位的职责和限制条件；有关岗位的职责和权限。

第八十九条　各单位应当建立稽核制度。主要内容包括：稽核工作的组织形式和具体分工；稽核工作的职责、权限；审核会计凭证和复核会计账簿、会计报表的方法。

第九十条　各单位应当建立原始记录管理制度。主要内容包括：原始记录的内容和填制方法；原始记录的格式；原始记录的审核；原始记录填制人的责任；原始记录签署、传递、汇集要求。

第九十一条　各单位应当建立定额管理制度。主要内容包括：定额管理的范围；制定和修订定额的依据、程序和方法；定额的执行；定额考核和奖惩办法等。

第九十二条　各单位应当建立计量验收制度。主要内容包括：计量检测手段和方法；计量验收管理的要求；计量验收人员的责任和奖惩办法。

第九十三条　各单位应当建立财产清查制度。主要内容包括：财产清查的范围；财产清查的组织；财产清查的期限和方法；对财产清查中发现问题的处理办法；对财产管理人员的奖惩办法。

第九十四条　各单位应当建立财务收支审批制度。主要内容包括：财务收支审批人员和审批权限；财务收支审批程序；财务收支审批人员的责任。

第九十五条　实行成本核算的单位应当建立成本核算制度。主要内容包括：成本核算的对象；成本核算的方法和程序；成本分析等。

第九十六条　各单位应当建立财务会计分析制度。主要内容包括：财务会计分析的主要内容；财务会计分析的基本要求和组织程序；财务会计分析的具体方法；财务会计分析报告的编写要求等。

第六章　附　　则

第九十七条　本规范所称国家统一会计制度，是指由财政部制定、或者财政部与国务院有关部门联合制定、或者经财政部审核批准的在全国范围内统一执行的会计规章、准则、办法等规范性文件。

本规范所称会计主管人员，是指不设置会计机构、只在其他机构中设置专职会计人员的单位行使会计机构负责人职权的人员。

本规范第三章第二节和第三节关于填制会计凭证、登记会计账簿的规定，除特别指出外，一般适用于手工记账。实行会计电算化的单位，填制会计凭证和登记会计账簿的有关要求，应当符合财政部关于会计电算化的有关规定。

第九十八条　各省、自治区、直辖市财政厅（局）、国务院各业务主管部门可以根据本规范的原则，结合本地区、本部门的具体情况，制定具体实施办法，报财政部备案。

第九十九条　本规范由财政部负责解释、修改。

第一百条　本规范自公布之日起实施。1984年4月24日财政部发布的《会计人员工作规则》同时废止。

附录三 《会计档案管理办法》

（中华人民共和国财政部 国家档案局令第79号）

第一条 为了加强会计档案管理，有效保护和利用会计档案，根据《中华人民共和国会计法》《中华人民共和国档案法》等有关法律和行政法规，制定本办法。

第二条 国家机关、社会团体、企业、事业单位和其他组织（以下统称单位）管理会计档案适用本办法。

第三条 本办法所称会计档案是指单位在进行会计核算等过程中接收或形成的，记录和反映单位经济业务事项的，具有保存价值的文字、图表等各种形式的会计资料，包括通过计算机等电子设备形成、传输和存储的电子会计档案。

第四条 财政部和国家档案局主管全国会计档案工作，共同制定全国统一的会计档案工作制度，对全国会计档案工作实行监督和指导。

县级以上地方人民政府财政部门和档案行政管理部门管理本行政区域内的会计档案工作，并对本行政区域内会计档案工作实行监督和指导。

第五条 单位应当加强会计档案管理工作，建立和完善会计档案的收集、整理、保管、利用和鉴定销毁等管理制度，采取可靠的安全防护技术和措施，保证会计档案的真实、完整、可用、安全。

单位的档案机构或者档案工作人员所属机构（以下统称单位档案管理机构）负责管理本单位的会计档案。单位也可以委托具备档案管理条件的机构代为管理会计档案。

第六条 下列会计资料应当进行归档：

（一）会计凭证，包括原始凭证、记账凭证；

（二）会计账簿，包括总账、明细账、日记账、固定资产卡片及其他辅助性账簿；

（三）财务会计报告，包括月度、季度、半年度、年度财务会计报告；

（四）其他会计资料，包括银行存款余额调节表、银行对账单、纳税申报表、会计档案移交清册、会计档案保管清册、会计档案销毁清册、会计档案鉴定意见书及其他具有保存价值的会计资料。

第七条 单位可以利用计算机、网络通信等信息技术手段管理会计档案。

第八条 同时满足下列条件的，单位内部形成的属于归档范围的电子会计资料可仅以电子形式保存，形成电子会计档案：

（一）形成的电子会计资料来源真实有效，由计算机等电子设备形成和传输；

（二）使用的会计核算系统能够准确、完整、有效接收和读取电子会计资料，能够输出符合国家标准归档格式的会计凭证、会计账簿、财务会计报表等会计资料，设定了经办、审核、审批等必要的审签程序；

（三）使用的电子档案管理系统能够有效接收、管理、利用电子会计档案，符合电子档案的长期保管要求，并建立了电子会计档案与相关联的其他纸质会计档案的检索关系；

（四）采取有效措施，防止电子会计档案被篡改；

（五）建立电子会计档案备份制度，能够有效防范自然灾害、意外事故和人为破坏的影响；

（六）形成的电子会计资料不属于具有永久保存价值或者其他重要保存价值的会计档案。

第九条　满足本办法第八条规定条件，单位从外部接收的电子会计资料附有符合《中华人民共和国电子签名法》规定的电子签名的，可仅以电子形式归档保存，形成电子会计档案。

第十条　单位的会计机构或会计人员所属机构（以下统称单位会计管理机构）按照归档范围和归档要求，负责定期将应当归档的会计资料整理立卷，编制会计档案保管清册。

第十一条　当年形成的会计档案，在会计年度终了后，可由单位会计管理机构临时保管一年，再移交单位档案管理机构保管。因工作需要确需推迟移交的，应当经单位档案管理机构同意。

单位会计管理机构临时保管会计档案最长不超过三年。临时保管期间，会计档案的保管应当符合国家档案管理的有关规定，且出纳人员不得兼管会计档案。

第十二条　单位会计管理机构在办理会计档案移交时，应当编制会计档案移交清册，并按照国家档案管理的有关规定办理移交手续。

纸质会计档案移交时应当保持原卷的封装。电子会计档案移交时应当将电子会计档案及其元数据一并移交，且文件格式应当符合国家档案管理的有关规定。特殊格式的电子会计档案应当与其读取平台一并移交。

单位档案管理机构接收电子会计档案时，应当对电子会计档案的准确性、完整性、可用性、安全性进行检测，符合要求的才能接收。

第十三条　单位应当严格按照相关制度利用会计档案，在进行会计档案查阅、复制、借出时履行登记手续，严禁篡改和损坏。

单位保存的会计档案一般不得对外借出。确因工作需要且根据国家有关规定必须借出的，应当严格按照规定办理相关手续。

会计档案借用单位应当妥善保管和利用借入的会计档案，确保借入会计档案的安全完整，并在规定时间内归还。

第十四条　会计档案的保管期限分为永久、定期两类。定期保管期限一般分为 10 年和 30 年。

会计档案的保管期限，从会计年度终了后的第一天算起。

第十五条　各类会计档案的保管期限原则上应当按照本办法附表执行，本办法规定的会计档案保管期限为最低保管期限。

单位会计档案的具体名称如有同本办法附表所列档案名称不相符的，应当比照类似档案的保管期限办理。

第十六条　单位应当定期对已到保管期限的会计档案进行鉴定，并形成会计档案鉴定意见书。经鉴定，仍需继续保存的会计档案，应当重新划定保管期限；对保管期满，确无保存价值的会计档案，可以销毁。

第十七条　会计档案鉴定工作应当由单位档案管理机构牵头，组织单位会计、审计、纪检监察等机构或人员共同进行。

第十八条　经鉴定可以销毁的会计档案，应当按照以下程序销毁：

（一）单位档案管理机构编制会计档案销毁清册，列明拟销毁会计档案的名称、卷号、册数、起止年度、档案编号、应保管期限、已保管期限和销毁时间等内容。

（二）单位负责人、档案管理机构负责人、会计管理机构负责人、档案管理机构经办人、会计管理机构经办人在会计档案销毁清册上签署意见。

（三）单位档案管理机构负责组织会计档案销毁工作，并与会计管理机构共同派员监销。监销人在会计档案销毁前，应当按照会计档案销毁清册所列内容进行清点核对；在会计档案销毁后，应当在会计档案销毁清册上签名或盖章。

电子会计档案的销毁还应当符合国家有关电子档案的规定，并由单位档案管理机构、会计管理机构和信息系统管理机构共同派员监销。

第十九条　保管期满但未结清的债权债务会计凭证和涉及其他未了事项的会计凭证不得销毁，纸质会计档案应当单独抽出立卷，电子会计档案单独转存，保管到未了事项完结时为止。

单独抽出立卷或转存的会计档案，应当在会计档案鉴定意见书、会计档案销毁清册和会计档案保管清册中列明。

第二十条　单位因撤销、解散、破产或其他原因而终止的，在终止或办理注销登记手续之前形成的会计档案，按照国家档案管理的有关规定处置。

第二十一条　单位分立后原单位存续的，其会计档案应当由分立后的存续方统一保管，其他方可以查阅、复制与其业务相关的会计档案。

单位分立后原单位解散的，其会计档案应当经各方协商后由其中一方代管或按照国家档案管理的有关规定处置，各方可以查阅、复制与其业务相关的会计档案。

单位分立中未结清的会计事项所涉及的会计凭证，应当单独抽出由业务相关方保存，并按照规定办理交接手续。

单位因业务移交其他单位办理所涉及的会计档案，应当由原单位保管，承接业务单位可以查阅、复制与其业务相关的会计档案。对其中未结清的会计事项所涉及的会计凭证，应当单独抽出由承接业务单位保存，并按照规定办理交接手续。

第二十二条　单位合并后原各单位解散或者一方存续其他方解散的，原各单位的会计档案应当由合并后的单位统一保管。单位合并后原各单位仍存续的，其会计档案仍应当由原各单位保管。

第二十三条　建设单位在项目建设期间形成的会计档案，需要移交给建设项目接受单位的，应当在办理竣工财务决算后及时移交，并按照规定办理交接手续。

第二十四条　单位之间交接会计档案时，交接双方应当办理会计档案交接手续。

移交会计档案的单位，应当编制会计档案移交清册，列明应当移交的会计档案名称、卷号、册数、起止年度、档案编号、应保管期限和已保管期限等内容。

交接会计档案时，交接双方应当按照会计档案移交清册所列内容逐项交接，并由交接双方的单位有关负责人负责监督。交接完毕后，交接双方经办人和监督人应当在会计档案移交清册上签名或盖章。

电子会计档案应当与其元数据一并移交，特殊格式的电子会计档案应当与其读取平台一并移交。档案接受单位应当对保存电子会计档案的载体及其技术环境进行检验，确保所接收电子会计档案的准确、完整、可用和安全。

第二十五条　单位的会计档案及其复制件需要携带、寄运或者传输至境外的，应当按照国家有关规定执行。

第二十六条　单位委托中介机构代理记账的，应当在签订的书面委托合同中，明确会计档案的管理要求及相应责任。

第二十七条　违反本办法规定的单位和个人，由县级以上人民政府财政部门、档案行政管理部门依据《中华人民共和国会计法》《中华人民共和国档案法》等法律法规处理处罚。

第二十八条　预算、计划、制度等文件材料，应当执行文书档案管理规定，不适用本办法。

第二十九条　不具备设立档案机构或配备档案工作人员条件的单位和依法建账的个体工商户，其会计档案的收集、整理、保管、利用和鉴定销毁等参照本办法执行。

第三十条　各省、自治区、直辖市、计划单列市人民政府财政部门、档案行政管理部门，新疆生产建设兵团财务局、档案局，国务院各业务主管部门，中国人民解放军总后勤部，可以根据本办法制定具体实施办法。

第三十一条　本办法由财政部、国家档案局负责解释，自 2016 年 1 月 1 日起施行。1998 年 8 月 21 日财政部、国家档案局发布的《会计档案管理办法》（财会字〔1998〕32号）同时废止。

企业和其他组织会计档案保管期限表

序号	档案名称	保管期限	备注
一	会计凭证		
1	原始凭证	30 年	
2	记账凭证	30 年	
二	会计账簿		
3	总账	30 年	
4	明细账	30 年	
5	日记账	30 年	
6	固定资产卡片		固定资产报废清理后保管 5 年
7	其他辅助性账簿	30 年	
三	财务会计报告		
8	月度、季度、半年度财务会计报告	10 年	
9	年度财务会计报告	永久	
四	其他会计资料		
10	银行存款余额调节表	10 年	
11	银行对账单	10 年	
12	纳税申报表	10 年	
13	会计档案移交清册	30 年	
14	会计档案保管清册	永久	
15	会计档案销毁清册	永久	
16	会计档案鉴定意见书	永久	

财政总预算、行政单位、事业单位和税收会计档案保管期限表

序号	档案名称	保管期限			备注
		财 政总预算	行政单位事业单位	税 收会 计	
一	会计凭证				
1	国家金库编送的各种报表及缴库退库凭证	10 年		10 年	
2	各收入机关编送的报表	10 年			
3	行政单位和事业单位的各种会计凭证		30 年		包括：原始凭证、记账凭证和传票汇总表
4	财政总预算拨款凭证和其他会计凭证	30 年			包括：拨款凭证和其他会计凭证
二	会计账簿				
5	日记账		30 年	30 年	
6	总账	30 年	30 年	30 年	
7	税收日记账（总账）			30 年	
8	明细分类、分户账或登记簿	30 年	30 年	30 年	
9	行政单位和事业单位固定资产卡片				固定资产报废 清理后保管 5 年
三	财务会计报告				

（续表）

序号	档案名称	保管期限			备注
		财 政总 预 算	行政单位事业单位	税 收会 计	
10	政府综合财务报告	永久			下级财政、本级部门和单位报送的保管 2 年
11	部门财务报告		永久		所属单位报送的保管 2 年
12	财政总决算	永久			下级财政、本级部门和单位报送的保管 2 年
13	部门决算		永久		所属单位报送的保管 2 年
14	税收年报（决算）			永久	
15	国家金库年报（决算）	10 年			
16	基本建设拨、贷款年报（决算）	10 年			
17	行政单位和事业单位会计月、季度报表		10 年		所属单位报送的保管 2 年
18	税收会计报表			10 年	所属税务机关报送的保管 2 年
四	其他会计资料				
19	银行存款余额调节表	10 年	10 年		
20	银行对账单	10 年	10 年	10 年	
21	会计档案移交清册	30 年	30 年	30 年	
22	会计档案保管清册	永久	永久	永久	
23	会计档案销毁清册	永久	永久	永久	
24	会计档案鉴定意见书	永久	永久	永久	

注：税务机关的税务经费会计档案保管期限，按行政单位会计档案保管期限规定办理。

附录四 《村集体经济组织会计制度》

(财会〔2004〕12号)

一、总则

(一)为适应农村集体经济组织以从事经济发展为主,同时兼有一定社区管理职能的实际情况,全面核算、反映村集体经济组织经营活动和社区管理的财务收支,做好村务公开和民主管理,加强村集体经济组织的会计工作,规范村集体经济组织的会计核算,根据《中华人民共和国会计法》及国家有关法律法规,结合村集体经济组织的实际情况,制定本制度。

(二)本制度适用于按村或村民小组设置的社区性集体经济组织(以下称村集体经济组织)。代行村集体经济组织职能的村民委员会执行本制度。

(三)村集体经济组织应按本制度的规定,设置和使用会计科目,登记会计账簿,编制会计报表。

(四)为适应双层经营的需要,村集体经济组织应实行统一核算和分散核算相结合的两级核算体制。凡是作为发包单位的村集体经济组织发生的收支、结算、分配等会计事项都必须按本制度的规定进行核算。村集体经济组织所属的各承包单位实行单独核算,所发生的经济业务不记入村集体经济组织的账内。

(五)村集体经济组织应配备必要的会计人员,也可以按照民主、自愿的原则,委托乡(镇)经营管理机构及代理记账机构代理记账、核算。

(六)村集体经济组织的会计记账采用借贷记账法。收入和支出的核算原则上采用权责发生制。

(七)本制度会计年度采用公历制,自公历1月1日起至12月31日止为一个会计年度。会计核算以人民币"元"为金额单位,"元"以下填至"分"。

(八)财政部门依照《中华人民共和国会计法》的规定对村集体经济组织的财务会计工作进行管理和监督。

农村经营管理部门依照有关法律、行政法规等规定对村集体经济组织的财务会计工作进行指导和监督。

(九)本制度自2005年1月1日起施行。1996年财政部颁发的《村合作经济组织会计制度(试行)》同时废止。

二、会计核算的基本要求

(一)村集体经济组织的资产分为流动资产、农业资产、长期投资和固定资产。

(二)村集体经济组织的流动资产包括现金、银行存款、短期投资、应收款项、存货等。

（三）村集体经济组织必须根据有关法律法规，结合实际情况，建立健全货币资金内部控制制度。

村集体经济组织应当建立货币资金业务的岗位责任制，明确相关部门和岗位的职责权限。明确审批人和经办人对货币资金业务的权限、程序、责任和相关控制措施。

村集体经济组织向单位和农户收取现金时手续要完备，使用统一规定的收款凭证。村集体经济组织取得的所有现金均应及时入账，不准以白条抵库，不准坐支，不准挪用，不准公款私存。应严格遵守库存现金限额制度，库存现金不得超过规定限额。

村集体经济组织必须建立健全现金开支审批制度，严格现金开支审批手续。对手续不完备的开支，不准付款；对不合理的开支，经办人有权向民主理财小组或上级主管部门反映。

村集体经济组织要及时、准确地核算现金收入、支出和结存，做到账款相符。要组织专人定期或不定期清点核对现金。

村集体经济组织要定期与银行、信用社或其他金融机构核对账目。支票和财务印鉴不得由同一人保管。

村集体经济组织应当定期或不定期对货币资金内部控制进行监督检查，对发现的薄弱环节，应当及时采取措施，加以纠正和完善。

（四）村集体经济组织的应收款项包括单位和个人的各项应收及暂付款项。村集体经济组织对拖欠的应收款项要采取切实可行的措施积极催收。对债务单位撤销，确实无法追还，或债务人死亡，既无遗产可以清偿，又无义务承担人，确实无法收回的款项，按规定程序批准核销后，计入其他支出。由有关责任人造成的损失，应酌情由其赔偿。

（五）村集体经济组织应当建立健全销售业务内部控制制度，明确审批人和经办人的权限、程序、责任和相关控制措施。

村集体经济组织应当按照规定的程序办理销售和发货业务。应当在销售与发货各环节设置相关的记录、填制相应的凭证，并加强有关单据和凭证的相互核对工作。

村集体经济组织应当按照有关规定及时办理销售收款业务，应将销售收入及时入账，不得账外设账，不得坐支现金。

村集体经济组织应当加强销售合同、发货凭证、销售发票等文件和凭证的管理。

村集体经济组织应当定期或不定期对销售业务内部控制进行监督检查，对发现的薄弱环节，应当及时采取措施，加以纠正和完善。

（六）村集体经济组织应当建立健全采购业务内部控制制度，明确审批人和经办人的权限、程序、责任和相关控制措施。对于审批人超越授权审批的采购与付款业务，经办人员有权拒绝办理，并及时向民主理财小组或上级主管部门反映。

村集体经济组织应当按照规定的程序办理采购与付款业务。应当在采购与付款各环节设置相关的记录、填制相应的凭证，并加强有关单据和凭证的相互核对工作。在办理付款业务时，应当对采购发票、结算凭证、验收证明等相关凭证进行严格审核。

村集体经济组织应当加强对采购合同、验收证明、入库凭证、采购发票等文件和凭证的管理。

村集体经济组织应当定期或不定期对采购业务内部控制进行监督检查，对发现的薄弱环节，应当及时采取措施，加以纠正和完善。

（七）村集体经济组织的存货包括种子、化肥、燃料、农药、原材料、机械零配件、低值易耗品、在产品、农产品和工业产成品等。

存货按照下列原则计价：购入的物资按照买价加运输费、装卸费等费用、运输途中的合理损耗以及相关税金等计价。生产入库的农产品和工业产成品，按生产过程中发生的实际支出计价。领用或出售的出库存货的核算，可在"先进先出法""加权平均法""个别计价法"等方法中任选一种，但是一经选定，不得随意变动。

村集体经济组织对存货要定期盘点核对，做到账实相符，年度终了前必须进行一次全面的盘点清查。盘盈的存货，按同类或类似存货的市场价格计入其他收入；盘亏、毁损和报废的存货，按规定程序批准后，按实际成本扣除应由责任人或者保险公司赔偿的金额和残料价值后的余额，计入其他支出。

村集体经济组织应当建立健全存货内部控制制度，建立保管人员岗位责任制。存货入库时，由会计填写入库单，保管员根据入库单清点验收，核对无误后入库；出库时，由会计填写出库单，主管负责人批准，领用人签名盖章，保管员根据出库单出库。

村集体经济组织应当定期或不定期对存货内部控制进行监督检查，对发现的薄弱环节，应当及时采取措施，加以纠正和完善。

（八）村集体经济组织的农业资产包括牲畜（禽）资产和林木资产等。

农业资产按下列原则计价：购入的农业资产按照购买价及相关税费等计价，幼畜及育肥畜的饲养费用、经济林木投产前的培植费用、非经济林木郁闭前的培植费用按实际成本计入相关资产成本。产役畜、经济林木投产后，应将其成本扣除预计残值后的部分在其正常生产周期内按直线法分期摊销，预计净残值率按照产役畜、经济林木成本的5%确定；已提足折耗但未处理仍继续使用的产役畜、经济林木不再摊销。农业资产死亡毁损时，按规定程序批准后，按实际成本扣除应由责任人或者保险公司赔偿的金额后的差额，计入其他收支。

（九）村集体经济组织根据国家法律、法规规定，可以采用货币资金、实物资产或者购买股票、债券等有价证券方式向其他单位投资，包括短期投资和长期投资。

短期投资指能够随时变现并且持有时间不准备超过一年（含一年）的有价证券等投资。

长期投资指不准备在一年内（不含一年）变现的有价证券等投资。

（十）村集体经济组织的对外投资按照下列原则计价：

以现金、银行存款等货币资金方式向其他单位投资的，按照实际支付的价款计价。

以实物资产（含牲畜和林木）方式向其他单位投资的，按照评估确认或者合同、协议确定的价值计价。

（十一）村集体经济组织以实物资产方式对外投资，其评估确认或合同、协议确定的价值必须真实、合理，不得高估或低估资产价值。实物资产重估确认价值与其账面净值之间的差额，计入公积公益金。

村集体经济组织对外投资分得的现金股利或利润、利息等计入投资收益。出售、转让和收回对外投资时，按实际收到的价款与其账面价值的差额，计入投资收益。

（十二）村集体经济组织应当建立健全对外投资业务内部控制制度，明确审批人和经办人的权限、程序、责任和相关控制措施。对于审批人超越授权审批的对外投资业务，经办人有权拒绝办理，并及时向民主理财小组或上级主管部门反映。

村集体经济组织的对外投资业务（包括对外投资决策、评估及其收回、转让与核销），应当实行集体决策，严禁任何个人擅自决定对外投资或者改变集体决策意见。

村集体经济组织应当建立对外投资责任追究制度，对在对外投资中出现重大决策失误、未履行集体审批程序和不按规定执行对外投资业务的人员，应当追究相应的责任。

村集体经济组织应当对对外投资业务各环节设置相应的记录或凭证，加强对审批文件、投资合同或协议、投资方案书、对外投资有关权益证书、对外投资处置决议等文件资料的管理，明确各种文件资料的取得、归档、保管、调阅等各个环节的管理规定及相关人员的职责权限。

村集体经济组织应当加强投资收益的控制，对外投资获取的利息、股利以及其他收益，均应纳入会计核算，严禁设置账外账。

村集体经济组织应当定期或不定期对对外投资业务内部控制进行监督检查，对发现的薄弱环节，应当及时采取措施，加以纠正和完善。

（十三）村集体经济组织要建立有价证券管理制度，加强对各种有价证券的管理。要建立有价证券登记簿，详细记载各有价证券的名称、券别、购买日期、号码、数量和金额。有价证券要由专人管理。

（十四）村集体经济组织的房屋、建筑物、机器、设备、工具、器具和农业基本建设设施等劳动资料，凡使用年限在一年以上，单位价值在 500 元以上的列为固定资产。有些主要生产工具和设备，单位价值虽低于规定标准，但使用年限在一年以上的，也可列为固定资产。

（十五）村集体经济组织应当根据具体情况分别确定固定资产的入账价值：

1.购入的固定资产，不需要安装的，按实际支付的买价加采购费、包装费、运杂费、保险费和交纳的有关税金等计价；需要安装或改装的，还应加上安装费或改装费。

2. 新建的房屋及建筑物、农业基本建设设施等固定资产，按竣工验收的决算价计价。

3. 接受捐赠的固定资产，应按发票所列金额加上实际发生的运输费、保险费、安装调试费和应支付的相关税金等计价；无所附凭据的，按同类设备的市价加上应支付的相关税费计价。

4. 在原有固定资产基础上进行改造、扩建的，按原有固定资产的价值，加上改造、扩建工程而增加的支出，减去改造、扩建工程中发生的变价收入计价。

5. 投资者投入的固定资产，按照投资各方确认的价值计价。

6. 盘盈的固定资产，按同类设备的市价计价。

（十六）村集体经济组织的在建工程指尚未完工、或虽已完工但尚未办理竣工决算的工程项目。在建工程按实际消耗的支出或支付的工程价款计价。形成固定资产的在建工程完工交付使用后，计入固定资产。不形成固定资产的在建工程项目完成后，计入经营支出或其他支出。

在建工程部分发生报废或者毁损，按规定程序批准后，按照扣除残料价值和过失人及保险公司赔款后的净损失，计入工程成本。单项工程报废以及由于自然灾害等非常原因造成的报废或者毁损，其净损失计入其他支出。

（十七）村集体经济组织必须建立固定资产折旧制度，按年或按季、按月提取固定资产折旧。固定资产的折旧方法可在"年限平均法""工作量法"等方法中任选一种，但是一经选定，不得随意变动。

村集体经济组织的下列固定资产应当计提折旧：1. 房屋和建筑物；2. 在用的机械、机器设备、运输车辆、工具器具；3. 季节性停用、大修理停用的固定资产；4. 融资租入和以经营租赁方式租出的固定资产。

下列固定资产不计提折旧：1. 房屋、建筑物以外的未使用、不需用的固定资产；2. 以经营租赁方式租入的固定资产；3. 已提足折旧继续使用的固定资产；4. 国家规定不提折旧的其他固定资产。

村集体经济组织当月增加的固定资产，当月不提折旧，从下月起计提折旧；当月减少的固定资产，当月照提折旧，从下月起不提折旧。

固定资产提足折旧后，不管能否继续使用，均不再提取折旧；提前报废的固定资产，也不再补提折旧。

（十八）固定资产的修理费用直接计入有关支出项目。

固定资产变卖和清理报废的变价净收入与其账面净值的差额计入其他收支。固定资产变价净收入是指变卖和清理报废固定资产所取得的价款减清理费用后的净额。固定资产净值是指固定资产原值减累计折旧后的净额。

村集体经济组织应当建立健全固定资产内部控制制度，建立人员岗位责任制。应当定期对固定资产盘点清查，做到账实相符，年度终了前必须进行一次全面的盘点清查。盘盈的固定资产，按同类设备的市价计入其他收入；盘亏及毁损的固定资产，应查明原因，按规定程序批准后，按其原价扣除累计折旧、变价收入、过失人及保险公司赔款之后，计入其他支出。

村集体经济组织应当定期或不定期对固定资产内部控制进行监督检查，对发现的薄弱环节，应当及时采取措施，加以纠正和完善。

（十九）每年年度终了，村集体经济组织应当对短期投资、应收账款、存货、农业资产、长期投资、固定资产、在建工程等资产进行全面检查，对于已发生损失但尚未批准核销的各项资产，应在资产负债表补充资料中予以披露。这些资产包括：1. 确实无法收回的应收款项；2. 无法收回的短期投资和长期投资；3. 盘亏、毁损或报废的存货；4. 死亡毁损的农业资产；5. 盘亏或毁损的固定资产；6. 毁损或报废的在建工程。

（二十）村集体经济组织的负债分为流动负债和长期负债。

流动负债指偿还期在一年以内（含一年）的债务，包括短期借款、应付款项、应付工资、应付福利费等。

长期负债指偿还期超过一年以上（不含一年）的债务，包括长期借款及应付款、一事一议资金等。

（二十一）村集体经济组织应当建立健全借款业务内部控制制度，明确审批人和经办人的权限、程序、责任和相关控制措施。不得由同一人办理借款业务的全过程。

村集体经济组织应当对借款业务实行集体决策和审批，并保留完整的书面记录。

村集体经济组织应当在借款各环节设置相关的记录、填制相应的凭证，并加强有关单据和凭证的相互核对工作。村集体经济组织应当加强对借款合同等文件和凭证的管理。

村集体经济组织应当定期或不定期对借款业务内部控制进行监督检查，对发现的薄弱环节，应当及时采取措施，加以纠正和完善。

（二十二）村集体经济组织的负债按实际发生的数额计价，利息支出计入其他支出。对发生因债权人特殊原因确实无法支付的应付款项，计入其他收入。

（二十三）村集体经济组织的所有者权益包括资本、公积公益金、未分配收益等。

（二十四）村集体经济组织对投资者投入的资产要按有关规定进行评估。投入的劳务要合理计价。

村集体经济组织接受捐赠的资产计入公积公益金；对外投资中，资产重估确认价值与原账面净值的差额计入公积公益金；收到的征用土地补偿费及拍卖荒山、荒地、荒水、荒滩等使用权收入，计入公积公益金。

（二十五）村集体经济组织的生产（劳务）成本是指村集体经济组织直接组织生产或对外提供劳务等活动所发生的各项生产费用和劳务成本。

（二十六）村集体经济组织的经营收入是指村集体经济组织进行各项生产、服务等经营活动取得的收入。包括产品物资销售收入、出租收入、劳务收入等。村集体经济组织一般应于产品物资已经发出，劳务已经提供，同时收讫价款或取得收取价款的凭证时，确认经营收入的实现。

村集体经济组织的发包及上交收入是指农户和其他单位因承包集体耕地、林地、果园、鱼塘等上交的承包金及村（组）办企业上交的利润等。

村集体经济组织的农业税附加返还收入是指村集体经济组织按有关规定收到的财税部门返还的农业税附加、牧业税附加等资金。

村集体经济组织的补助收入是指村集体经济组织获得的财政等有关部门的补助资金。

村集体经济组织的其他收入是指除经营收入、发包及上交收入、农业税附加返还收入和补助收入以外的收入。

（二十七）村集体经济组织的经营支出是指村集体经济组织因销售商品、农产品、对外提供劳务等活动而发生的实际支出，包括销售商品或农产品的成本、销售牲畜或林木的成本、对外提供劳务的成本、维修费、运输费、保险费、产役畜的饲养费用及其成本摊销、经济林木投产后的管护费用及其成本摊销等。

管理费用是指村集体经济组织管理活动发生的各项支出，包括村集体经济组织管理人员及固定员工的工资、办公费、差旅费、管理用固定资产折旧费和维修费等。

其他支出是指村集体经济组织与经营管理活动无直接关系的支出。

村集体经济组织要逐步建立健全支出的预算制度，量入为出，对非经营性开支要实行总量控制，不得超支。

（二十八）村集体经济组织的全年收益总额按照下列公式计算：

收益总额＝经营收益＋农业税附加返还收入＋补助收入＋其他收入－其他支出

其中：

经营收益＝经营收入＋发包及上交收入＋投资收益－经营支出－管理费用

投资收益是指投资所取得的收益扣除发生的投资损失后的数额。

投资收益包括对外投资分得的利润、现金股利和债券利息，以及投资到期收回或者中途转让取得款项高于账面价值的差额等。投资损失包括投资到期收回或者中途转让取得款项低于账面价值的差额。

村集体经济组织在收取农户、其他单位和个人上交的承包金或利润时，要执行国家的有关规定，坚持取之有度、用之合理、因地制宜、量力而行的原则，既不能超越农户和所属单位的承受能力，又要保证集体扩大再生产和发展公益事业的需要。

（二十九）村集体经济组织在进行年终收益分配工作以前，要准确地核算全年的收入和支出；清理财产和债权、债务；搞好承包合同的结算和兑现。

三、会计科目

（一）会计科目表

顺序号	科目编号	科目名称
		一、资产类
1	101	现金
2	102	银行存款
3	111	短期投资
4	112	应收款
5	113	内部往来
6	121	库存物资
7	131	牲畜（禽）资产
8	132	林木资产
9	141	长期投资
10	151	固定资产
11	152	累计折旧
12	153	固定资产清理
13	154	在建工程
		二、负债类
14	201	短期借款
15	202	应付款
16	211	应付工资
17	212	应付福利费
18	221	长期借款及应付款
19	231	一事一议资金
		三、所有者权益类
20	301	资本
21	311	公积公益金
22	321	本年收益
23	322	收益分配
		四、成本类
24	401	生产（劳务）成本
		五、损益类
25	501	经营收入
26	502	经营支出
27	511	发包及上交收入
28	521	农业税附加返还收入
29	522	补助收入
30	531	其他收入
31	541	管理费用
32	551	其他支出
33	561	投资收益

附注：村集体经济组织有无形资产的，可增设"无形资产"科目（科目编号161）；有向所属单位拨付资金业务的，可增设"拨付所属单位资金"科目（科目编号171）；有接受国家拨入的具有专门用途的拨款的，可增设"专项应付款"科目（科目编号241）。

（二）会计科目使用说明

101 现金

一、本科目核算村集体经济组织的库存现金。

二、村集体经济组织应当严格按照国家有关现金管理的规定收支现金，超过库存现金限额的部分应当及时交存银行，并严格按照本制度规定核算现金的各项收支业务。

三、村集体经济组织收入现金时，借记本科目，贷记有关科目；支出现金时，借记有关科目，贷记本科目。

四、本科目的期末借方余额，反映村集体经济组织实际持有的库存现金。

102 银行存款

一、本科目核算村集体经济组织存入银行、信用社或其他金融机构的款项。

二、村集体经济组织应当严格按照国家有关支付结算办法，正确进行银行存款收支业务的结算，并按照本制度规定核算银行存款的各项收支业务。

三、村集体经济组织将款项存入银行、信用社或其他金融机构时，借记本科目，贷记有关科目；提取和支出存款时，借记有关科目，贷记本科目。

四、本科目应按银行、信用社或其他金融机构的名称设置明细科目，进行明细核算。

五、本科目的期末借方余额，反映村集体经济组织实际存在银行、信用社或其他金融机构的款项。

111 短期投资

一、本科目核算村集体经济组织购入的各种能随时变现并且持有时间不准备超过一年（含一年）的股票、债券等有价证券等投资。

二、村集体经济组织购入各种有价证券等进行短期投资时，按照实际支付的价款，借记本科目，贷记"现金""银行存款"等科目；出售或到期收回有价证券等短期投资时，按实际收回的价款，借记"现金""银行存款"等科目，按原账面价值，贷记本科目，实际收回价款与原账面价值的差额借记或贷记"投资收益"科目。

三、本科目应按短期投资的种类设置明细科目，进行明细核算。

四、本科目的期末借方余额，反映村集体经济组织实际持有的对外短期投资的成本。

112 应收款

一、本科目核算村集体经济组织与外单位和外部个人发生的各种应收及暂付款项。

二、村集体经济组织因销售商品、提供劳务等而发生应收及暂付款项时，借记本科目，贷记"经营收入""现金""银行存款"等有关科目；收回款项时，借记"现金""银行存款"等科目，贷记本科目。

三、对确实无法收回的应收款项，按规定程序批准核销时，借记"其他支出"等科目，贷记本科目。

四、本科目应按应收款的不同单位和个人设置明细科目，进行明细核算。

五、本科目的期末借方余额，反映村集体经济组织应收而未收回和暂付的款项。

113 内部往来

一、本科目核算村集体经济组织与所属单位和农户的经济往来业务。

二、村集体经济组织与所属单位和农户发生应收款项和偿还应付款项时，借记本科目，贷记"现金""银行存款"等科目；收回应收款项和发生应付款项时，借记"现金""银行存款"等科目，贷记本科目。

三、村集体经济组织因所属单位和农户承包集体耕地、林地、果园、鱼塘等而发生的应收承包金或村（组）办企业的应收利润等，年终按经过批准的方案结算出本期所属单位和农户应交未交的款项时，借记本科目，贷记"发包及上交收入"科目；实际收到款项时，借记"现金""银行存款"等科目，贷记本科目。

四、村集体经济组织因筹集一事一议资金与农户发生的应收款项，在筹资方案经成员大会或成员代表大会通过时，按照筹资方案规定的金额，借记本科目，贷记"一事一议资金"科目；收到款项时，借记"现金"等科目，贷记本科目。

五、本科目应按村集体经济组织所属单位和农户设置明细科目，进行明细核算。

六、本科目各明细科目的期末借方余额合计数反映村集体经济组织所属单位和农户欠村集体经济组织的款项总额；期末贷方余额合计数反映村集体经济组织欠所属单位和农户的款项总额。各明细科目年末借方余额合计数应在资产负债表的"应收款项"项目内反映，年末贷方余额合计数应在资产负债表的"应付款项"项目内反映。

121 库存物资

一、本科目核算村集体经济组织库存的各种原材料、农用材料、农产品、工业产成品等物资。

二、村集体经济组织在购买或其他单位及个人投资投入的原材料、农用材料等物资验收入库时，借记本科目，贷记"现金""银行存款""应付款""资本"等科目。会计期末，对已收到发票账单但尚未到达或尚未验收入库的购入物资，借记本科目，贷记"应付款"科目。

三、村集体经济组织生产的农产品收获入库或工业产成品完工入库时，按照其实际成本，借记本科目，贷记"生产（劳务）成本"科目。

四、库存物资领用时，借记"生产（劳务）成本""应付福利费""在建工程"等科目，贷记本科目。

五、库存物资销售时，按实现的销售收入，借记"现金""银行存款"等科目，贷记"经营收入"科目；按照销售物资的实际成本，借记"经营支出"科目，贷记本科目。

六、村集体经济组织的库存物资应定期盘点清查，发现物资盘盈时，经审核批准后，借记本科目，贷记"其他收入"科目；出现盘亏和毁损时，经审核批准后，按照应由责任人或保险公司赔偿的金额，借记"应收款""内部往来"等科目，将扣除过失人或保险公司应赔偿金额后的净损失，借记"其他支出"科目，贷记本科目。

七、本科目应按库存物资的品名设置明细科目，进行明细核算。

八、本科目的期末借方余额，反映村集体经济组织库存物资的实际成本。

131 牲畜（禽）资产

一、本科目核算村集体经济组织购入或培育的牲畜（禽）的成本。本科目设置"幼畜及育肥畜"和"产役畜"两个二级科目。

二、村集体经济组织购入幼畜及育肥畜时，按购买价及相关税费，借记本科目（幼畜及育肥畜），贷记"现金""银行存款"等科目；发生的饲养费用，借记本科目（幼畜及育肥畜），贷记"应付工资""库存物资"等科目。

三、幼畜成龄转作产役畜时，按实际成本，借记本科目（产役畜），贷记本科目（幼畜及育肥畜）。

四、产役畜的饲养费用不再记入本科目，借记"经营支出"科目，贷记"应付工资""库存物资"等科目。

五、产役畜的成本扣除预计残值后的部分应在其正常生产周期内，按照直线法分期摊销，借记"经营支出"科目，贷记本科目（产役畜）。

六、幼畜及育肥畜和产役畜对外销售时，按照实现的销售收入，借记"现金""银行存款"等科目，贷记"经营收入"科目；同时，按照销售牲畜的实际成本，借记"经营支出"科目，贷记本科目。

七、以幼畜及育肥畜和产役畜对外投资时，按照合同、协议确定的价值，借记"长期投资"等科目，贷记本科目，合同或协议确定的价值与牲畜资产账面价值之间的差额借记或贷记"公积公益金"科目。

八、牲畜死亡毁损时，按规定程序批准后，按照过失人及保险公司应赔偿的金额，借记"应收款""内部往来"等科目，如发生净损失，则按照扣除过失人和保险公司应赔偿金额后的净损失，借记"其他支出"科目，按照牲畜资产的账面价值，贷记本科目；如产生净收益，则按照牲畜资产的账面价值，贷记本科目，同时按照过失人及保险公司应赔偿金额超过牲畜资产账面价值的金额，贷记"其他收入"科目。

九、本科目应按牲畜（禽）的种类设置明细科目，进行明细核算。

十、本科目的期末借方余额，反映村集体经济组织幼畜及育肥畜和产役畜的账面余额。

132 林木资产

一、本科目核算村集体经济组织购入或营造的林木的成本。本科目设置"经济林木"和"非经济林木"两个二级科目。

二、村集体经济组织购入经济林木时，按购买价及相关税费，借记本科目（经济林木），贷记"现金""银行存款"等科目；购入或营造的经济林木投产前发生的培植费用，借记本科目（经济林木），贷记"应付工资""库存物资"等科目。

三、经济林木投产后发生的管护费用，不再记入本科目，借记"经营支出"科目，贷记"应付工资""库存物资"等科目。

四、经济林木投产后，其成本扣除预计残值后的部分应在其正常生产周期内，按照直线法摊销，借记"经营支出"科目，贷记本科目（经济林木）。

五、村集体经济组织购入非经济林木时，按购买价及相关税费，借记本科目（非经济林木），贷记"现金""银行存款"等科目；购入或营造的非经济林木在郁闭前发生的培植费用，借记本科目（非经济林木），贷记"应付工资""库存物资"等科目。

六、非经济林木郁闭后发生的管护费用，不再记入本科目，借记"其他支出"科目，贷记"应付工资""库存物资"等科目。

七、按规定程序批准后，林木采伐出售时，按照实现的销售收入，借记"现金""银行存款"等科目，贷记"经营收入"科目；同时，按照出售林木的实际成本，借记"经营支出"科目，贷记本科目。

八、以林木对外投资时，按照合同、协议确定的价值，借记"长期投资"等科目，贷记本科目，合同或协议确定的价值与林木资产账面价值之间的差额借记或贷记"公积公益金"科目。

九、林木死亡毁损时，按规定程序批准后，按照过失人及保险公司应赔偿的金额，借记"应收款""内部往来"等科目，如发生净损失，则按照扣除过失人和保险公司应赔偿金额后的净损失，借记"其他支出"科目，按照林木资产的账面价值，贷记本科目；如产生净收益，则按照林木资产的账面价值，贷记本科目，同时按照过失人及保险公司应赔偿金额超过林木资产账面价值的金额，贷记"其他收入"科目。

十、本科目应按林木的种类设置明细科目，进行明细核算。

十一、本科目的期末借方余额，反映村集体经济组织购入或营造林木的账面余额。

141 长期投资

一、本科目核算村集体经济组织不准备在一年内（不含一年）变现的投资，包括股票投资、债券投资和村集体经济组织举办企业等投资。

二、村集体经济组织以现金或实物资产（含牲畜和林木）等方式进行长期投资时，按照实际支付的价款或合同、协议确定的价值，借记本科目，贷记"现金""银行存款"等科目，合同或协议约定的实物资产价值与原账面价值之间的差额，借记或贷记"公积公益金"科目。

三、收回投资时，按实际收回的价款或价值，借记"现金""银行存款"等科目，按投资的账面价值，贷记本科目，实际收回价款或价值与原账面价值的差额借记或贷记"投资收益"科目。

四、被投资单位宣告分配现金股利或利润时，借记"应收款"科目，贷记"投资收益"科目；实际收到现金股利或利润时，借记"现金""银行存款"等科目，贷记"应收款"科目。

五、投资发生损失时，按规定程序批准后，按照应由责任人和保险公司赔偿的金额，借记"应收款""内部往来"等科目，按照扣除由责任人和保险公司赔偿金额后的净损失，借记"投资收益"科目，按照发生损失的投资的账面金额，贷记本科目。

六、本科目应按长期投资的种类设置明细科目，进行明细核算。

七、本科目的期末借方余额，反映村集体经济组织对外长期投资的实际成本。

151 固定资产

一、本科目核算村集体经济组织所有的固定资产的原值。

二、购入不需安装的固定资产，按原价加采购费、包装费、运杂费、保险费和相关税金等，借记本科目，贷记"现金""银行存款"等科目。

三、购入需要安装的固定资产，先记入"在建工程"科目，安装完毕交付使用时，按照其实际成本，借记本科目，贷记"在建工程"科目。

四、自行建造完成交付使用的固定资产，按照其实际成本，借记本科目，贷记"在建工程"科目。

五、收到捐赠的全新固定资产，按照所附发票所列金额加上应支付的相关税费，借记本科目，贷记"公积公益金"科目；收到捐赠的旧固定资产，按照经过批准的评估价值，借记本科目，贷记"公积公益金"科目。

六、投资者投入的固定资产，按照投资各方确认的价值，借记本科目，按照经过批准的投资者所拥有的资本金额，贷记"资本"科目，按照两者之间的差额，借记或贷记"公积公益金"科目。

七、对外投资投出固定资产时，按照评估确认或者合同、协议约定的价值，借记"长期投资"等科目，按已提折旧，借记"累计折旧"科目，按固定资产原价，贷记本科目，评估价或协议价与固定资产账面净值之间的差额借记或贷记"公积公益金"科目。

八、固定资产出售、报废和毁损等时，按固定资产账面净值，借记"固定资产清理"科目，按照应由责任人或保险公司赔偿的金额，借记"应收款""内部往来"等科目，按已提折旧，借记"累计折旧"科目，按固定资产原价，贷记本科目。

九、本科目应按固定资产的类别或名称设置明细科目，进行明细核算。

十、本科目的期末借方余额，反映村集体经济组织所有固定资产的原始价值。

152 累计折旧

一、本科目核算村集体经济组织所有的固定资产计提的累计折旧。

二、生产经营用的固定资产计提的折旧，借记"生产（劳务）成本"科目，贷记本科目；管理用的固定资产计提的折旧，借记"管理费用"科目，贷记本科目；用于公益性用途的固定资产计提的折旧，借记"其他支出"科目，贷记本科目。

三、本科目的期末贷方余额，反映村集体经济组织提取的固定资产折旧累计数。

153 固定资产清理

一、本科目核算村集体经济组织因出售、报废和毁损等原因转入清理的固定资产净值及其在清理过程中所发生的清理费用和清理收入。

二、出售、报废和毁损的固定资产转入清理时，按固定资产账面净值，借记本科目，按照应由责任人和保险公司赔偿的金额，借记"应收款""内部往来"等科目，按已提折旧，借记"累计折旧"科目，按固定资产原价，贷记"固定资产"科目。

三、按照发生的清理费用，借记本科目，贷记"现金""银行存款"等科目；按照出售固定资产的价款和残值收入，借记"现金""银行存款"等科目，贷记本科目。

四、清理完毕后发生的净收益，借记本科目，贷记"其他收入"科目；清理完毕后发生的净损失，借记"其他支出"科目，贷记本科目。

五、本科目应按被清理的固定资产设置明细科目，进行明细核算。

六、本科目的期末余额，反映村集体经济组织转入清理但尚未清理完毕的固定资产净值，以及固定资产清理过程中所发生的清理费用和变价收入等各项金额的差额。

154 在建工程

一、本科目核算村集体经济组织进行工程建设、设备安装、农业基本建设设施大修理等发生的实际支出。购入不需要安装的固定资产，不通过本科目核算。

二、发生购买待安装设备的原价及运输、保险、采购费用，为建筑和安装固定资产及兴建农业基本建设设施购买专用物资及支付各项工程费用，借记本科目，贷记"现金""银行存款""应付款""库存物资"等科目。

三、购建固定资产过程中发生的劳务投入，凡属于一事一议筹劳且不需支付劳务报酬的，按当地劳务价格标准作价，借记本科目，贷记"公积公益金"科目；支付劳务报酬的，按实际支付的款项，借记本科目，贷记"应付工资""内部往来"等科目；收到以劳务形式投资时，按当地劳务价格标准作价，借记本科目，贷记"资本"科目。

四、购建和安装完成并交付使用固定资产时，借记"固定资产"科目，贷记本科目。

五、工程完成未形成固定资产时，借记"经营支出""其他支出"等科目，贷记本科目。

六、本科目应按工程项目设置明细科目，进行明细核算。

七、本科目的期末借方余额，反映村集体经济组织尚未完工或虽已完工但尚未办理竣工决算的工程项目实际支出。

201 短期借款

一、本科目核算村集体经济组织从银行、信用社和有关单位、个人借入的期限在一年以下（含一年）的各种借款。村集体经济组织借入的期限在一年以上（不含一年）的借款在"长期借款及应付款"科目核算。

二、村集体经济组织借入各种短期借款时，借记"现金""银行存款"科目，贷记本科目；归还借款时，借记本科目，贷记"现金""银行存款"科目。

短期借款利息应按期计提，借记"其他支出"科目，贷记"现金""银行存款"等科目。

三、本科目应按借款单位或个人名称设置明细科目，进行明细核算。

四、本科目的期末贷方余额，反映村集体经济组织尚未归还的短期借款的本金。

202 应付款

一、本科目核算村集体经济组织与外单位和外部个人发生的偿还期在一年以下（含一年）的各种应付及暂收款项等。

二、村集体经济组织发生以上应付及暂收款项时，借记"现金""银行存款""库存物资"等科目，贷记本科目；偿付应付及暂收款项时，借记本科目，贷记"现金""银行存款"等科目。

三、发生确实无法支付的应付款项时，借记本科目，贷记"其他收入"科目。

四、本科目应按应付款的不同单位和个人设置明细科目，进行明细核算。

五、本科目的期末贷方余额，反映村集体经济组织应付而未付及暂收的款项。

211 应付工资

一、本科目核算村集体经济组织应付给其管理人员及固定员工的报酬总额。上述人员的各种工资、奖金、津贴、福利补助等，不论是否在当月支付，都应通过本科目核算。村集体经济组织应付给临时员工的报酬，不通过本科目核算，在"应付款"或"内部往来"科目中核算。

二、村集体经济组织按照经过批准的金额提取工资时，根据人员岗位，分别借记"管理费用""生产（劳务）成本""牲畜（禽）资产""林木资产""在建工程"等科目，贷记本科目。

三、按规定程序批准后，实际发放工资时，借记本科目，贷记"现金"等科目。

四、本科目应设置"应付工资明细账"，按照管理人员和员工的类别及应付工资的组成内容进行明细核算。

五、本科目的期末贷方余额，反映村集体经济组织已提取但尚未支付的工资额。

212 应付福利费

一、本科目核算村集体经济组织从收益中提取，用于集体福利、文教、卫生等方面的福利费（不包括兴建集体福利等公益设施支出），包括照顾烈军属、五保户、困难户的支出，计划生育支出，农民因公伤亡的医药费、生活补助及抚恤金等。

二、村集体经济组织按照经批准的方案，从收益中提取福利费时，借记"收益分配"科目，贷记本科目；发生上述支出时，借记本科目，贷记"现金""银行存款"等科目。

三、本科目应按支出项目设置明细科目，进行明细核算。

四、本科目的期末贷方余额，反映村集体经济组织已提取但尚未使用的福利费金额。如为借方余额，反映本年福利费超支数；按规定程序批准后，应按规定转入"公积公益金"科目的借方，未经批准的超支数额，仍保留在本科目借方。

221 长期借款及应付款

一、本科目核算村集体经济组织从银行、信用社和有关单位、个人借入的期限在一年以上（不含一年）的借款及偿还期在一年以上（不含一年）的应付款项。

二、村集体经济组织发生长期借款及应付款项时，借记"现金""银行存款""库存物资"等科目，贷记本科目；归还和偿付长期借款及应付款项时，借记本科目，贷记"现金""银行存款"科目。

发生长期借款的利息支出，借记"其他支出"科目，贷记"现金""银行存款"等科目。

三、发生确实无法偿还的长期借款及应付款时，借记本科目，贷记"其他收入"科目。

四、本科目应按借款及应付款单位和个人设置明细科目，进行明细核算。

五、本科目的期末贷方余额，反映村集体经济组织尚未偿还的长期借款及各种应付款项。

231 一事一议资金

一、本科目核算村集体经济组织兴办生产、公益事业，按一事一议的形式筹集的专项资金。

二、村集体经济组织应于一事一议筹资方案经成员大会或成员代表大会通过时，借记"内部往来"科目，贷记本科目；收到农户交来的一事一议专项筹资时，借记"现金"等科目，贷记"内部往来"科目。

三、村集体经济组织使用一事一议资金购入不需要安装的固定资产的，借记"固定资产"科目，贷记"现金""银行存款"等科目，同时，借记本科目，贷记"公积公益金"科目。

四、村集体经济组织使用一事一议资金购入需要安装或建造固定资产的，借记"在建工程"科目，贷记"现金""银行存款"等科目。固定资产完工后，借记"固定资产"科目，贷记"在建工程"科目，同时，借记本科目，贷记"公积公益金"科目。

五、村集体经济组织对于使用一事一议资金而没有形成固定资产的项目，在项目支出发生时，借记"在建工程"科目，贷记"现金""银行存款"等科目；项目完成后按使用一事一议资金金额，借记"管理费用""其他支出"等科目，贷记"在建工程"科目，同时，借记本科目，贷记"公积公益金"科目。

六、本科目应按所议项目设置明细科目，进行明细核算。同时，必须另设备查账簿对一事一议资金的筹集和使用情况进行登记。

七、本科目的期末贷方余额，反映村集体经济组织应当用于一事一议专项工程建设的资金；期末借方余额，反映村集体经济组织一事一议专项工程建设的超支数。

301 资本

一、本科目核算村集体经济组织实际收到投入的资本。

二、村集体经济组织收到以固定资产作为投资时，按照投资各方确认的价值，借记"固定资产"科目，贷记本科目；收到以劳务形式投资时，按当地劳务价格，借记"在建工程"等科目，贷记本科目；收到以其他形式投资时，借记"银行存款""库存物资"等有关科目，贷记本科目。将公积公益金转增资本时，借记"公积公益金"科目，贷记本科目。按照协议规定投资者收回投资时，借记本科目，贷记"银行存款""固定资产"等有关科目。

三、原生产队积累折股股金及农业合作化时期社员入社的股份基金，也在本科目中核算。

四、本科目应按投资的单位和个人设置明细科目，进行明细核算。

五、本科目的期末贷方余额，反映村集体经济组织实有的资本数额。

311 公积公益金

一、本科目核算村集体经济组织从收益中提取的和其他来源取得的公积公益金。

二、从收益中提取公积公益金时，借记"收益分配"科目，贷记本科目。收到应计入公积公益金的征用土地补偿费及拍卖荒山、荒地、荒水、荒滩等使用权价款，或者收到由其他来源取得的公积公益金时，借记"银行存款"科目，贷记本科目。收到捐赠的资产时，借记"银行存款""库存物资""固定资产"等科目，贷记本科目。

三、按国家有关规定，并按规定程序批准后，公积公益金转增资本、弥补福利费不足或弥补亏损时，借记本科目，贷记"资本""应付福利费"或"收益分配"科目。

四、本科目的期末贷方余额，反映村集体经济组织的公积公益金数额。

321 本年收益

一、本科目核算村集体经济组织本年度实现的收益。

二、会计期末结转经营收益时，应将"经营收入""发包及上交收入""农业税附加返还收入""补助收入""其他收入"科目的余额转入本科目的贷方，借记"经营收入""发包及上交收入""农业税附加返还收入""补助收入""其他收入"科目，贷记本科目；同时将"经营支出""其他支出""管理费用"科目的余额转入本科目的借方，借记本科目，贷记"经营支出""其他支出""管理费用"科目。"投资收益"科目的净收益转入本科目，借记"投资收益"科目，贷记本科目；如为投资净损失，借记本科目，贷记"投资收益"科目。

三、年度终了，应将本年收入和支出相抵后结出的本年实现的收益，转入"收益分配"科目，借记本科目，贷记"收益分配——未分配收益"科目；如为净亏损，作相反会计分录，结转后本科目应无余额。

322 收益分配

一、本科目核算村集体经济组织当年收益的分配（或亏损的弥补）和历年分配后的结存余额。本科目设置"各项分配"和"未分配收益"两个二级科目。

二、村集体经济组织用公积公益金弥补亏损时，借记"公积公益金"科目，贷记本科目（未分配收益）。

三、按规定提取公积公益金，提取应付福利费，外来投资分利，进行农户分配等时，借记本科目（各项分配），贷记"公积公益金""应付福利费""应付款""内部往来"等科目。

四、年终，村集体经济组织应将全年实现的收益总额，自"本年收益"科目转入本科目，借记"本年收益"科目，贷记本科目（未分配收益），如为净亏损，作相反会计分录。同时，将本科目下的"各项分配"明细科目的余额转入本科目"未分配收益"明细科目，借记本科目（未分配收益），贷记本科目（各项分配）。年度终了，本科目的"各项分配"明细科目应无余额，"未分配收益"明细科目的贷方余额表示未分配的收益，借方余额表示未弥补的亏损。

五、年终结账后，如发现以前年度收益计算不准确，或有未反映的会计业务，需要调整增加或减少本年收益的，也在本科目（未分配收益）核算。调整增加本年收益时，借记有关科目，贷记本科目（未分配收益）；调整减少本年收益时，借记本科目（未分配收益），贷记有关科目。

六、本科目应按收益的来源设置明细科目，进行明细核算。

七、本科目的余额为历年积存的未分配收益（或未弥补亏损）。

401 生产（劳务）成本

一、本科目核算村集体经济组织直接组织生产或对外提供劳务等活动所发生的各项生产费用和劳务成本。

二、发生的各项生产费用和劳务成本，应按成本核算对象归集，借记本科目，贷记"现金""银行存款""库存物资""内部往来""应付款"等科目。

三、会计期间终了，对已生产完成并验收入库的工业产成品和农产品，借记"库存物资"科目，贷记本科目。

四、对外提供劳务实现销售时，借记"经营支出"科目，贷记本科目。

五、本科目应按生产费用和劳务成本的种类设置明细科目，进行明细核算。

六、本科目的期末借方余额，反映村集体经济组织尚未完成的产品及尚未结转的劳务成本。

501 经营收入

一、本科目核算村集体经济组织当年发生的各项经营收入。

二、经营收入发生时，借记"现金""银行存款"等科目，贷记本科目。

三、本科目应按经营项目设置明细科目，进行明细核算。

四、年终，应将本科目的余额转入"本年收益"科目的贷方，结转后本科目应无余额。

502 经营支出

一、本科目核算村集体经济组织因销售商品、农产品、对外提供劳务等活动而发生的实际支出。

二、经营支出发生时，村集体经济组织借记本科目，贷记"库存物资""生产（劳务）成本""应付工资""内部往来""应付款""牲畜（禽）资产""林木资产"等科目。

三、村集体经济组织应根据实际情况，采用先进先出法、加权平均法和个别计价法等方法，确定本期销售的商品、农产品等的实际成本。方法一经选定，不得随意变更。

四、本科目应按经营项目设置明细科目，进行明细核算。

五、年终，应将本科目的余额转入"本年收益"科目的借方，结转后本科目应无余额。

511 发包及上交收入

一、本科目核算农户和其他单位承包集体耕地、林地、果园、鱼塘等上交的承包金及村（组）办企业上交的利润等。本科目设置"承包金"和"企业上交利润"两个二级科目。

二、村集体经济组织收到上交的承包金或利润时，借记"现金""银行存款"等科目，贷记本科目。

年终，村集体经济组织结算本年应收未收的承包金和利润时，借记"内部往来"或"应收款"科目，贷记本科目。

村集体经济组织收到以前年度应收未收的承包金和利润时，借记"现金""银行存款"等科目，贷记"内部往来"或"应收款"科目。

三、本科目应按项目设置明细科目，进行明细核算。

四、年终，应将本科目的余额转入"本年收益"科目的贷方，结转后本科目应无余额。

521 农业税附加返还收入

一、本科目核算村集体经济组织收到的乡（镇）农税征收部门返还的农业税附加、牧业税附加等资金。已免征农业税和牧业税的地区，不使用该科目。

二、村集体经济组织收到返还的农业税附加、牧业税附加等资金时，借记"现金""银行存款"科目，贷记本科目。

三、年终，应将本科目的余额转入"本年收益"科目的贷方，结转后本科目应无余额。

522 补助收入

一、本科目核算村集体经济组织收到的财政等有关部门的补助资金。

二、村集体经济组织收到补助资金时，借记"银行存款"等科目，贷记本科目。

三、本科目应按补助项目设置明细科目，进行明细核算。

四、年终，应将本科目的余额转入"本年收益"科目的贷方，结转后本科目应无余额。

531 其他收入

一、本科目核算村集体经济组织除"经营收入""发包及上交收入""农业税附加返还收入"和"补助收入"以外的其他收入。如罚款收入、存款利息收入、固定资产及库存物资的盘盈收入等。

二、发生其他收入时，借记"现金""银行存款"等科目，贷记本科目。

三、年终，应将本科目的余额转入"本年收益"科目的贷方，结转后本科目应无余额。

541 管理费用

一、本科目核算村集体经济组织管理活动发生的各项支出，如管理人员的工资、办公费、差旅费、管理用固定资产的折旧和维修费用等。

二、发生上述各项费用时，借记本科目，贷记"应付工资""现金""银行存款""累计折旧"等科目。

三、本科目应按费用项目设置明细科目，进行明细核算。

四、年终，应将本科目的余额转入"本年收益"科目的借方，结转后本科目应无余额。

551 其他支出

一、本科目核算村集体经济组织与经营管理活动无直接关系的其他支出。如公益性固定资产折旧费用、利息支出、农业资产的死亡毁损支出、固定资产及库存物资的盘亏、损失、防汛抢险支出、无法收回的应收款项损失、罚款支出等。

二、发生其他支出时，借记本科目，贷记"累计折旧""现金""银行存款""库存物资""应付款"等科目。

三、年终，应将本科目的余额转入"本年收益"科目的借方，结转后本科目应无余额。

561 投资收益

一、本科目核算村集体经济组织对外投资取得的收益或发生的损失。

二、村集体经济组织取得投资收益时，借记"现金""银行存款"等科目，贷记本科目；转让、收回投资或出售有价证券时，按实际取得的价款，借记"现金""银行存款"及有关资产科目，按原账面价值，贷记"短期投资""长期投资"科目，按实际取得价款和原账面价值的差额，借记或贷记本科目。

三、本科目应按投资种类设置明细科目，进行明细核算。

四、年终，应将本科目的余额转入"本年收益"科目的贷方；如为净损失，转入"本年收益"科目的借方，结转后本科目应无余额。

四、会计报表

（一）会计报表是反映村集体经济组织一定时期内经济活动情况的书面报告。村集体经济组织应按规定准确、及时、完整地编报会计报表，定期向财政部门或农村经营管理部门上报，并向全体成员公布。

（二）村集体经济组织应编制以下会计报表：

1. 月份报表或季度报表：包括科目余额表和收支明细表。

2. 年度报表：包括资产负债表和收益及收益分配表。

各级农村经营管理部门，应对所辖地区报送的村集体经济组织的会计报表进行审查，然后逐级汇总上报。

各省、自治区、直辖市农村经营管理部门年终应汇总年度的资产负债表和收益及收益分配表，同时附送财务状况说明书，按规定时间报农业部。

（三）月份或季度会计报表的格式由各省、自治区、直辖市的财政部门或农村经营管理部门根据本制度进行规定。

年度会计报表的格式及编制说明如下：

资产负债表

年 月 日

村会 01 表

编制单位：

单位：元

资产	行次	年初数	年末数	负债及所有者权益	行次	年初数	年末数
流动资产：				流动负债：			
货币资金	1			短期借款	35		
短期投资	2			应付款项	36		
应收款项	5			应付工资	37		
存货	8			应付福利费	38		
流动资产合计	9			流动负债合计	41		
农业资产：				长期负债：			
牲畜（禽）资产	10			长期借款及应付款	42		
林木资产	11			一事一议资金	43		
农业资产合计	15			长期负债合计	46		
长期资产：				负债合计	49		
长期投资	16						
固定资产：							
固定资产原价	19						

（续表）

资产	行次	年初数	年末数	负债及所有者权益	行次	年初数	年末数
减：累计折旧	20			所有者权益：			
固定资产净值	21			资本	50		
固定资产清理	22			公积公益金	51		
在建工程	23			未分配收益	52		
固定资产合计	26			所有者权益合计	53		
资产总计	32			负债和所有者权益总计	56		

补充资料：

项　目	金　额
无法收回、尚未批准核销的短期投资	
确实无法收回、尚未批准核销的应收款项	
盘亏、毁损和报废、尚未批准核销的存货 死亡毁损、尚未批准核销的农业资产	
无法收回、尚未批准核销的长期投资	
盘亏和毁损、尚未批准核销的固定资产	
毁损和报废、尚未批准核销的在建工程	

资产负债表编制说明：

1. 本表反映村集体经济组织年末全部资产、负债和所有者权益状况。

2. 本表"年初数"应按上年末资产负债表"年末数"栏内所列数字填列。如果本年度资产负债表规定的各个项目的名称和内容同上年度不相一致，应对上年末资产负债表各项目的名称和数字按照本年度的规定进行调整，填入本表"年初数"栏内，并加以书面说明。

3. 本表"年末数"各项目的内容和填列方法如下：

（1）"货币资金"项目，反映村集体经济组织库存现金、银行存款等货币资金的合计数。本项目应根据"现金""银行存款"科目的年末余额合计填列。

（2）"短期投资"项目，反映村集体经济组织购入的各种能随时变现并且持有时间不超过一年（含一年）的有价证券等投资。本项目应根据"短期投资"科目的年末余额填列。

（3）"应收款项"项目，反映村集体经济组织应收而未收回和暂付的各种款项。本项目应根据"应收款"科目年末余额和"内部往来"各明细科目年末借方余额合计数合计填列。

（4）"存货"项目，反映村集体经济组织年末在库、在途和在加工中的各项存货的价值，包括各种原材料、农用材料、农产品、工业产成品等物资、在产品等。本项目应根据"库存物资""生产（劳务）成本"科目年末余额合计填列。

（5）"牲畜（禽）资产"项目，反映村集体经济组织购入或培育的幼畜及育肥畜和产役畜的账面余额。本项目应根据"牲畜（禽）资产"科目的年末余额填列。

（6）"林木资产"项目，反映村集体经济组织购入或营造的林木的账面余额。本项目应根据"林木资产"科目的年末余额填列。

（7）"长期投资"项目，反映村集体经济组织不准备在一年内（不含一年）变现的投资。本项目应根据"长期投资"科目的年末余额填列。

（8）"固定资产原价"项目和"累计折旧"项目，反映村集体经济组织各种固定资产原价及累计折旧。这两个项目应根据"固定资产"科目和"累计折旧"科目的年末余额填列。

（9）"固定资产清理"项目，反映村集体经济组织因出售、报废、毁损等原因转入清理但尚未清理完毕的固定资产的账面净值，以及固定资产清理过程中所发生的清理费用和变价收入等各项金额的差额。本项目应根据"固定资产清理"科目的年末借方余额填列；如为贷方余额，本项目数字应以"－"号表示。

（10）"在建工程"项目，反映村集体经济组织各项尚未完工或虽已完工但尚未办理竣工决算的工程项目实际成本。本项目应根据"在建工程"科目的年末余额填列。

（11）"短期借款"项目，反映村集体经济组织借入尚未归还的一年期以下（含一年）的借款。本项目应根据"短期借款"科目的年末余额填列。

（12）"应付款项"项目，反映村集体经济组织应付而未付及暂收的各种款项。本项目应根据"应付款"科目年末余额和"内部往来"各明细科目年末贷方余额合计数合计填列。

（13）"应付工资"项目，反映村集体经济组织已提取但尚未支付的职工工资。本项目应根据"应付工资"科目年末余额填列。

（14）"应付福利费"项目，反映村集体经济组织已提取但尚未使用的福利费金额。本项目应根据"应付福利费"科目年末贷方余额填列；如为借方余额，本项目数字应以"－"号表示。

（15）"长期借款及应付款"项目，反映村集体经济组织借入尚未归还的一年期以上（不含一年）的借款以及偿还期在一年以上（不含一年）的应付未付款项。本项目应根据"长期借款及应付款"科目年末余额填列。

（16）"一事一议资金"项目，反映村集体经济组织应当用于一事一议专项工程建设的资金数额。本项目应根据"一事一议资金"科目年末贷方余额填列；如为借方余额，本项目数字应以"－"号表示。

（17）"资本"项目，反映村集体经济组织实际收到投入的资本总额。本项目应根据"资本"科目的年末余额填列。

（18）"公积公益金"项目，反映村集体经济组织公积公益金的年末余额。本项目应根据"公积公益金"科目的年末贷方余额填列。

（19）"未分配收益"项目，反映村集体经济组织尚未分配的收益。本项目应根据"本年收益"科目和"收益分配"科目的余额计算填列；未弥补的亏损，在本项目内数字以"—"号表示。

收益及收益分配表

年度

编制单位：

单位：元

项目	行次	金额	项目	行次	金额
本年收益			收益分配		
一、经营收入	1		四、本年收益	21	
加：发包及上交收入	2		加：年初未分配收益	22	
投资收益	3		其他转入	23	
减：经营支出	6		五、可分配收益	26	
管理费用	7		减：1.提取公积公益金	27	
二、经营收益	10		2.提取应付福利费	28	
加：农业税附加返还收入	11		3.外来投资分利	29	
补助收入	12		4.农户分配	30	
其他收入	13		5.其他	31	
减：其他支出	16				
三、本年收益	20		六、年末未分配收益	35	

收益及收益分配表编制说明：

1. 本表反映村集体经济组织年度内收益实现及其分配的实际情况。村（组）办企业和承包农户的数字不在此列。

2. 本表主要项目的内容及其填列方法如下：

（1）"经营收入"项目，反映村集体经济组织进行各项生产、服务等经营活动取得的收入。本项目应根据"经营收入"科目的本年发生额分析填列。

（2）"发包及上交收入"项目，反映村集体经济组织取得的农户和其他单位上交的承包金及村（组）办企业上交的利润等。本项目应根据"发包及上交收入"科目的本年发生额分析填列。

（3）"投资收益"项目，反映村集体经济组织对外投资取得的收益。本项目应根据"投资收益"科目的本年发生额分析填列；如为投资损失，以"—"号填列。

（4）"经营支出"项目，反映村集体经济组织因销售商品、农产品、对外提供劳务等活动而发生的支出。本项目应根据"经营支出"科目的本年发生额分析填列。

（5）"管理费用"项目，反映村集体经济组织管理活动发生的各项支出。本项目应根据"管理费用"科目的本年发生额分析填列。

（6）"经营收益"项目，反映村集体经济组织本年通过生产经营活动实现的收益。如为净亏损，本项目数字以"—"号填列。

（7）"农业税附加返还收入"项目，反映村集体经济组织按有关规定收到的财税部门返还的农业税附加、牧业税附加等资金。本项目应根据"农业税附加返还收入"科目的本年发生额分析填列。

（8）"补助收入"项目，反映村集体经济组织获得的财政等有关部门的补助资金。本项目应根据"补助收入"科目的本年发生额分析填列。

（9）"其他收入"项目和"其他支出"项目，反映村集体经济组织与经营管理活动无直接关系的各项收入和支出。这两个项目应分别根据"其他收入"科目和"其他支出"科目的本年发生额分析填列。

（10）"本年收益"项目，反映村集体经济组织本年实现的收益总额。如为亏损总额，本项目数字以"－"号填列。

（11）"年初未分配收益"项目，反映村集体经济组织上年度未分配的收益。本项目应根据上年度收益及收益分配表中的"年末未分配收益"数额填列。如为未弥补的亏损，本项目数字以"－"号填列。

（12）"其他转入"项目，反映村集体经济组织按规定用公积公益金弥补亏损等转入的数额。

（13）"可分配收益"项目，反映村集体经济组织年末可分配的收益总额。本项目应根据"本年收益"项目、"年初未分配收益"项目和"其他转入"项目的合计数填列。

（14）"年末未分配收益"项目，反映村集体经济组织年末累计未分配的收益。本项目应根据"可分配收益"项目扣除各项分配数额的差额填列。如为未弥补的亏损，本项目数字以"－"号填列。

五、会计凭证、会计账簿和会计档案

（一）会计凭证是记载经济业务发生、明确经济责任的书面文件，是记账的依据。村集体经济组织每发生一项经济业务，都要取得原始凭证，并据以编制记账凭证。各种原始凭证必须具备：凭证名称、填制日期、填制凭证单位名称或者填制人姓名、经办人员的签名或者盖章、接受凭证单位名称、经济业务内容、数量单价金额。记账凭证必须具备：填制日期、凭证编号、经济业务摘要、会计科目、金额、所附原始凭证张数等，并须由填制和审核人员签名盖章。

（二）所有会计凭证都要按规定手续和时间送会计人员审核处理。填制有误和不符合要求的会计凭证，应要求修正和重填。无效、不合法和不符合财务制度规定的凭证，不能作为收付款项、办理财务手续和记账的依据。会计人员应根据审核无误的原始凭证，填制记账凭证，并据以登记账簿。记账凭证可以根据每一原始凭证单独填制，也可以根据原始凭证汇总表填制。一定时期终了，应将已经登记过账簿的原始凭证和记账凭证，分类装订成册，妥善保管。

（三）会计账簿是记录经济业务的簿籍，是编制会计报表的依据。村集体经济组织

应设置现金日记账和银行存款日记账、总分类账和各种必要的明细分类账。

现金日记账和银行存款日记账，应由出纳人员根据收、付款凭证，按有关经济业务完成时间的先后顺序进行登记，一律采用订本账。总分类账按照总账科目设置，对全部经济业务进行总括分类登记；明细分类账按明细科目设置，对有关经济业务进行明细分类登记。总分类账可用订本账或活页账；明细分类账可用活页账或卡片账。

对于不能在日记账和分类账中记录的，而又需要查考的经济事项，村集体经济组织必须另设备查账簿进行账外登记。

（四）将几个独立核算、自负盈亏的单位的账务集中到村集体经济组织，实行统一记账、代为核算的地方，必须分单位设置账簿，分别核算财务收支情况。

（五）村集体经济组织所使用的各种会计凭证和会计账簿的内容和格式，应符合《中华人民共和国会计法》《会计基础工作规范》和《会计档案管理办法》等规定。

（六）账簿登记要做到数字正确、摘要清楚、登记及时。各种账簿的记录，应定期核对，做到账证相符、账实相符、账款相符、账账相符和账表相符。要按月结账，结账前，应将结账期内发生的经济业务全部记入账簿。

（七）启用新账，必须填写账簿启用表，并编制目录。旧账结清后，要及时整理，装订成册，归档保管。

（八）村集体经济组织的会计档案包括农业承包合同及其他经济合同或协议，各项财务计划及收益分配方案，各种会计凭证、会计账簿和会计报表、会计人员交接清单、会计档案销毁清单等。

（九）村集体经济组织要按照《会计档案管理办法》的规定，加强对会计档案的管理。建立会计档案室（柜），实行统一管理，专人负责，做到完整无缺、存放有序、方便查找。

不具备条件的村集体经济组织，可将其会计档案委托乡（镇）经营管理机构统一管理。

附录五 《河北省村集体财务管理条例》

（1996年6月21日河北省第八届人民代表大会常务委员会第二十一次会议通过 根据2010年7月30日河北省第十一届人民代表大会常务委员会第十七次会议《河北省人民代表大会常务委员会关于修改部分法规的决定》修正）

第一章 总 则

第一条 为加强村集体财务管理，巩固壮大集体经济，促进农村经济持续、快速、健康发展，根据国家有关法律、法规的规定，结合本省实际，制定本条例。

第二条 本条例适用于本省行政区域内村集体经济组织或者村民委员会的财务管理。

第三条 村集体财务管理应当遵守有关法律、法规，坚持民主管理勤俭办事的原则，实行计划管理，加强财务监督。

第四条 村集体财务管理的主要任务是：制定财务计划；进行经济核算；建立健全财务管理制度，管好用好集体资金和资产；指导、监管所属企业、事业单位的财务活动；做好收益分配工作。

第五条 县级以上人民政府农业行政主管部门和乡级人民政府主管本行政区域内的村集体财务管理工作。

第六条 农村经济经营管理机构（以下简称农经管理机构）是县级以上人民政府农业行政主管部门和乡级人民政府管理村集体财务的具体执行机构，其职责是：

（一）贯彻执行有关村集体财务管理的法律、法规；

（二）指导制定村集体财务管理制度；

（三）对村集体财务管理工作进行业务指导；

（四）负责村集体财务审计监督；

（五）管理村有乡存的资金；

（六）受财政部门的委托对村财会人员进行业务培训、考核、职秘评定和任职资格审查；

（七）检查纠正违反村集体财务管理法律、法规的问题；

（八）县级以上人民政府农业行政主管部门和乡级人民政府授＋予的其他职责。

第七条 各级人民政府财政部门对村集体财务工作进行指导和监督，审计等有关部门和金融机构，依照有关的法律、法规，按照各自的职责，做好与村集体财务管理有关的工作。

第八条 认真执行本条例，忠于职守，做出显著成绩的单位和个人，由乡级以上人民政府给予表彰或者奖励。

第二章　财务计划管理

第九条　村集体经济组织或者村民委员会应当每年编制财务计划。财务计划主要包括：年度财务收支计划、生产经营计划、基本建设计划固定资产购置计划、收益分配计划等。

第十条　村集体经济组织或者村民委员会编制财务计划，应当执行国家有关规定，坚持因地制宜、统筹安排、量入为出、留有余地的原则。

第十一条　财务计划应当经乡农经管理机构审查，村集体经济组织成员会议或者其代表会议、村民会议或者其代表会议通过。

年度财务计划需要作部分变更时，按前款规定的程序办理。

第三章　资 金 管 理

第十二条　村集体经济组织或者村民委员会应当按照法律、法规的规定和本村实际情况组织收入。其资金来源主要有：

（一）原有积累；

（二）发包收入；

（三）直接经营收入；

（四）资产、设施租赁收入；

（五）对内、对外投资的利润收入；

（六）国家征收、征用土地的补偿收入；

（七）变卖集体财产收入；

（八）国家有关单位拨入的资金；

（九）借入资金；

（十）外来投资；

（十一）其他收入。

第十三条　村集体经济组织或者村民委员会的财务应当实行账、款分管；不得公款私存，不得设小金库，不得坐支现金；非出纳人员不得保管现金。

第十四条　村集体经济组织或者村民委员会的各项收款必须由财会人员经办，并使用统一规定的收款凭证，不得使用白条收款，严禁无据收款。

第十五条　村集体经济组织或者村民委员会的资金可以在自愿的原则下实行村有乡存，由乡农经管理机构代管，所有权、使用权不变，任何单位和个人不得侵占和挪用代管资金。乡农经管理机构对代管的资金可以在金融机构专户储存，并保证及时支付。村留有一定数额的备用现金，其数额由乡农经管理机构根据有关规定和各村实际情况确定。

第十六条　村集体经济组织或者村民委员会应当建立健全财务开支审批制度，严格审批手续，各项开支由主管财务的负责人按制度审批。

第十七条　村集体经济组织或村民委员会支出现金，应当取得真实、合法的原始凭证，手续不完备的开支，不得付款。

第十八条　村集体经济组织或者村民委员会应当加强对存入银行款项的账目管理。支票、存折和印鉴应当由会计员、出纳员分别保管。会计员应当定期与开户银行核对账目，出纳员按月填写现金、存款交接单。

第十九条　村集体经济组织或者村民委员会的资金、有价证券应当详细记载并纳入会计账内核算，由出纳员保管或者委托银行代管，其他人员不得存放。

未经村集体经济组织成员会议或者其代表会议、村民会议或者其代表会议决定，任何人员不得擅自用村集体所有的资金、有价证券为个人或者外单位担保、抵押。

第二十条　村集体经济组织或者村民委员会对各种应付款项应当按期支付；对各种欠款应当按期收回，逾期欠款有合同约定的，从合同约定；无合同约定的，可以根据实际情况收取资金占有费。对无法收回的欠款，由村集体经济组织或者村民委员会提出处理意见，经乡农经管理机构审查、村集体经济组织成员会议或者其代表会议、村民会议或者其代表会议通过后，进行账务处理。

第四章　固定资金和产品物资管理

第二十一条　村集体所有的房屋、建筑物、机器、设备、工具、器具、大牲畜、林木、农业基本建设设施及其他劳动资料、文化设施、公益福利设施，单位价值三百元以上、使用期限一年以上的为固定资产主要生产工具和设备，单位价值虽然低于上述规定的标准，但使用期限在一年以上的，也可列为固定资产。

村集体所有的农工副产品、半成品、种子、化肥、农药、燃料、原材料、机械零配件和未列入固定资产的低值易耗品为产品物资。

第二十二条　禁止任何单位和个人哄抢、破坏、侵吞、私分或者非法查封、扣押、冻结、没收村集体所有的固定资产和产品物资。

未经村集体经济组织成员会议或者其代表会议、村民会议或者其代表会议决定，任何人员不得擅自用集体所有的固定资产和产品物资为个人或者外单位担保、抵押。

第二十三条　村集体经济组织或者村民委员会应当建立固定资产折旧制度。应当折旧的按规定提取折旧费，提取的折旧费用于固定资产的购建更新。

第二十四条　村集体所有的固定资产、产品物资的变卖和报废处理，除法律、法规另有规定的以外，由村集体经济组织或者村民委员会提出意见，经乡农经管理机构审查，村集体经济组织成员会议或者其代表会议、村民会议或者其代表会议通过。

第二十五条　村集体经济组织或者村民委员会应当建立健全固定资产和产品物资登记、保管制度，定期盘点，做到账实相符，保障集体财产的安全和完整。

第五章　财 会 人 员

第二十六条　村集体经济组织或者村民委员会应当配备会计员、出纳员、根据实际需要配备保管员。会计员、出纳员不得相互兼职，村和村集体经济组织的主要负责人及其直系亲属不得在本村或者本集体经济组织担任财会人员；个别人口少的行政村需由主要负责人担任财会人员时，必须经乡级人民政府批准。

第二十七条　村集体经济组织或者村民委员会的财会人员，应当接受财政部门委托的农经管理机构的管理、培训和考核，实行持证上岗。

第二十八条　村集体经济组织或者村民委员会主管会计的任免调换，必须经村集体经济组织成员会议或者其代表会议、村民会议或者其代表会议通过，经乡农经管理机构考核、批准，报县级人民政府农业行政主管部门和财政部门备案。

第二十九条　村集体经济组织或者村民委员会的财会人员，应当依照法律、法规的规定进行会计核算，实行会计监督；参加本村与财务有关的会议；管理本村资金筹集、使用和资产保管；指导监督所属企业、事业单位的财务工作。

第三十条　村集体经济组织或者村民委员会的财会人员，应当忠于职守，坚持原则，依法办理会计事务，抵制侵犯集体和农民合法权益的行为，拒绝办理违反财经制度的收支，向上级主管部门反映违反财经制度的问题；不得超越职权，不得谋取私利，不得违反财务会计制度。

第三十一条　村集体经济组织或者村民委员会的主要负责人，应当支持财会人员履行职责，保证财会人员依法行使权力。任何人不得打击报复财会人员。

第三十二条　村集体经济组织或者村民委员会应当按照国家有关规定建立健全会计账目和财务会计档案管理制度，对财务会计档案应当妥善保管。

第六章　财 物 监 督

第三十三条　村集体经济组织或者村民委员会应当建立民主理财小组。民主理财小组成员由村集体经济组织成员会议或者其代表会议村民会议或者代表会议选举关心集体、办事公道、懂得财会业务的人员组成，任期三年，可以连选连任。村和村集体经济组织的主要负责人及其直系亲属不得担任民主理财小组成员。

民主理财小组对村集体经济组织成员会议或者其代表会议、村民会议或者其代表会议负责，接受乡农经管理机构的指导。

村集体经济组织或者村民委员会应当接受民主理财小组对财务管理的监督，为他们履行职责提供方便，不得妨碍、阻挠民主理财小组执行职务。

第三十四条　民主理财小组的职责是：

（一）检查监督村集体经济组织或者村民委员会的财务活动；

（二）听取和反映群众对村集体财务工作的意见的建议；

（三）审查各项收支并否决不合理的开支；

（四）协助农经管理机构对村集体财务进行审计；

（五）村民会议或者村民代表会议授予的其他职责。

第三十五条　村集体经济组织或者村民委员会的财务应当公开，收支账目至少每半年逐笔张榜公布一次，涉及向农户收费、罚款的项目应当分户公布，接受群众的监督。

第三十六条　村集体财务的审计工作，由农经管理机构负责。乡农经管理机构对所辖村的财务每年至少审计一次；县级以上人民政府农业行政主管部门每年进行抽查审计；专项审计根据实际工作需要安排。

第三十七条　村集体经济组织或者村民委员会的主要负责人和财会人员离任时，民主理财小组协助乡农经管理机构对离任人员经办的财务工作进行审计。财务人员离任时，应当在民主理财小组的监督下办清交接手续。

第七章　法律责任

第三十八条　违反本条例规定有下列行为之一的，由乡级人民政府或者农经管理机构对责任人员进行批评教育，并责令其限期改正：

（一）未编制财务计划或者编制财务计划及财务计划的变更未按规定程序办理的；

（二）银行存款支票、存折和印鉴没有由会计员、出纳员分别保管，未按时核对账目或者未按月填写现金、存款交接单的；

（三）未按规定提取固定资产折旧费或者折旧费未用于固定资产的购建更新的；

（四）对固定资产和产品物资的安全、完整无保障措施的；

（五）未能及时支付代管资金的。

第三十九条　违反本条例规定，有下列行为之一的，由县级人民政府农业等有关部门依据法律、法规规定的职责负责处理，并对责任人员处以一百元至二千元的罚款，造成损失的应予赔偿：

（一）未执行账、款分管制度或者非出纳人员保管现金的；

（二）未使用统一规定的收款凭证或者白条收款、无据收款的；

（三）未按制度规定批准开支的；

（四）违反有价证券核算、保管规定的；

（五）对无法收回的欠款擅自进行账务处理的；

（六）固定资产、产品物资的变卖和报废处理，未按规定程序办理的；

（七）会计员、出纳员相互兼职的，或者村和村集体经济组织的主要负责人及其直系亲属担任本村本集体经济组织财会人员的，或者个别人口少的行政村主要负责人未经乡级人民政府批准担任财会人员的；

（八）主管会计的任免未按规定程序办理的；

（九）未建立会计账目的；

（十）未按规定公布财务收支账目的；

（十一）对侵犯集体和农民合法权益的行为未进行抵制的；

（十二）妨碍、阻挠民主理财小组履行职责的。

第四十条　违反本条例第十三条规定，公款私存、设小金库、坐支现金的；村集体经济组织或者村民委员会支出现金违反本条例第十七条规定的，由县级人民政府农业行政主管部门对责任人员处以违法金额百分之十至百分之三十的罚款。

第四十一条　违反本条例第十五条规定，侵占、挪用代管资金；违反本条例第二十二条第一款规定的，由乡级以上人民政府责令其归还并责令其对造成的损失予以赔偿；责任人是国家机关工作人员的，由其主管部门给予行政处分；构成侵犯罪的，依法追究刑事责任。

第四十二条　违反本条例第十九条第二款、第二十二条第二款规定的，由县级人民政府农业行政主管部门对责任人员处以担保、抵押总额百分之十的罚款；造成的损失由责任人员赔偿。

第四十三条　违反本条例第三十一条规定打击报复财会人员的．按国家有关规定处理；构成犯罪的，依法追究刑事责任。

第四十四条　当事人对行政处罚决定不服的，可以在接到处罚决定之日起六十日内、向作出处罚决定的机关的上一级机关申请复议；当事人也可以直接向人民法院起诉。

复议机关应当在接到复议申请之日起六十日内作出复议决定。当事人对复议决定不服的，可以在接到复议决定之日起十五日内向人民法院起诉。复议机关逾期不作出复议决定的，当事人可以在复议期满之日起十五日内向人民法院起诉。当事人逾期不申请复议也不向人民法院起诉，又不履行处罚决定的，作出处罚决定的机关可以申请人民法院强制执行。

第四十五条　国家机关的工作人员玩忽职守、滥用职权、徇私舞弊给村集体财产造成损失，情节轻微的，由其所在单位或者主管机关给予行政处分；构成犯罪的，依法追究刑事责任。

第四十六条　村集体经济组织或者村民委员会的负责人、财会人员挪用公款、侵占集体财物的，应当限期归还；造成损失的，应予赔偿；构成犯罪的，依法追究刑事责任。

第八章　附　则

第四十七条　省农业行政主管部门可以根据本条例会同财政部门制定实施办法，报省人民政府批准后施行。

第四十八条　本条例自 1997 年 1 月 1 日起施行。

附录六 《河北省农村集体资产管理条例》

（1998 年 12 月 26 日河北省第九届人民代表大会常务委员会第六次会议通过 根据 2010 年 7 月 30 日河北省第十一届人民代表大会常务委员会第十七次会议《河北省人民代表大会常务委员会关于修改部分法规的决定》修正 根据 2015 年 7 月 24 日河北省第十二届人民代表大会常务委员会第十六次会议《河北省人民代表大会常务委员会关于修改〈河北省农村集体资产管理条例〉的决定》修正）

第一章 总 则

第一条 为加强农村集体资产管理，保障农村集体经济组织的合法权益，发展壮大农村集体经济，根据《中华人民共和国农业法》《中华人民共和国村民委员会组织法》和有关法律、法规的规定，结合本省实际，制定本条例。

第二条 本条例所称农村集体资产，是指属于乡（镇）、村集体组织全体成员集体所有的资产。

本条例所称农村集体经济组织，是指乡（镇）、村农民以生产资料及其他资产集体所有制形式建立的独立核算的经济组织。

第三条 本条例适用于本省行政区域内乡（镇）、村集体经济组织的集体资产管理。

第四条 农村集体经济组织对其所有的集体资产依法享有占有、使用、收益和处分的权利。

农村集体经济组织及其成员有保护集体资产的权利和义务。

未建立集体经济组织的村，可以由村民委员会行使集体资产的管理职能。

第五条 县级以上人民政府农业（农经）行政主管部门（以下统称农业行政主管部门）和乡（镇）人民政府负责对本行政区域内的农村集体资产管理工作进行统一指导和监督。

各级人民政府乡镇企业、土地、水利、林业、畜牧、水产和农机等部门，在农业行政主管部门统一协调下，按照各自的职责，依法对农村集体资产管理的有关工作进行指导和监督。

第六条 县级以上人民政府农业行政主管部门和乡（镇）人民政府所属的农村经济管理机构是管理农村集体资产的具体执行机构，其主要职责是：

（一）贯彻执行集体资产管理的法律、法规和规章；

（二）对农村集体经济组织的财务活动进行指导、检查、审计和监督；

（三）制定集体资产保值和增值考核指标体系，按照国家和本省的有关规定进行资产增量投向监测；

（四）负责集体资产的统计和产权登记工作；

（五）对农村集体资产的评估工作进行指导和监督；

（六）依法对农村集体经济组织的财务会计人员进行业务培训、考核和任职资格审查；

（七）县级以上人民政府农业行政主管部门授予的其他职责。

第二章　集体资产所有权

第七条　农村集体组织所有的集体资产包括：

（一）法律规定属于集体所有的土地、森林、山岭、草原、荒地、水面和滩涂等自然资源；

（二）农村集体经济组织的建筑物、农业机械、机电设备、交通工具、通信工具、牲畜、林木、果园、农田水利设施、采矿设施、乡村路和教育、科技、文化、卫生、体育设施等；

（三）农村集体经济组织兴办或者兼并的企业资产，在联营企业、股份合作企业、股份制企业、中外合资、合作企业和集资建设的项目中按照投资份额拥有的资产及相应的增值资产；

（四）国家机关、社会团体、企事业单位、其他组织和个人对农村集体经济组织的无偿拨款、资助、补贴、减免税和捐赠财物等形成的资产；

（五）农村集体经济组织所有的现金、存款、有价证券；

（六）农村集体经济组织所有的商标权、专利权、著作权等无形资产；

（七）其他农村集体资产。

第八条　农村集体经济组织所有的集体资产受法律保护，禁止任何单位和个人侵占、哄抢、挪用、私分、损坏、挥霍浪费或者非法查封、扣押冻结、没收、平调农村集体资产，以及非法用农村集体资产进行担保。

第九条　农村集体经济组织取得、变更或者终止集体资产所有权，其集体资产数额较大的，须经其成员会议或者其代表会议讨论同意，并在集体资产所有权取得、变更或者终止之日起三十日内，向乡（镇）农村经济经营管理机构备案。

前款规定集体资产数额较大的具体限额，由县级人民政府农业行政主管部门确定。

第十条　对农村集体资产所有权的认定产生纠纷时，除法律、法规另有规定外，由当事人协商解决。协商不成的，由当地人民政府协调处理，也可以直接向人民法院提起诉讼。

第三章　集体资产管理

第十一条　县级以上人民政府应当建立以农村土地承包经营权、林权流转为重点的农村产权流转交易平台，为农村资产资本化、农村资源市场化、农民增收多元化提供服务和制度保障。

第十二条　县级以上人民政府应当加强对农村集体资产所有权的保护。对非经营性资产，应当建立有利于提高公共服务能力的集体统一运营管理有效机制。对经营性资产，应当明晰产权归属，发展多种形式的股份合作。

第十三条　农村集体经济组织负责农村集体资产的管理，其主要职责是：

（一）执行本集体经济组织成员会议或者其代表会议通过的章程、决议和决定；

（二）制定集体资产管理的规章制度；

（三）按照联营企业、股份制企业、合资企业的章程派员参加管理工作；

（四）向本集体经济组织成员会议或者其代表会议报告集体资产管理工作；

（五）指导、监督所属经营单位的集体资产管理和使用；

（六）负责集体资产的日常管理工作；

（七）接受农村经济经营管理机构对其集体资产管理工作的指导和监督。

第十四条　农村集体经济组织应当建立健全固定资产、产品物资管理和使用制度，对资产变动情况及时登记，做到账目与实物相符。

第十五条　农村集体经济组织必须建立健全现金管理制度，会计、出纳分别管理账簿、现金。会计人员应当按照规定核算收入、支出和结存，编制会计报表。

第十六条　农村集体经济组织的各项收入应当按照规定记入会计账簿，不得公款私存，不得设小金库，不得坐支现金。各项开支应当由集体经济组织主管财务的负责人按照制度审批，严格审批手续，并接受群众监督。

第十七条　农村集体经济组织应当建立集体资产经营制度。集体资产实行承包、租赁经营的，除法律、法规和规章另有规定外，应当采取招标、投标等方式确定经营者。禁止利用职权压价发包、出租集体资产。

农村集体经济组织以集体资产参股、联营和实行股份合作经营前，必须清产核资，清理债权债务，进行资产评估。

第十八条　农村集体经济组织应当按照社会主义市场经济的要求，建立集体资产流转制度，通过拍卖、出售、转让、兼并、股份经营、联营等形式，促进集体资产合理流动，实现保值增值，发展壮大集体经济。

第十九条　农村集体经济组织应当建立集体资产报告制度，按照规定如实填报资产统计报表，报乡（镇）农村经济经营管理机构。

第二十条　农村集体经济组织应当建立收益分配制度，年终结清全年的收入和支出，清理财务和债权、债务，兑现承包合同和租赁合同，按照规定提取发展生产和社会公益事业所需的资金。

第二十一条　固定资产折旧费和荒山、荒地、荒滩、水面、小型水利工程使用权转让收入等专项资金应当专款专用，不得挪用。

第二十二条　农村集体资产有下列情形之一的，农村集体经济组织应当委托依法设立的资产评估机构进行资产评估：

（一）实行承包、租赁、参股、联营、合资和合作经营的；

（二）进行资产拍卖、转让和产权交易等产权变更的；

（三）所属企业出现兼并、分立和破产清算的；

（四）进行资产抵押以及其他担保的；

（五）其他需要进行资产评估的。

农村集体资产经评估后，其评估结果应当经本集体经济组织成员会议或者其代表会议确认，并经县级人民政府农业行政主管部门鉴证。

第二十三条　农村集体经济组织应当接受农村经济经营管理机构对其集体资产的审计。

第四章　集体资产民主监督

第二十四条　农村集体经济组织应当建立集体资产民主监督小组。

乡（镇）民主监督小组成员由乡（镇）集体经济组织成员会议或者其代表会议民主选举产生。乡（镇）人民政府和集体经济组织的主要负责人及其直系亲属不得担任民主监督小组成员。

按照《河北省村集体财务管理条例》规定建立的村民主理财小组行使村集体资产民主监督的职责。

第二十五条　集体资产民主监督小组主要职责是：

（一）对农村集体经济组织执行本组织成员会议或者其代表会议决定事项的情况进行监督；

（二）检查监督本集体经济组织的集体资产管理和财务活动；

（三）参与集体资产发包、租赁等经营方式的招标、投标活动，并监督合同的签订和履行；

（四）听取和反映群众对集体资产管理工作的意见和建议；

（五）协助农村经济经营管理机构对本集体经济组织的集体资产进行审计；

（六）法律、法规规定的其他职责。

第二十六条　农村集体经济组织的下列事项必须经其成员会议或者其代表会议讨论通过：

（一）年度财务预算和决算；

（二）集体资产经营方式的确定和变更；

（三）较大投资项目和重要资产的购置、处置；

（四）年度收益分配方案；

（五）其他重要事项。

第二十七条　农村集体经济组织实行集体资产公开制度。农村集体经济组织对承包费和租金、征收、征用土地补偿费、干部补贴、招待费、兴办公益事业收费、上级拨付的专项补贴等财务收支，集体资产权属变更、宅基地使用方案等，每季度以公开栏的形式如实逐笔公布一次，重要事项应当随时公布，接受群众的监督。

第二十八条　农村集体经济组织的成员有权对本组织集体资产经营管理情况提出询问，农村集体经济组织有关负责人应当在十日内作出答复。

第五章　法　律　责　任

第二十九条　违反本条例第八条规定的，由乡（镇）人民政府、县级以上人民政府农业行政主管部门或者有关部门责令限期改正；造成经济损失的，应当依法予以赔偿，并可以由县级以上人民政府农业行政主管部门处以造成经济损失金额百分之十至百分之二十的罚款；责任者是国家工作人员的，由其所在单位或者主管机关给予行政处分；违反《中华人民共和国治安管理处罚法》规定的，由公安机关依法处理；构成犯罪的，依法追究刑事责任。

第三十条　违反本条例第九条第一款、第二十一条第一款、第二十七条规定的，由乡（镇）人民政府或者县级以上人民政府农业行政主管部门对主要责任人员批评教育，并责令限期改正。

第三十一条　违反本条例第十六条规定的，由县级以上人民政府农业行政主管部门责令限期改正，对当事人处以违法金额百分之十至百分之三十的罚款。

第三十二条　违反本条例第十七条第一款、第二十六条第（四）项规定的，由乡（镇）人民政府或者县级以上人民政府农业行政主管部门责令限期改正；造成经济损失的，主要责任人员应当依法予以赔偿，并由县级以上人民政府农业行政主管部门处以上年报酬百分之十至百分之二十的罚款；构成犯罪的，依法追究刑事责任。

第三十三条　违反本条例第二十二条第一款规定的，由乡（镇）人民政府或者县级以上人民政府农业行政主管部门责令改正；造成经济损失的，责任人员应当依法予以赔偿；造成重大经济损失，构成犯罪的，依法追究刑事责任。

第三十四条　各级人民政府负责农村集体资产管理的工作员滥用职权、徇私舞弊、玩忽职守，造成农村集体资产损失，情节轻微的，由其所在单位或者上级主管机关对直接负责的主管人员和其他直接责任人员给予行政处分；构成犯罪的，依法追究刑事责任。

第三十五条　当事人对行政处罚决定不服的，可以依法申请复议或者提起诉讼。逾期不申请复议，不提起诉讼又不履行处罚决定的，作出处罚决定的机关可以申请人民法院强制执行。

第六章　附　　则

第三十六条　实行独立核算的村民小组（原生产队）的集体资产管理，参照本条例执行。

第三十七条　省人民政府农业行政主管部门可以根据本条例制定实施办法，报省人民政府批准后施行。

第三十八条　本条例自公布之日起施行。

参 考 文 献

[1] 于善雨，腾敬平，李连群 . 村集体经济组织会计实务 [M]. 北京：中国农业科学技术出
    版社，2018.

[2] 黄延信，余葵，黎阳 . 农村集体资产清产核资实务 [M]. 北京：人民出版社，2018.

[3] 吕开宇，周雪松 . 农村经济专业知识和实务 [M]. 北京：中国人事出版社，2021.